MATLAB에서 앱 디자이너 이해

App Designer

김경중 지음

KYOWOO

머 리 말

매틀랩에서 제공하는 앱 디자이너를 이용하여 앱 파일을 간들 수 있다. 앱 디자이너를 간단히 요약하면 앱 디자이너에 포함된 다양한 구성요소를 캔버스에 끌어다 놓고 어떤 목적을 가진 앱 파일을 생성할 수 있다.

GUI(Graphical User Interfaces) 창을 생성하는 GUIDE 환경을 대체하기 위하여, R2016a 버전에서 웹 친화적인(web-friendly) 앱 디자이너가 처음으로 소개되었다. 그 이후로 출시되는 매틀랩 버전에서 앱 디자이너의 내용과 구조는 계속 업데이트되었으며 그러한 과정을 통해서 현재의 모습을 갖추게 되었다. 앱 디자이너에 의하여 생성되는 앱 파일은 웹 친화적이기 때문에 JavaScrip, HTML, Css와 같은 웹 기반의(web-based) 파일과도 결합될 수 있다. R2019b 버전에서 매스웍스(MathWorks) 회사는 GUIDE 디자인 환경이 미래의 버전에서 사라지게 된다고 선언하였기 때문에 앱 디자이너의 사용 방법과 내용 이해가 중요하게 되었다.

어떤 분야에 국한되어 적용되는 것이 아닌 이학과 공학의 광범위한 영역에서 매틀랩을 이용할 수 있다. 일반적으로 컴퓨터 언어에서 제공하는 단순 명령어 뿐만 아니라 내용 파악이 어려울 수도 있는 전문적인 명령어를 매틀랩은 이용한다. 각 분야의 이론적인 내용을 알아야 사용할 수 있는 명령어가 있기 때문에, 매틀랩 입문의 시기에는 쉽게 느껴지다가 나중에는 상당한 어려움에 직면할 수 있다. 매틀랩의 적용 분야가 넓기 때문에 전체적인 파악이 어려워 재능있는 특정인들만이 매틀랩의 장점을 이용한다면 대중성을 갖지 못하는 컴퓨터 언어로 전락하게 될 것이다. 본 저서에서 소개하는 앱 디자이너는 매틀랩의 대중성에 크게 기여할 것으로 생각된다. 매틀랩의 기초적인 명령어를 배우고 짧은 시간 안에 전문가다운 매틀랩 프로그램을 작성하게 된다면 앱 디자이너를 통하여 쉽게 이룰 수 있다.

구성요소를 이용하여 앱 레이아웃을 만들고 구성요소에 대응하는 콜백 함수를 이용하여 프로그래밍할 수 있는 대화형 방식의 개발 환경이 앱 디자이너이다. 앱 디자이너에는 다양한 대화형 UI 구성요소가 있고 이러한 구성요소를 끌어다 놓을 수 있는 편집기에 대응하는 캠퍼스를 제공한다. 즉 캠퍼스에서 구성요소를 사용하여 앱 파일의 구조를 설계하게 된다. 설계 후 콜백 함수를 이용하여 구성요소를 연결시켜 앱 파일을 완성하게 된다. 세부적으로 다음과 같은 내용이 본 저서에서 설명될 것이다.

0장: 본 저서의 내용 이해에 도움을 줄 수 있는 참고문헌을 간략히 설명한다.

1장: 앱 디자이너를 처음 여는 방법을 설명하고 그 구조를 소개한다.

2장: 앱 디자이너에서 가장 많은 종류의 구성요소는 [일반] 영역에 있고, 여기에 속한 구성요소의 사용 방법은 앱 파일을 생성하기 위하여 반드시 알아야 한다.

3장: [컨테이너] 영역에 속한 구성요소를 설명하고 있다. 이 영역에 속한 구성요소를 적절히 활용하면 앱 창이 단순한 구조에서 세련된 구조를 갖게 된다.

4장: [FIGURE 툴] 영역에 속한 구성요소를 설명하고 있다. 이 영역에 속한 구성요소를 추가적으로 활용하면 하나의 앱 창에서 다양한 종류의 실행을 진행할 수 있다.

5장: [계측] 영역에 속한 구성요소를 설명하고 있다. 생활 중에 접할 수 있는 계기판과 스위치의 역할을 하는 다양한 구성요소의 사용 방법이 소개된다.

6장: 계산기의 기능을 실현할 수 있는 앱 파일을 작성한다.

7장: 앱 창에서 먼저 수학 함수를 선택하고, 그 다음으로 선택한 수학 함수에 대하여 세 가지 방법 중에 하나를 선택하면 좌표축에 대응하는 그래프를 출력하는 방법을 설명한다.

8장: 메인 앱 파일에서 생성된 데이터를 서브 앱 파일에 전달하는 방법을 설명한다.

9장: 메인 앱 파일과 서브 앱 파일이 연결되어 어떤 방식으로 데이터를 서로 주고받을 수 있는지 알게 된다.

앱 파일을 생성하기 위해서는 다양한 구성요소의 사용 방법을 알아야 한다. 구성요소를 설명할 때에 단순히 그 자체의 사용법에만 치중하지 않고, 다른 구성요소와 연계된 앱 파일에서 어떻게 활용될 수 있는지에 관한 내용 설명에 초점을 맞추었다. 또한 관련된 프로그램 이해를 위하여 매틀랩의 기초적인 명령어에 대한 설명도 자세히 제공한다.

강의자의 입장에서 단순히 설명하는 것이 아닌, 새로운 내용을 배우는 독자의 시각에서 내용 이해가 쉽게 되도록 구성하였다. 이러한 노력이 독자의 생각에도 전달되기를 바란다. 또한 본 저서의 내용을 이해하여 앱 디자이너를 독자의 작업에 유용하게 사용할 수 있게 되기를 저자는 크게 기대한다.

본 저서가 출간되도록 도와주신 교우사와 바쁜 일정에도 원고 편집 작업에 많은 노력을 하여주신 교우 편집부의 담당자분께 감사드립니다.

저자 **김 경 중**

CONTENTS

CONTENTS

CHAPTER 00

시작하기 전

CHAPTER

00 시작하기 전

매틀랩은 GUI(Graphical User Interfaces)를 이용하여 사용자와 대화형 작업을 할 수 있다. 과거에는 GUIDE를 이용하여 GUI 파일을 만들어 대화형 작업을 진행하였고 현재는 앱 디자이너를 이용하여 대화형 작업을 할 수 있는 앱 파일을 생성할 수 있다. GUIDE를 이용하여 GUI 파일을 만드는 내용은 [Len], [김3], [여]를 참고한다.

본 저서에서는 [앱 디자이너]를 이용하여 앱 파일을 만들 것이다. [앱 디자이너]의 [구성요소 라이브러리]에는 [일반], [컨테이너], [Figure 툴], [계측] 영역이 있고 각 영역에 속해있는 구성요소를 이용하여 목적에 맞는 앱 파일을 작성할 수 있다. 앞으로 배우게 될 앱 파일 작성과 관련하여 참고할 수 있는 내용은 다음과 같이 접근될 수 있다.

- 1단계: [명령 창]에서 doc 명령어를 다음과 실행한다:

```
>> doc
```

- 2단계: doc 명령어 실행으로 [도움말 센터] 페이지에 연결되면

[도움말 센터] > [MATLAT 사용] > [MATLAB] > [앱 작성]

의 절차로 [앱 작성] 항목을 선택한 뒤에 [앱 디자이너를 사용하여 앱 개발하기] 영역의 내용을 참고하면 된다. 또한 앱 파일을 작성할 때에 사용되는 여러 종류의 매틀랩 명령어(심볼릭 명령어 포함)와 관련된 내용은 [MAT], [PAL], [김1], [김2], [임]을 참고한다.

또한 8장에서는 미분 방정식의 수치해를 구하기 위하여 Euler Method를 사용하게 된다. 미분 방정식의 수치해와 관련하여 이론적 내용이 필요한 경우라면 [BUR], [CHA], [CHE], [김1]의 내용을 참고한다. 다음 1장에서 앱 디자이너를 시작한다.

CHAPTER 01

앱 디자이너(App Designer) 열기

CHAPTER

01 앱 디자이너(App Designer) 열기

앱 디자이너를 열기 위하여 [명령 창]에서 다음과 같이 입력하고 실행한다.

```
>> appdesigner
```

다음 [그림1]과 같은 화면 출력에서 왼쪽 상단에 위치한 [그림2]와 같은 [빈 앱]을 선택한다.

그림1

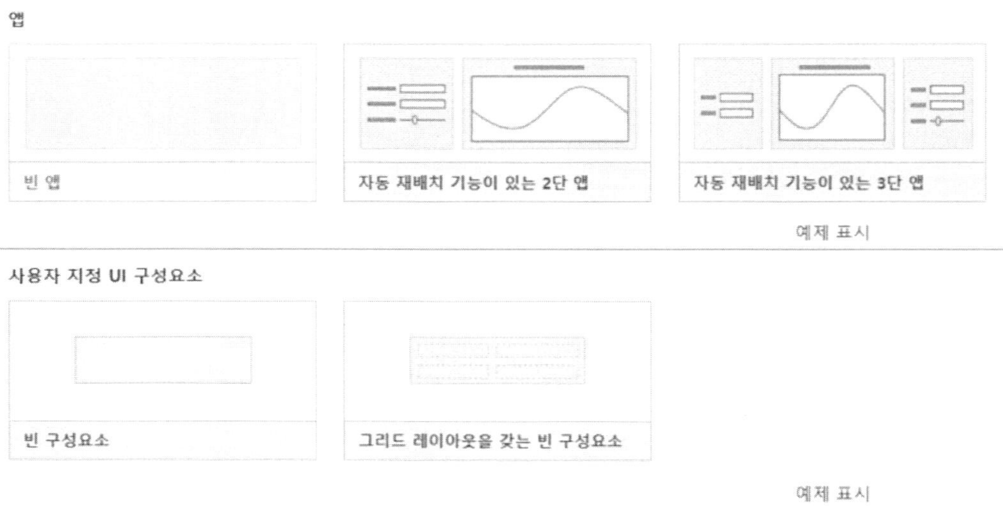

그림2

선택의 결과로 [그림3]과 같은 [앱 디자이너] 창을 볼 수 있다.

그림3

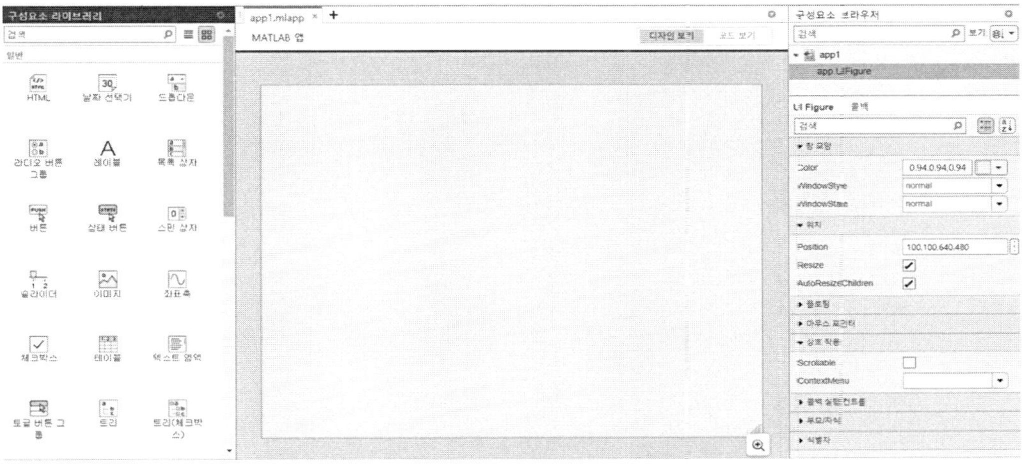

[그림3]에 주어진 박스을 자세히 보면 왼쪽 위치에 [구성요소 라이브러리], 중간 위치에 [캔버스] 그리고 오른쪽 위치에 [구성요소 브라우저] 항목을 확인할 수 있다. 특별히 [구성요소 라이브러리]는 네 개의 영역인 [일반], [컨테이너], [FIGURE 툴], [계측]으로 구성된다. 각 영역의 항목이 [그림4]–[그림7]에 주어진다.

그림4 일반

그림5 컨테이너

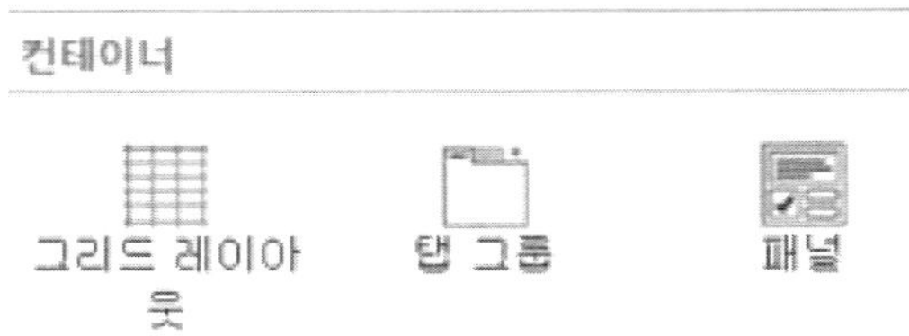

그림6 FIGURE 툴

그림7 계측

[앱 디자이너] 창의 오른쪽에 있는 [구성요소 브라우저]의 상단 위치에 [그림8]과 같이 자동 생성된 앱 파일명 app1을 볼 수 있고, [앱 디자이너] 창의 중간 위치에 있는 [캔버스]에 자동 생성된 Figure는 app.UIFigure에 대응된다. [그림8]과 같이 app.UIFigure 항목이 선택되어있는 경우, [구성요소 브라우저]의 내용은 [그림9]와 [그림10]과 같이 두 개의 영역인 [UI Figure]와 [콜백]의 항목들로 구성된다.

그림8

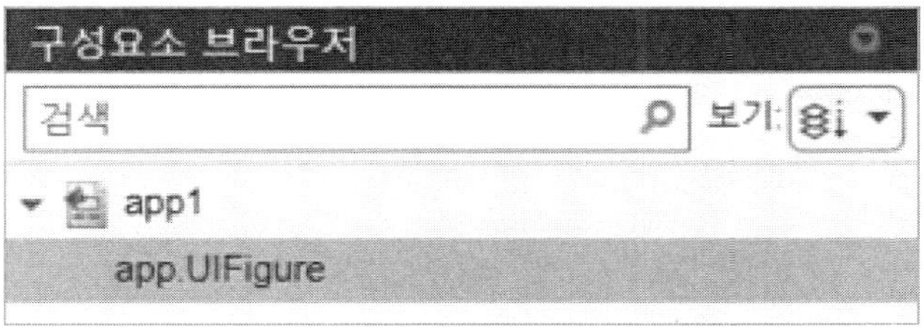
구성요소 브라우저
검색
보기:
app1
app.UIFigure

그림9

UI Figure
콜백
검색
창 모양
Color
0.94,0.94,0.94
WindowStyle
normal
WindowState
normal
위치
Position
100,100,640,480
Resize
AutoResizeChildren
플로팅
마우스 포인터
상호 작용
Scrollable
ContextMenu
콜백 실행 컨트롤
부모/자식
식별자

그림10

다음 [그림11]과 같이 앱 디자이너 창의 중간 위치에 있는 [캔버스]가 우리의 작업(편집) 공간이 된다.

그림11

이후로 2장의 내용부터 [구성요소 라이브러리]에서 구성요소를 선택하고 캔버스에 끌어다 배치하여 앱 파일을 만들게 될 것이다.

CHAPTER 02

일반 구성요소

CHAPTER

02 일반 구성요소

앱 디자이너에서 왼쪽에 위치한 [구성요소 라이브러리]에서 [일반] 영역에 속해있는 구성요소를 2.1절부터 2.14절까지의 내용에서 자세히 설명할 것이다.

2.1절 슬라이더와 좌표축

일반적으로 [좌표축] 구성요소는 다른 구성요소와 함께 이용되기 때문에, 독립적으로 [좌표축] 구성요소 하나만을 설명하지 않고 다른 구성요소들의 사용 방법을 설명할 때에 함께 설명이 되도록 진행될 것이다. 먼저 1장의 내용을 참고하여 [그림1]과 같이 [캔버스]를 만든다.

그림1

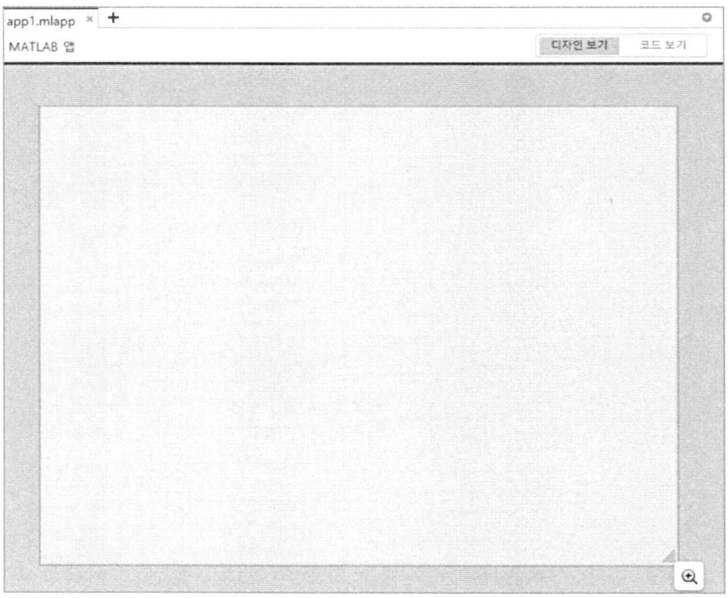

[슬라이더(Slider)]와 [좌표축(UIAxes)] 구성요소의 사용 방법을 알아내기 위하여 다음 <1단계>–<6단계> 내용을 수행한다.

<1단계>

[구성요소 라이브러리]에 있는 [좌표축] 구성요소와 [슬라이더] 구성요소를 [그림2]와 같이 [캔버스]로 끌어다 놓는다(drag and drop).

그림2

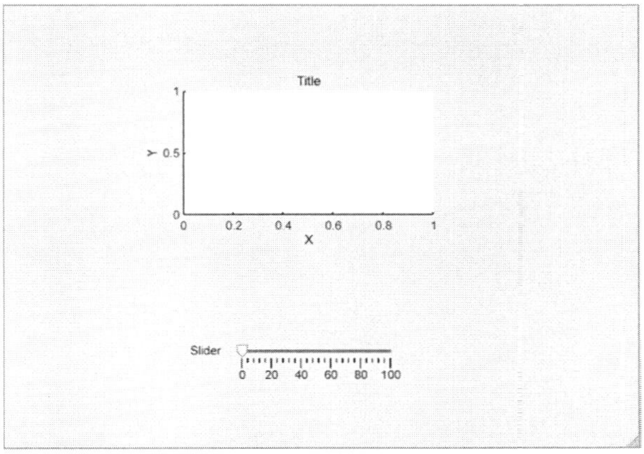

<2단계>

앞 [그림2]와 같이 [캔버스]에 있는 [좌표축]과 [슬라이더] 구성요소의 위치, 크기, 내용을 [그림3]과 같이 변경한다.

그림3

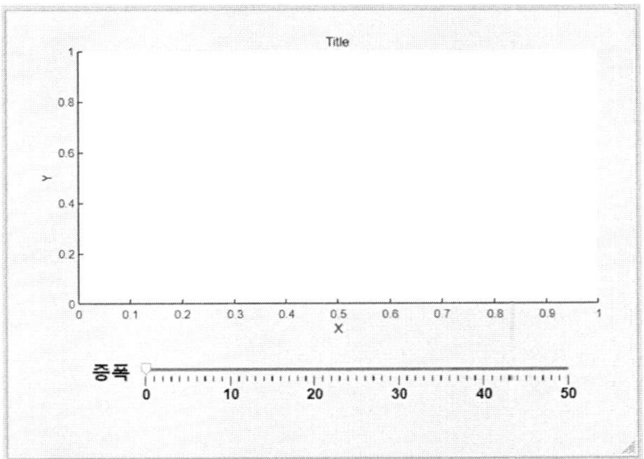

세부적으로 설명하면 다음과 같다:

(a) 구성요소를 클릭하면 테두리 박스가 생기고 마우스를 이용하여 구성요소를 이동시키거나 또는 그 크기를 조절할 수 있다.

(b) [그림3]에서 [슬라이더] 구성요소를 클릭한 뒤에 [캔버스] 오른쪽에 있는

[구성요소 브라우저] > [슬라이더] > [슬라이더] > [Limits]

항목의 값을 0에서 50까지로 제한하고 다음 [그림4a]-[그림4c]와 같이 [슬라이더], [눈금], [글꼴] 영역의 서브 항목들의 값들을 설정한다. [눈금] 항목에서 [MajorTicks]과 [MajorTickLabels]의 간격은 10이고 [MinorTicks]의 간격은 1로 설정한다.

그림4a 슬라이더

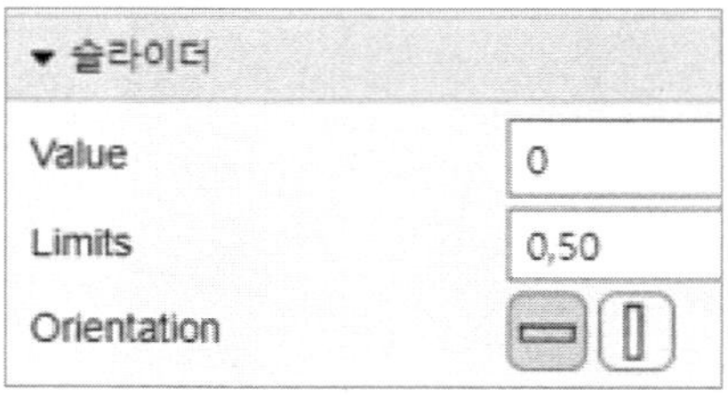

그림4b 눈금

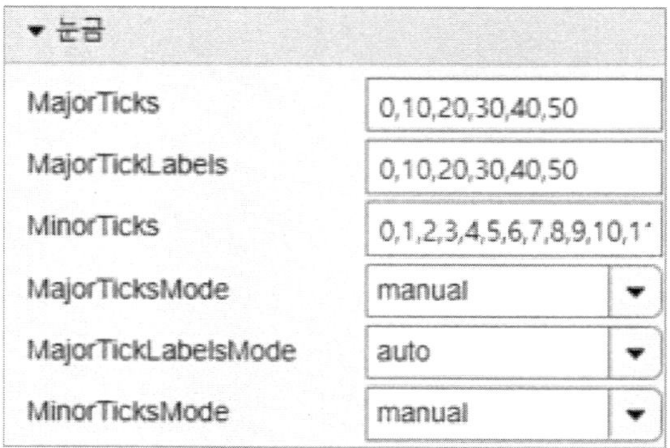

그림4c 글꼴

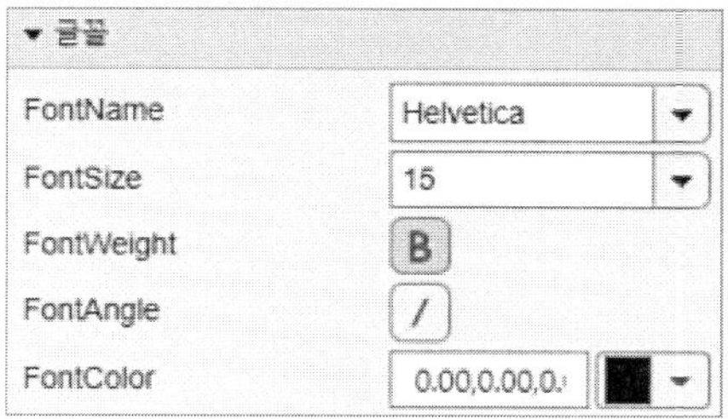

(c) [슬라이더] 구성요소 내부에 위치한, [그림5]와 같이 레이블 Slider를 선택하고 캔버스 옆에 있는 [구성요소 브라우저]에서 [그림6]과 같이 [Text] 항목에 단어 [증폭]을 입력한다. 또한 [FontSize] 항목의 값을 12에서 20으로 변경하여 레이블 글자를 크게 만든다. 이때 [그림5]에서 레이블 Slider를 더블 클릭한 뒤에 단어 [증폭]을 직접 입력하여도 된다.

그림5

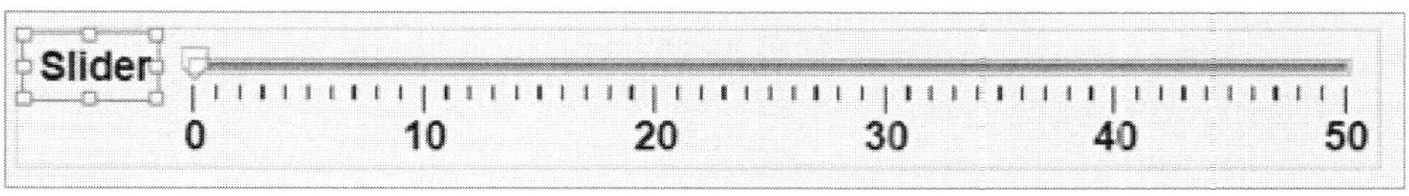

그림6

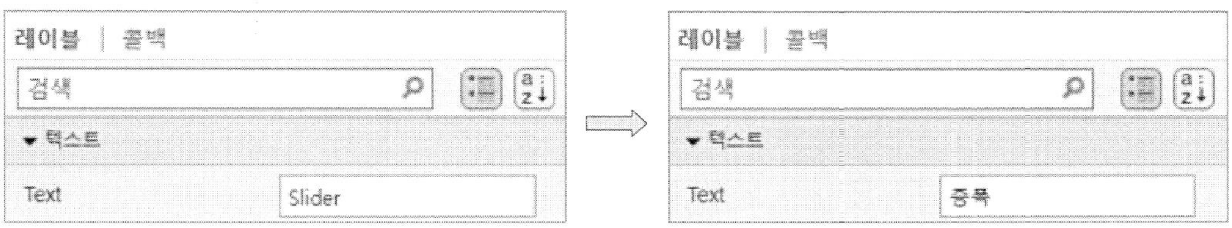

<3단계>

현재 [캔버스]에 있는 내용을 파일명 MySliderEx1.mlapp으로 저장한다. [앱 디자이너] 창의 왼쪽 상단에서 볼 수 있는 [그림7]과 같은 영역에서 [저장] 아이콘을 클릭한 뒤에 저장한다.

그림7

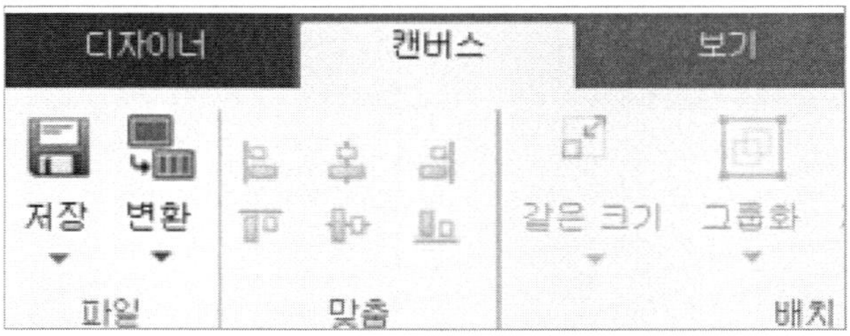

저장된 MySliderEx1.mlapp 앱 파일을 실행한다. 즉

[앱 디자이너] > [캔버스] > [실행]

버튼 클릭하면 된다. 이때 [앱 디자이너] 상단에 삼각형 모양의 녹색 아이콘인 ▷가 실행 버튼이다. 실행의 결과로 [그림8]과 같은 앱이 화면 출력된다.

그림8

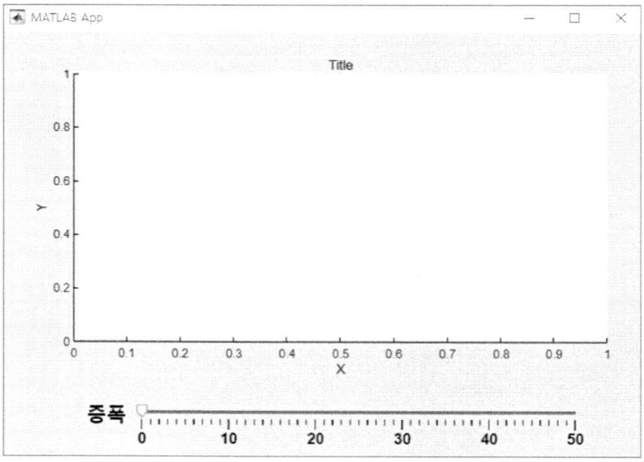

[그림8]과 같은 앱에서 마우스 왼쪽 버튼을 이용하여 슬라이더 버튼을 선택하여 움직일 수는 있지만, 움직여도 현재에서는 [좌표축]에 더 이상의 추가적인 출력 진행이 안된다.

<4단계>

앞 [그림8]과 같이 출력된 앱은 그냥 놓아두고, [캔버스]에서 [코드 보기]를 클릭하면 코드를 편집할 수 있다. 이때 [디자인 보기]를 클릭하면 [캔버스]에서 다시 구성요소를 편집할 수 있도록 전환된다. [코드 보기]에서 콜백 함수를 추가해, 사용자가 출력된 앱에서 슬라이더의 버튼을 이동하여 [증폭]의 값을 설정할 때마다 좌표축에 출력되는 사인함수 그래프의 증폭이 변경되도록 만들어본다. 앱 디자이너에서 [디자인 보기]가 선택되어 있을 때, 오른쪽 위치에 있는 [구성요소 브라우저]에서 [그림9]와 같이 app.Slider를 마우스로 우클릭한다.

그림9

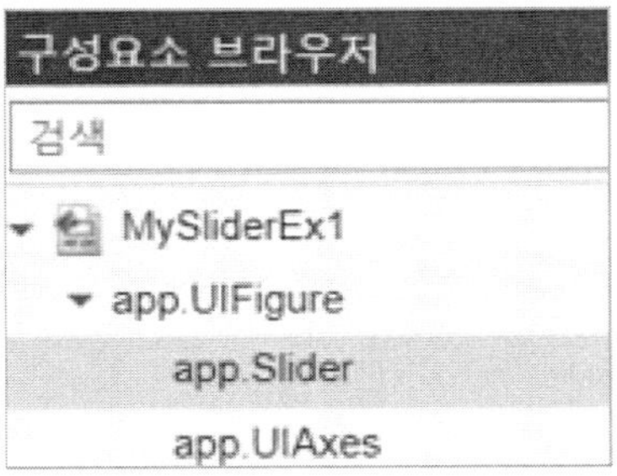

참고

슬라이더에서 [증폭] 대신에 [amp]라고 레이블 Text를 설정하였다면 app.Slider에서 app.ampSlider로 표기된다:

app.Slider ⟹ app.ampSlider

그런 다음, 팝업된 메뉴 박스의 [콜백] 항목에서

콜백 > ValueChangedFcn 콜백 추가

를 선택한다. [앱 디자이너]가 콜백 함수를 만든 후 이 함수의 본문에 커서를 위치시킨다. 즉 [그림10]에서 [그림11]과 같이 슬라이더에 대한 콜백 함수 SliderValueChanged의 코드가 새로이 생성된다.

그림10

```
classdef MySliderEx1 < matlab.apps.AppBase

    % Properties that correspond to app components
    properties (Access = public)
        UIFigure  matlab.ui.Figure
        Slider    matlab.ui.control.Slider
        Label     matlab.ui.control.Label
        UIAxes    matlab.ui.control.UIAxes
    end

    % Component initialization
    methods (Access = private)

```

그림11

```
classdef MySliderEx1 < matlab.apps.AppBase

    % Properties that correspond to app components
    properties (Access = public)
        UIFigure  matlab.ui.Figure
        Slider    matlab.ui.control.Slider
        Label     matlab.ui.control.Label
        UIAxes    matlab.ui.control.UIAxes
    end

    % Callbacks that handle component events
    methods (Access = private)

        % Value changed function: Slider
        function SliderValueChanged(app, event)
            value = app.Slider.Value;

        end
    end

    % Component initialization
    methods (Access = private)
```

<5단계>

[코드 보기]에서 앞 [그림11]에 포함되어 있는 콜백 함수 SliderValueChanged의 내용을 다음 [표1]과 같이 수정하고 추가 입력한다.

표1

```
% Value changed function: Slider
function SliderValueChanged(app, event)
    maxvalue = app.Slider.Value;
    x = 0:0.1:2*pi;
    plot(app.UIAxes, x, maxvalue*sin(x))
    app.UIAxes.YLim = [-maxvalue maxvalue];
    title(app.UIAxes,'증폭*sin(x)')
end
```

앞 [표1]의 내용으로 입력 후 실행(▷선택)하여 앞에서 제공된 [그림8]과 같은 앱 창이 화면 출력되었을 때, 마우스 왼쪽 버튼을 이용하여 [슬라이더] 버튼을 드래그하여 30의 위치에 이동시키고 마우스 왼쪽 버튼을 해제하면 [그림12]의 결과를 볼 수 있다. 또는 [그림8]과 같은 앱 창에서 마우스 왼쪽 버튼으로 [슬라이더]의 눈금에서 30을 직접 선택하여도 [그림12]의 결과를 동일하게 볼 수 있다.

그림12

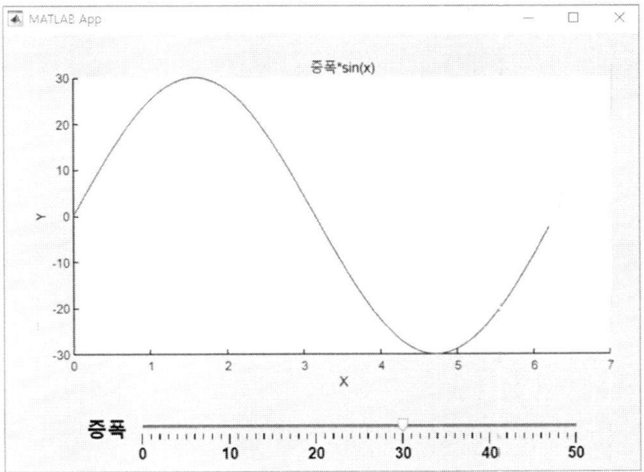

앞 [표1]의 내용으로 [좌표축] 구성요소에 사인함수가 출력되었는데 [표1]에서 그 과정을 분석하여 본다.

(a) 실행문

```
maxvalue = app.Slider.Value;
```

에 의하여 슬라이더 버튼이 30의 위치에 놓이게 되면 변수 maxvalue에 30이 저장된다.

(b) 실행문

```
x = 0:0.1:2*pi;
```

에 의하여 간격이 0.1인 벡터 x를 생성하여 정의역의 범위를 $0 \le x \le 2\pi$로 설정한다.

(c) 실행문

```
plot(app.UIAxes, x, maxvalue*sin(x))
```

에 의하여 좌표축에 maxvalue*sin(x)에 대응하는 그래프가 출력된다. 명령어 plot 사용할 때 대상 좌표축(=app.UIAxes)을 첫 번째 인수로 지정한다. 앱 디자이너에서 plot 명령을 호출할 때는 항상 대상 좌표축이 필요하다.

(d) 실행문

```
app.UIAxes.YLim = [-maxvalue maxvalue];
```

에 의하여 좌표축(UIAxes) 객체의 YLim 속성값을 설정하여 y축의 범위를 변경한다. 위의 실행으로 y축의 범위가

[−maxvalue maxvalue] = $[-30, 30]$

으로 설정된다. 점 표기법을 사용하여 YLim 속성에 접근하는 것을 알 수 있다. 항상

app.Component(구성요소).Property(속성)

형식을 사용하여 속성에 접근한다.

(e) 실행문

title(app.UIAxes,'증폭*sin(x)')

에 의하여 앞 [그림12]와 같이 창의 중앙 상단에 좌표축의 제목을 설정한다. 여기까지의 내용이 실행되는 앱을 MySliderEx1.mlapp 파일명으로 저장한다.

(f) [앱 디자이너]에서는 다음과 같이 직접 입력하여 [좌표축]의 초기환경을 설정할 수 있다. 즉 [디자인 보기]에서 [좌표축] 구성요소를 선택한 후에, 오른쪽 [구성요소 브라우저]에 위치한 [좌표축]의 [레이블] 영역에서 [Title.String] 항목에

Title ⟹ 사인함수 증폭

으로 변경 입력한다. 또한

[XLabel.String] 항목: X ⟹ 정의역
[YLabel.String] 항목: Y ⟹ 함수값

으로 변경 입력하여 다음 [그림13]과 같이 만든다.

그림13

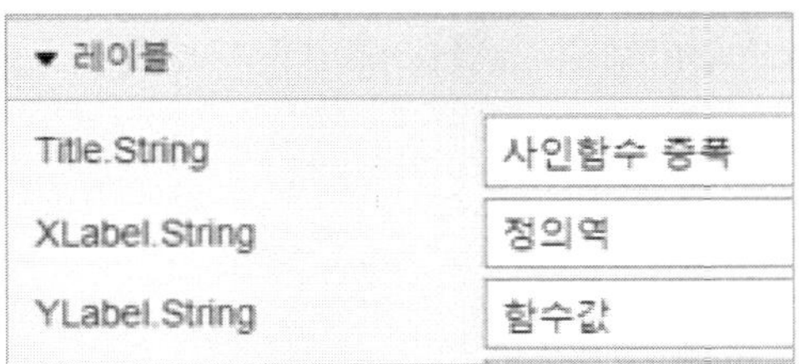

계속해서 [그림14]와 같이 FontSize를 18로 설정하고 실행하던 [그림15]와 같은 초기화면을 가진 앱이 출력된다.

그림14

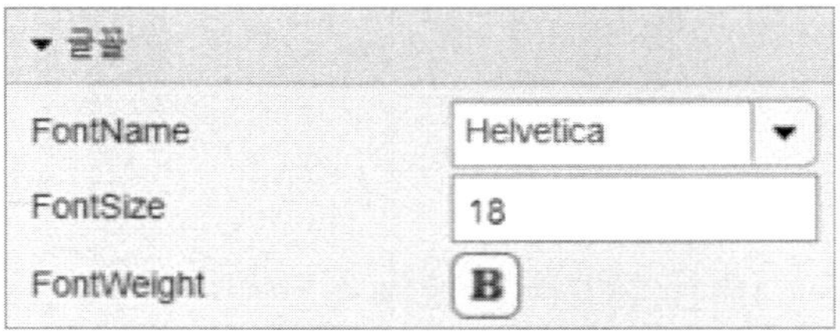

그림15

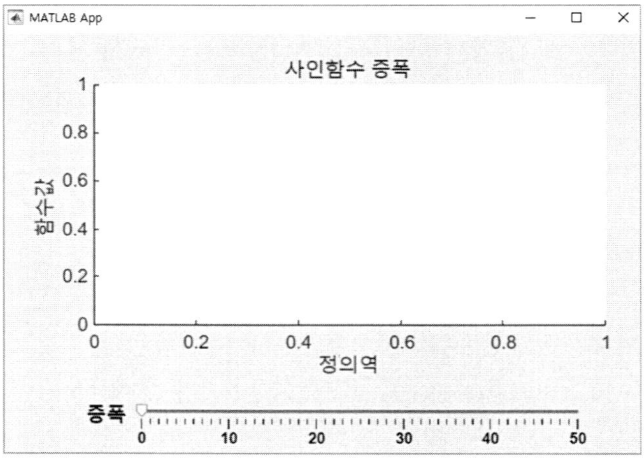

[그림15]와 같이 앱이 출력되었을 때, 슬라이더 버튼을 10의 위치로 이동시키면 [그림16]의 결과를 보게 된다. 이미 앞에서 작성된 콜백함수 SliderValueChanged의 내용에 의하여 제목이 변경된 것을 확인할 수 있다: [사인함수 증폭] ⟹ [증폭*sin(x)]

그림16

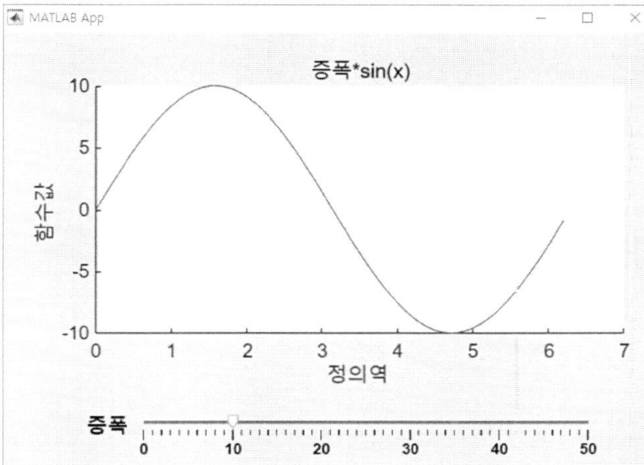

위 <5단계>의 (f)의 내용까지 실행되는 앱을 MySliderEx2.mlapp 파일명으로 저장한다.

<6단계>

[현재 폴더]에 MySliderEx2.mlapp 파일(앱)이 저장되어 있는 것을 볼 수 있고 [앱 디자이너]가 종료된 상황이라면, [현재 폴더]에 있는 앱 MySliderEx2.mlapp을 더블 클릭하여 해당 앱을 [앱 디자이너]로 불러들인 후에 상단에 위치한 실행버튼(▷)을 클릭하여 실행시킬 수 있다. 또한 [현재 폴더]에 있는 파일 MySliderEx2.mlapp을 [앱 디자이너]에서 열지 않고 다음 (i) 또는 (ii)의 방법으로 바로 실행시킬 수 있다:

(i) 파일 MySliderEx2.mlapp을 마우스 오른쪽 버튼으로 클릭한 뒤에 팝업된 창에서 [실행] 항목을 선택하거나

(ii) [명령 창]에서 다음과 같이

확장자 없이 앱 파일명만 입력 후 키보드에서 [Enter] 선택하면 된다.

지금까지 [슬라이더]와 [좌표축] 구성요소에 대하여 함께 알아보았다.

2.2절 날짜 선택기

앱 창에서 [날짜 선택기(DatePicker)] 구성요소를 사용하면 대화형 달력을 이용하여 날짜를 선택할 수 있다. 다음과 같은 두 가지 경우로 [날짜 선택기] 사용 방법을 알아본다:

- [Case 1]: [날짜 선택기]와 [ValueChangedFcn 콜백]을 사용하여 앱 창이 출력된 뒤에 날짜를 선택하는 경우
- [Case 2]: [날짜 선택기]와 [Startup 콜백]을 사용하여 앱 창이 출력되는 초기 화면에서 날짜가 생성되는 경우.

Case 1

구성요소 [날짜 선택기]와 [ValueChangedFcn 콜백]을 사용하여 앱 창이 출력된 뒤에 날짜를 선택하는 경우를 알아본다.

1장의 내용을 참고하여 다음 [그림1]과 같이 [캔버스]를 만든다.

그림1

[날짜 선택기] 구성요소의 사용 방법을 알아내기 위하여 다음 <1단계>와 <2단계>의 내용을 수행한다.

<1단계>

[구성요소 라이브러리]에서 [날짜 선택기]를 [캔버스]로 끌어다 놓은 뒤에 크기를 조정하여 다음 [그림2]와 같이 만든다. 즉 배치된 [날짜 선택기] 구성요소를 선택하고 [앱 디자이너] 오른쪽 위치의 [구성요소 브라우저] 영역에서

[날짜 선택기] > [글꼴과 색] > [FontSize]: 12 ⟹ 30

으로 변경하여 [FontSize] 크기를 30으로 설정한다. 현재까지의 작업이 완료되면 파일명 MyDateEx1.mlapp으로 저장한다.

그림2

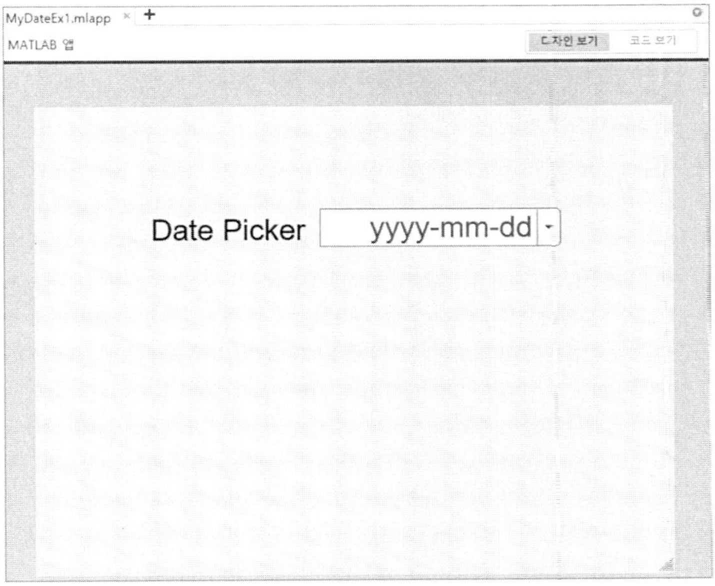

<2단계>

[디자인 보기]에서 [날짜 선택기] 구성요소를 우클릭 후, 팝업된 박스에서

[콜백] > [ValueChangedFcn 콜백 추가]

항목을 선택하면 [그림3]과 같이 DatePickerValueChanged 콜백함수가 생성된다.

그림3

```
    % Callbacks that handle component events
    methods (Access = private)

        % Value changed function: DatePicker
        function DatePickerValueChanged(app, event)
            value = app.DatePicker.Value;

        end
    end
```

이때 DatePickerValueChanged 콜백함수를 다른 방법으로도 생성할 수 있는데, [앱 디자이너] 오른쪽에 위치한 [구성요소 브라우저] 영역인

에서 app.DatePicker(디자인 보기에서 날짜 선택기에 대응)를 우클릭 후에 팝업된 박스에서

[콜백] > [ValueChangedFcn 콜백 추가]

항목을 선택하여도 된다. 계속해서 앞 [그림3]과 같이 주어진 내용을 [그림4]의 내용으로 DatePickerValueChanged 콜백함수를 편집한다.

그림4

```
    % Callbacks that handle component events
    methods (Access = private)

        % Value changed function: DatePicker
        function DatePickerValueChanged(app, event)
          mydate = app.DatePicker.Value;
          Cmydate = char(mydate);
          fprintf('₩n   선택한 날짜: %s년 %s월 %s일 ₩n', ...
              Cmydate(1:4),Cmydate(6:7),Cmydate(9:10));
        end
    end

```

편집 완료된 MyDateEx1.mlapp 파일을 저장하고 실행하면 다시 앞 [그림2]와 같은 앱 창이 출력된다. 출력된 앱 창에서 [날짜 선택기]의 오른쪽에 아랫 방향을 가리키는 삼각형을 선택 후, 팝업된 캘린더 박스에서 날짜를 선택한다. 선택의 결과가 갭 창에 출력된다. 예를 들어 다음 [그림5]는 캘린더 박스에서 2024년 9월1일을 선택하였을 때의 앱 창 출력이다.

그림5

[앱 디자이너] 오른쪽에 위치한 [구성요소 브라우저]의

[날짜 선택기] > [날짜 선택기] > [DisplayFormat]

항목에서 날짜 출력 형식을 설정할 수 있는데, 현재에는 [DisplayFormat] 항목이

DisplayFormat	uuuu년 M월 d일 ▾

으로 설정되어 있기 때문에 앞 [그림5]와 같은 결과를 보여준다. 또한, [그림4]에 주어진 DatePickerValueChanged 콜백함수의 내용에 포함된 fprintf 명령어인

```
        fprintf('₩n   선택한 날짜: %s년 %s월 %s일 ₩n', ...
            Cmydate(1:4),Cmydate(6:7),Cmydate(9:10));
```

에 의하여 [명령 창]에서도 다음 [그림6]의 내용을 확인할 수 있다.

그림6

```
>>

  선택한 날짜: 2024년  9월  1일
>>
```

[그림6]에 주어진 결과에 대해서 좀 더 자세히 설명하여 본다. DatePickerValue Changed 콜백함수 내부에서 app.DatePicker.Value는 앱 창에서 선택한 [년-월-일] 데이터를 가지고 있는 datetime 형식의 특별한 데이터 타입을 갖는다. 속성 app. DatePicker.Value에 저장된 데이터를 mydate 변수에 전달하고 이러한 mydate 변수에 char 명령어를

```
        mydate = app.DatePicker.Value;
        Cmydate = char(mydate);
```

와 같이 실행하여 [yyyy-mm-dd] 형식의 문자열 변수를 저장하는 Cmydate 변수를 생성하고 있다. 문자열 변수 Cmydate에 저장된 [년-월-일] 형식의 데이터를 fprintf

명령어를 이용하여 [명령 창]에 앞 [그림6]의 내용으로 출력한 것이다.

Case 2

[날짜 선택기]와 [Startup 콜백]을 사용하여 앱 창이 출력되는 초기 화면에서 날짜가 생성되는 경우를 알아본다.

1장의 내용을 참고하여 다음 [그림1]과 같이 [캔버스]를 만든다.

그림1

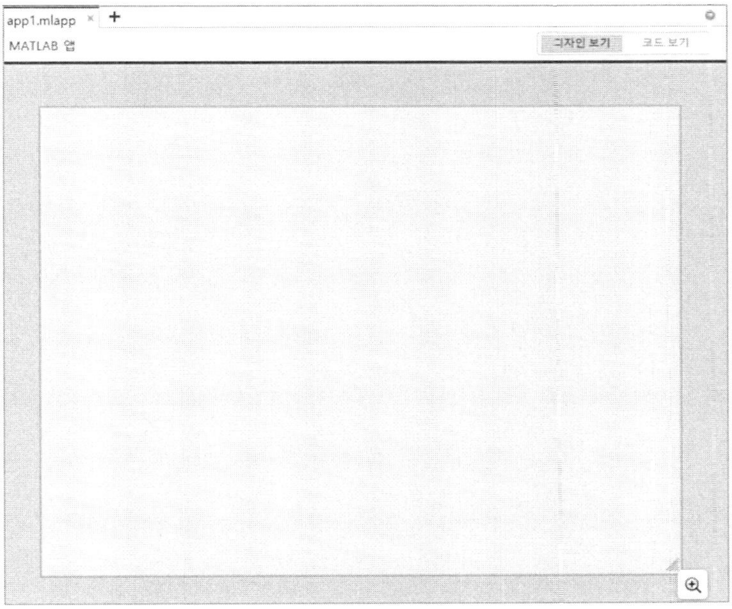

앞 [Case 1]의 내용과 유사하게 먼저 다음 <1단계>를 진행한다.

<1단계>

[구성요소 라이브러리]에서 [날짜 선택기]를 [캔버스]로 끌어다 놓은 뒤에 크기를 조정하여 다음 [그림2]와 같이 만든다. 즉 배치된 [날짜 선택기] 구성요소를 마우스로 선택한 상황에서 [앱 디자이너] 오른쪽 [구성요소 브라우저]에서

[날짜 선택기] > [글꼴과 색] > [FontSize]: 12 ⟹ 30

으로 변경하여 FontSize 크기를 30으로 설정한다. 현재까지의 작업을 완료하고 파일명 MyDateEx2.mlapp으로 저장한다.

그림2

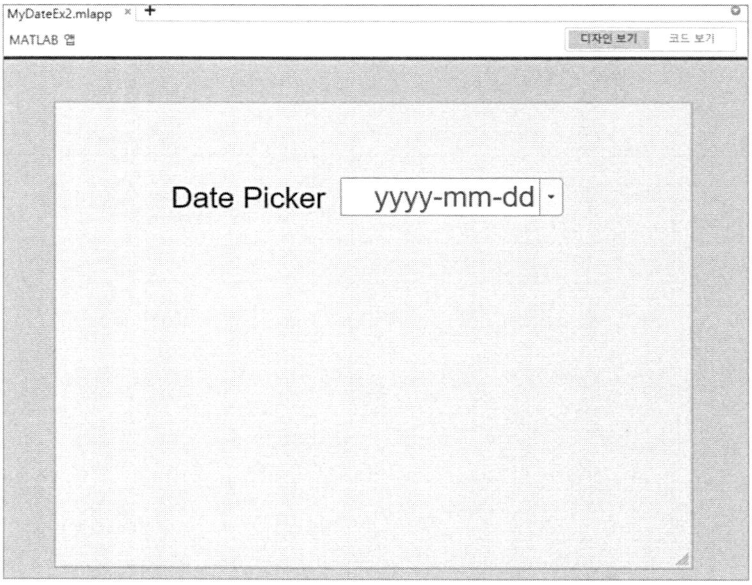

<2단계>

[코드 보기] 화면을 선택한 뒤에 오른쪽에 위치한 [구성요소 브라우저]에서 다음과 같이

파일명 MyDateEx2를 선택 후, [앱 디자이너]의 왼쪽에 위치한 [코드 브라우저]에서

[콜백] >

와 같이 녹색의 플러스 기호를 선택한다. 선택의 결과로 다음 [그림3]과 같은 박스가 화면에 출력된다.

그림3

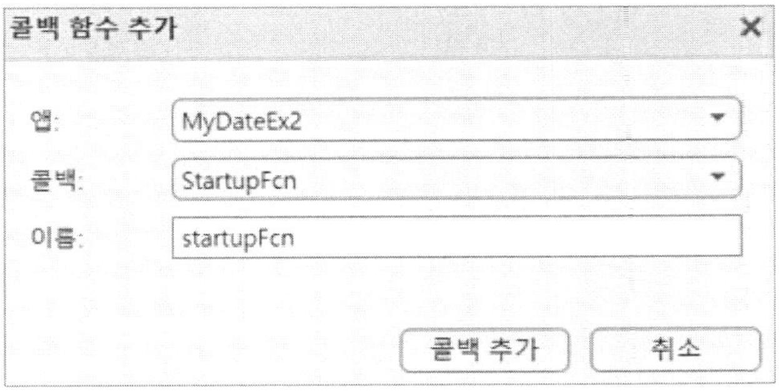

[그림3]의 내용과 같이 [StartupFcn] 콜백을 지정 후, 박스 하단에 위치한 [콜백 추가] 항목을 선택한다.

<3단계>

앞 [2단계]의 결과로 다음 [그림4]의 내용이 생성된다.

그림4

```
    % Callbacks that handle component events
    methods (Access = private)

        % Code that executes after component creation
        function startupFcn(app)

        end
    end
```

[그림4]의 내용을 다음 [그림5]의 내용으로 편집 입력하고 실행하면 다음 [그림6]과 같은 앱 창의 초기 화면이 출력된다. [그림6]과 같은 앱 창이 출력되었다면 다음 (i)과 (ii)

의 내용이 가정된 상황이다.

(i) [앱 디자이너]에서 오른쪽에 위치한 [구성요소 브라우저]에서

[날짜 선택기] > [날짜 선택기] > [DisplayFormat]

항목이 다음 [그림7]과 같은 [yyyy년 M월 d일] 형식이 선택되고

(ii) 현재의 날짜가 [2024년 9월 1일]일 때에 앱이 실행된 경우라고 가정한다.

그림5

```
    % Callbacks that handle component events
    methods (Access = private)

        % Code that executes after component creation
        function startupFcn(app)
            app.DatePicker.Value = datetime;
            % 현재의 날짜가 출력되게 한다.
        end
    end
```

그림6

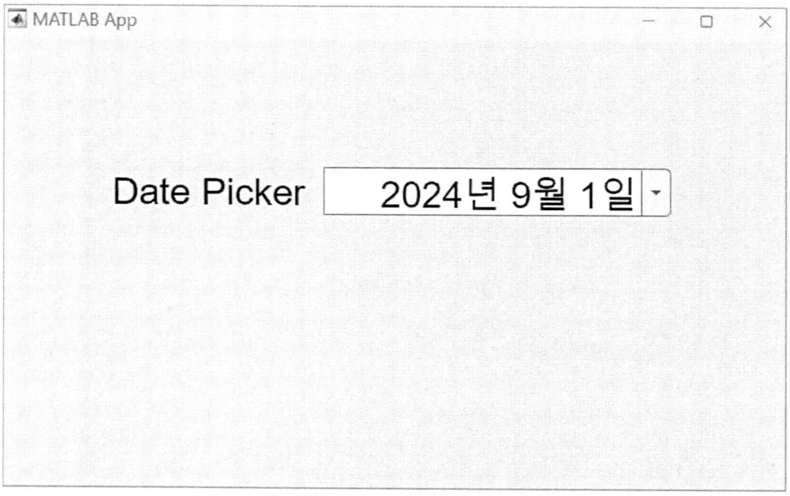

그림7

앞 <1단계>–<3단계>의 내용으로 [Case 2]의 경우를 알아보았다.

지금까지 [ValueChangedFcn 콜백]을 사용하는 [Case 1]의 경우와 [Startup 콜백]을 사용하는 [Case 2]의 경우로 나누어서 [날짜 선택기] 구성요소 사용 방법에 대하여 알아보았다.

2.3절 스핀 상자

이번 절에서는 [스핀 상자(Spinner)] 구성 요소에 대하여 알아본다. 1장의 내용을 참고하여 다음 [그림1]과 같이 [캔버스]를 만든다.

그림1

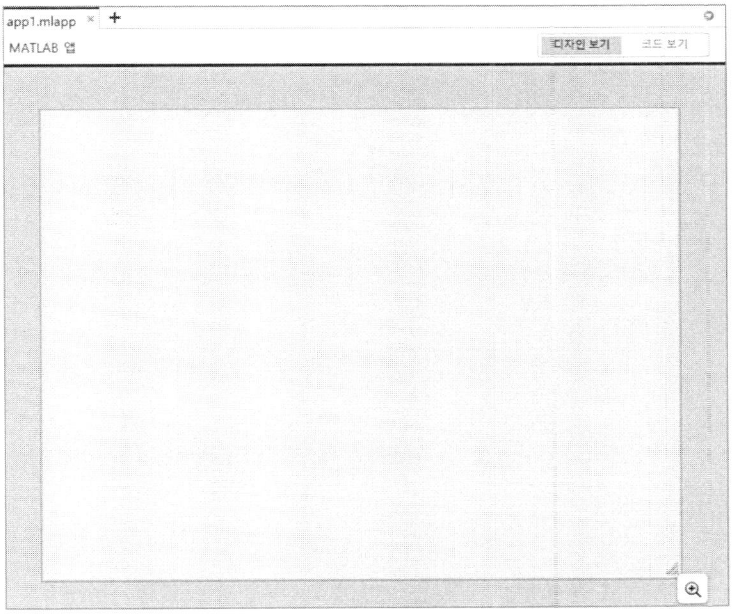

다음 단계들을 순차적으로 수행한다.

<1단계>

[구성요소 라이브러리]에서 [스핀 상자]와 [좌표축] 구성요소를 [캔버스]로 [그림2]와 같이 끌어다 놓는다. 즉 [좌표축] 구성요소 위에 [스핀 상자] 구성요소를 끌어다 놓는다.

그림2

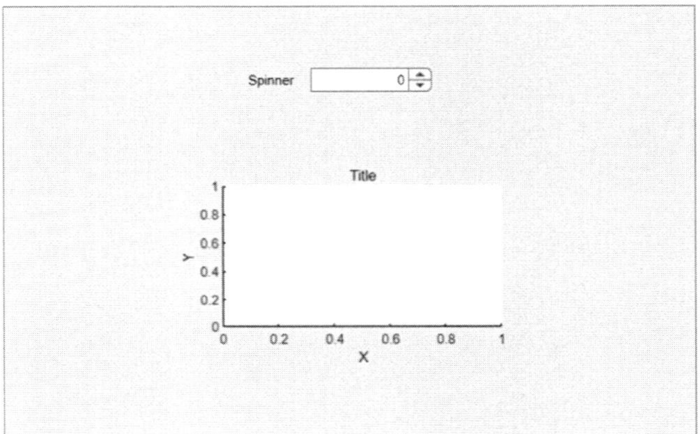

다음으로 [캔버스]의 [디자인 보기]에서 [스핀 상자] 구성요소를 선택한 후에 [캔버스] 오른쪽 위치에 있는 [스핀 상자]의 속성값들을 다음 [그림3]과 [그림4]의 내용으로 설정한다.

그림3

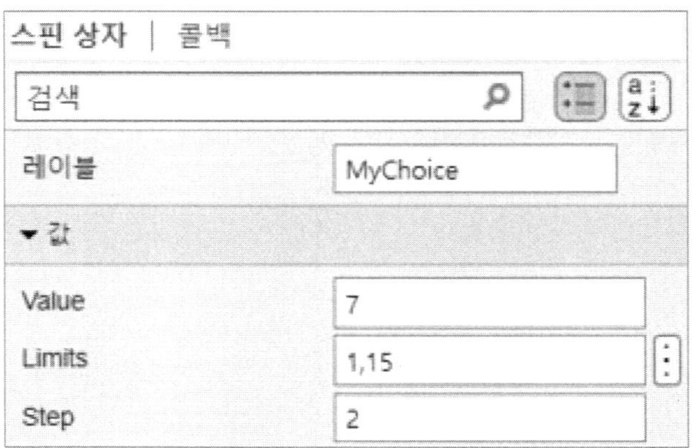

그림4

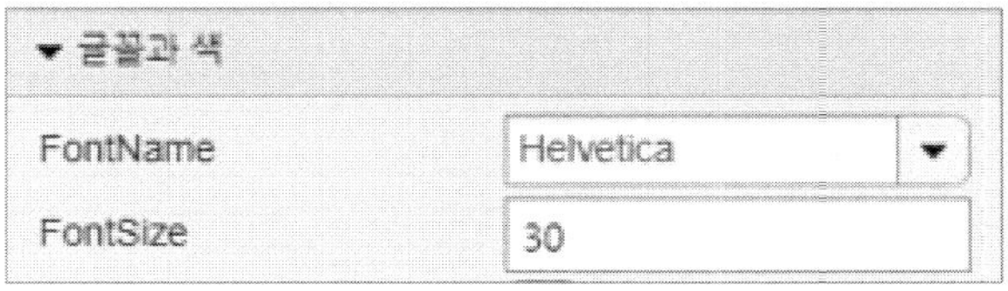

즉, 다음 [표5]의 내용으로 [스핀 상자] 속성들의 값을 설정한다.

표5

속성	속성값
레이블	MyChoice
Value	7
Limits	1, 15
Step	2
FontSize	30

앞 [그림3] 또는 [표5]의 내용에서 Step 속성의 값을 2로 설정하였기 때문에, 파일 실행 후 [스핀 상자]에서 오른쪽 위치에 있는 위 또는 아래 방향의 삼각형 기호를 선택 시 stepsize가 2씩 변한다. 현재까지의 작업을 MySpinnerEx1.mlapp 파일명으로 저장하고 실행하면 [그림6]과 같은 앱 창을 보게된다.

그림6

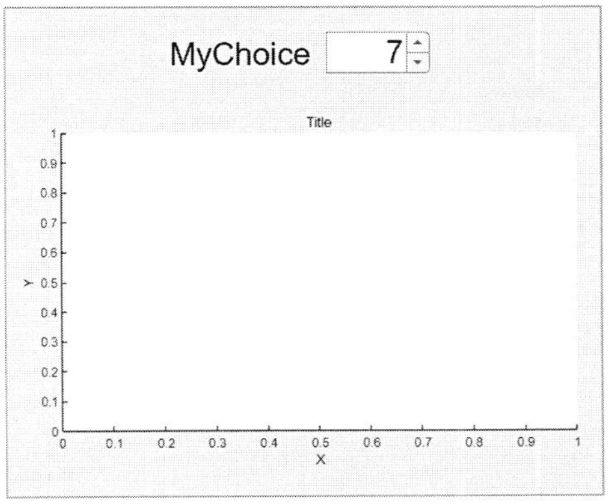

<2단계>

[캔버스]의 [디자인 보기]에서 [스핀 상자] 구성요소를 마우스 오른쪽 버튼으로 클릭한 뒤에 팝업된 박스에서

[콜백] > [ValueChangedFcn 콜백 추가]

항목을 선택한다. 선택의 결과로 [코드 보기]에서 [그림7]의 내용을 볼 수 있다.

그림7

```
    % Callbacks that handle component events
    methods (Access = private)

        % Value changed function: MyChoiceSpinner
        function MyChoiceSpinnerValueChanged(app, event)
            value = app.MyChoiceSpinner.Value;

        end
    end
```

[그림7]의 내용을 [그림8]의 내용으로 편집 완료 후에 실행(앱 디자이너 상단에 위치한 삼각형 모양의 녹색 아이콘 를 선택)하면 앞에서 보았던 [그림6]과 같은 앱 출력을 다시 보게 된다.

그림8

```
    % Callbacks that handle component events
    methods (Access = private)

        % Value changed function: MyChoiceSpinner
        function MyChoiceSpinnerValueChanged(app, event)
            xmax = app.MyChoiceSpinner.Value;
            x = 0:0.1:xmax;
            myline = plot(app.UIAxes, x, cos(x));
            set(myline,'linewidth',2);
            title(app.UIAxes,'cos(x)','fontsize',25);
            grid(app.UIAxes,'on');
        end
    end
```

앞 [그림6]과 같이 출력된 앱 창에서 상단에 위치한 [스핀 상자]의 오른쪽에 위치한 위 또는 아래 방향의 삼각형 기호를 클릭하여 선택한 MyChoice 값은, 좌표축에 정의역의 범위를 [0, MyChoice]로 제한하여 코사인 함수의 그래프를 출력한다. 예를 들어, 앞 [그림6]과 같은 앱 창에서 [스핀 상자]의 오른쪽에 위치한 위 방향의 삼각형 기호를 두 번 선택하여 MyChoice 대응 값이 11이 된 경우의 앱 출력은, 다음 [그림9]의 내용과 같이 정의역 [0, 11] 범위에서 코사인 함수의 그래프가 그려진다.

그림9

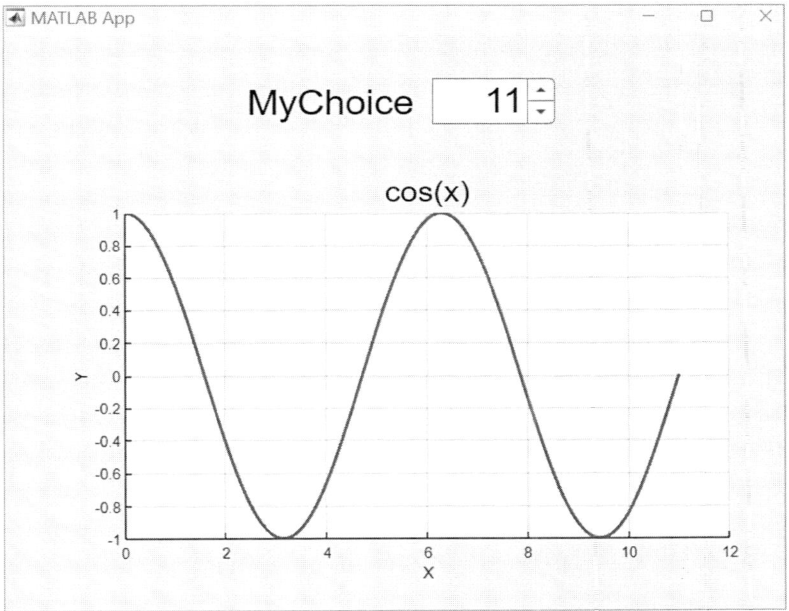

계속해서 [그림9]와 같은 앱 출력에서 [스핀 상자]의 오른쪽에 위치한 아래 방향의 삼각형 기호를 여러 번 클릭하여 MyChoice 대응 값을 3으로 만들면 다음 [그림10]의 내용과 같이 정의역 [0, 3] 범위에서 코사인 함수의 그래프가 그려진다. 이때 위 또는 아래 방향의 삼각형 기호를 선택할 때마다 MyChoice 대응 값의 간격이 2임을 볼 수 있는데, 앞 [그림3]에서 속성 [Step]의 값을 2로 설정하였기 때문이다.

그림10

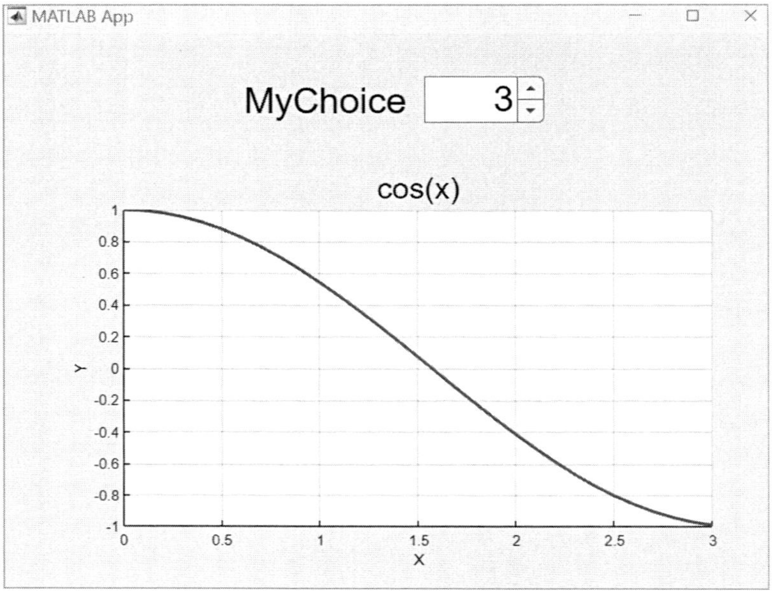

<3단계>

앞 [그림8]에 제공된 MyChoiceSpinnerValueChanged 콜백함수의 내용에 대하여 다음 (a)–(e)의 내용에서 부연 설명할 것이다.

(a) 앞 [그림10]과 같이 앱 창에서 MyChoice 값이 3으로 결정되면, [그림8]의 내용에서 16번째 줄에 위치한

```
xmax = app.MyChoiceSpinner.Value;
```

에 의하여 xmax 변수에 3으로 저장된다.

(b) 위 (a)의 결과로서 정의역에 해당하는 x의 범위가 [0 3]이 되고 간격이 0.1인 벡터 x가 17번째 줄에 위치한

```
x = 0:0.1:xmax;
```

에 의하여 생성된다.

(c) 18번째와 19번째 줄의 내용인 실행문

```
myline = plot(app.UIAxes, x, cos(x));
set(myline, 'linewidth',2);
```

에 의하여, cos(x) 함수의 그래프가 정의역 [0 3]에서 [좌표축]에 출력되고 그래프의 선 굵기가 2로 설정한다.

(d) 20번째 줄에 있는 실행문

```
title(app.UIAxes, 'cos(x)', 'fontsize', 25);
```

에 의하여 [좌표축] 제목을 cos(x)로 출력하고 그 크기를 25로 설정한다.

(e) 21번째 줄에 있는 실행문

```
grid(app.UIAxes, 'on')
```

에 의하여 [그림9]와 [그림10]과 같이 [좌표축]에 가로와 세로의 격자선을 그린다. 다른 방법으로 [좌표축]에 격자선을 구현할 수도 있다. 즉 21번째 줄에 있는 실행문 대신에 [디자인 보기]에서 [좌표축] 구성요소를 선택한 상황에서 [캔버스] 오른쪽 위치에 있는 [구성요소 브라우저]에서 [그리드] 항목의 서브 항목인 [Xgrid]와 [YGrid]를 선택하면 [좌표축]에서 격자선이 출력된다.

위 <1단계>-<3단계>의 내용으로 [스핀 상자] 구성요소 사용법을 [좌표축]과 함께 알아보았다.

2.4절 HTML

이번 절에서는 이미 완성된 HTML 파일인 [mytitleformat.html]가 [앱 디자이너]에서 [HTML] 구성요소에 의하여 어떻게 활용될 수 있는지를 알아볼 것이다. HTML 파일 작성과 관련된 문법 설명은 이 책의 범위에서 벗어나기 때문에, 여기에서는 이미 완성된 HTML 파일을 사용만 하고 HTML 문법에 대한 설명은 없을 것이다. 따라서 HTML 파일 작성과 관련된 내용을 알고 싶은 독자의 경우라면 본 저서가 아닌 다른 HTML 관련 서적을 참고해야 한다. 이런 이유로 HTML 파일인 [mytitleformat.html]의 내용 설명은 없을 것이다. 다음 (a)와 (b)의 내용을 이번 절에서 가정한다:

(a) 나중에 설명되는 [그림4]에서 앱 창의 상단에 위치한 박스의 형식을 지정하는 css 파일과 그 박스 안에 위치한 동물 그림과 관련된 png 파일 모두를 이용하는 html 파일인

mytitleformat.html

의 내용에 의하여, [그림4]와 같이 앱 창의 상단에 위치한 동물 그림을 포함하는 박스 영역이 출력된다.

(b) 또한 mytitleformat.html 파일에는 1부터 50까지의 자연수 중에서 임의의 수가 선택되는 내용을 가지고 있다. 이러한 내용으로 인하여 나중에 설명되는 [그림17] 또는 [그림18]과 같은 앱 창에서 상단에 위치한 동물이 보이는 박스를 선택(클릭)할 때마다, 1부터 50까지의 자연수 중에서 임의의 수가 불규칙적으로 생성되어 매틀랩 콜백함수에 전달된다.

1장의 내용을 참고하여 [그림1]과 같이 [캔버스]를 만든다.

그림1

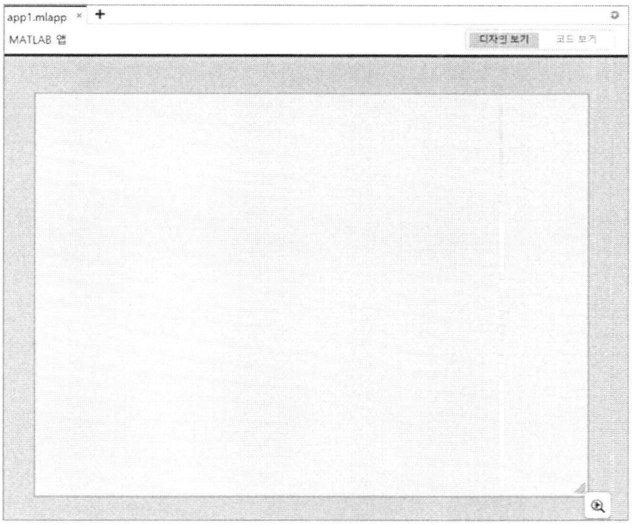

다음 단계를 계속해서 수행한다.

<1단계>

[구성요소 라이브러리]에서 [HTML]과 [좌표축] 구성요소를 [캔버스]로 [그림2]와 같이 끌어다 놓는다.

그림2

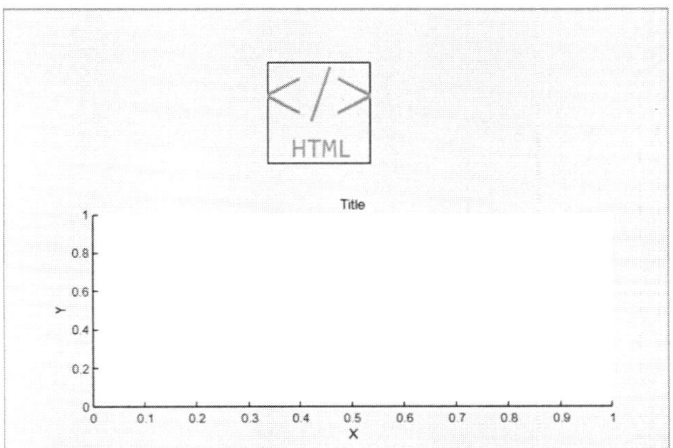

이때 [디자인 보기]에서 [HTML] 구성요소를 선택한 후에 [캔버스] 오른쪽 위치에 있는 [HTML]의 속성 중에 하나인 [HTMLSource] 항목에 미리 작성된 HTML 파일인

mytitleformat.html

을 다음 [그림3]과 같이 입력한다.

그림3

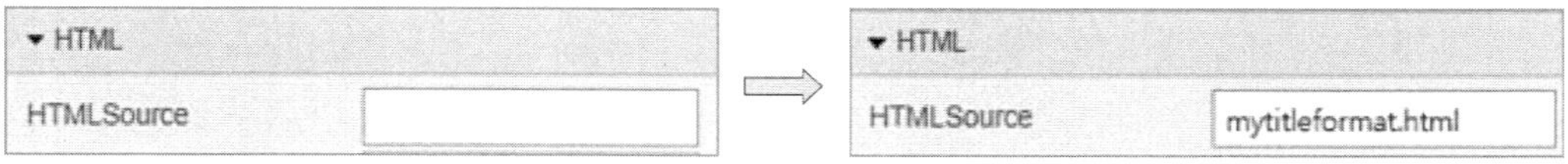

파일명 mytitleformat.html의 입력 후, [디자인 보기]에 있는 [HTML] 구성요소의 크기를 조정하여 [그림4]와 같이 앱 창의 상단에서 파란색 박스의 출력을 가정한다. 자세히 설명하면 [그림4]에서

(i) 파란색 박스의 형식과 관련된 css 파일과
(ii) 그 파란색 박스 안에 위치한 동물 그림과 관련된 png 파일

을 이용하는 HTML 파일인 mytitleformat.html의 내용에 의하여 [그림4]와 같이 파란색 박스 영역이 출력되었다고 가정한다.

그림4

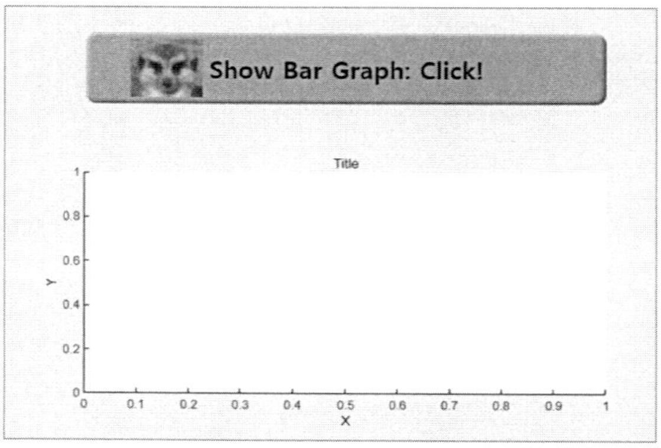

또한, [디자인 보기]의 [좌표축] 구성요소를 선택한 후에 [캔버스] 오른쪽 위치에서 [그림5]와 같이 설정하면 [그림6]과 같은 결과를 볼 수 있고 MyHTML.mlapp 파일명으로 저장한다:

그림5

설정 내용	
Title.String: Bar Graph XLabel.String: 클릭 수 YLabel.String: 결과 값 FontSize: 18	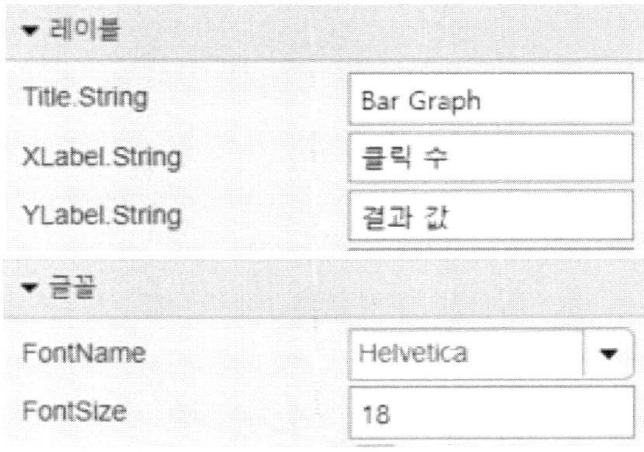

그림6

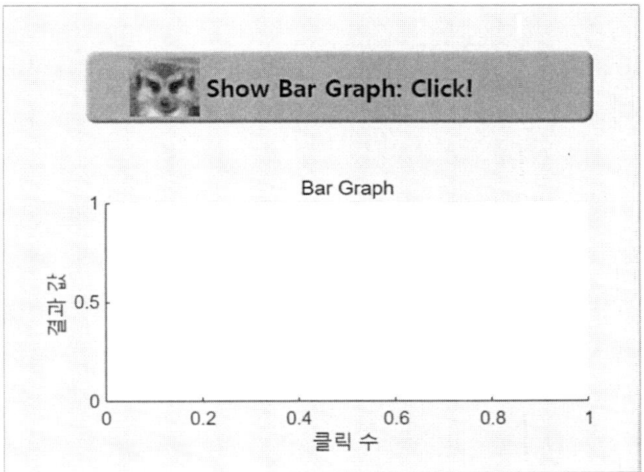

<2단계>

[캔버스]의 [코드 보기]가 선택된 상황에서 왼쪽에 위치한 [그림7]과 같은 [코드 브라우저]를 볼 수 있다.

그림7

앞 [그림7]에서 아래와 같이 녹색의 더하기 기호 옆에 있는 아래 방향의 화살표를 선택한다.

[코드 브라우저] > [속성] > 

선택의 결과로 [그림8]과 같은 항목을 보여주는 박스가 화면 출력된다.

그림8

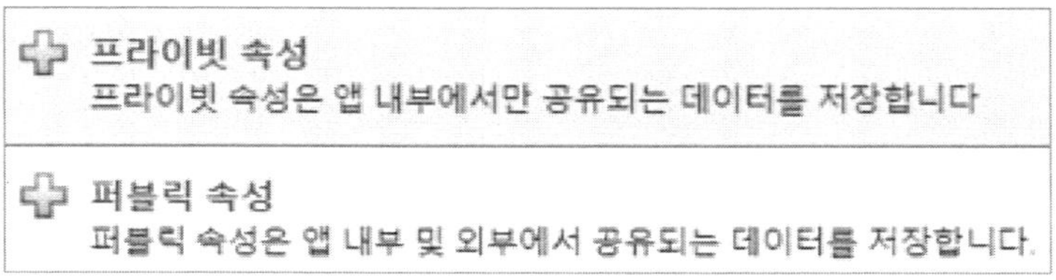

앞 [그림8]에서 첫 번째 항목인 [프라이빗 속성]을 선택하여 [그림9]와 같은 내용이 생성되면 [그림10]의 내용으로 편집한다.

그림9

```
    properties (Access = private)
        Property % Description
    end
```

그림10

```
    properties (Access = private)
        clicknums  % 클릭횟수 변수
    end
```

<3단계>

이번에는 MyHTML.mlapp 앱이 실행될 때 자동으로 실행되는 startupFcn 콜백함수를 만들어 본다. 우선 [구성요소 브라우저]에서 다음 [그림11]과 같이 MyHTML 파일명을 선택한다.

그림11

다음으로 [코드 브라우저]에서 아래와 같이 녹색의 더하기 기호를 선택하여 다음 [그림12]와 같은 박스가 화면 출력되었을 때에 하단에 위치한 [콜백 추가] 항목을 선택한다.

[코드 브라우저] > [콜백] > ✚

그림12

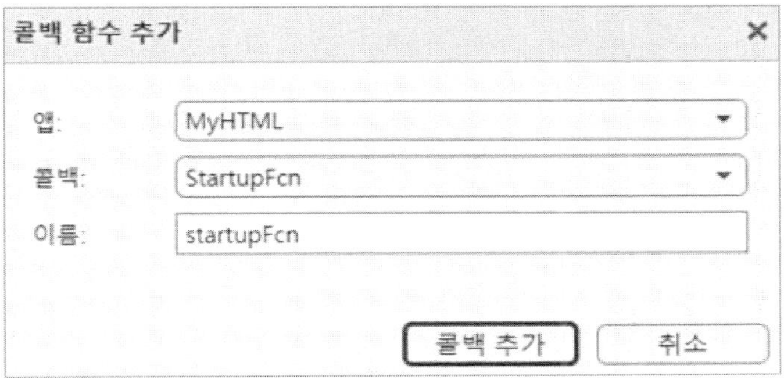

선택의 결과로 [그림13]의 내용이 생성되면 [그림14]의 내용이 되도록 편집한다.

그림13

```
    % Callbacks that handle component events
    methods (Access = private)

        % Code that executes after component creation
        function startupFcn(app)

        end
    end
```

그림14

```
    % Callbacks that handle component events
    methods (Access = private)

        % Code that executes after component creation
        function startupFcn(app)
            app.clicknums = 0;
        end
    end
```

여기까지의 진행으로 [그림14]의 내용을 가진 startupFcn 콜백함수를 만들어 보았다.

<4단계>

[캔버스]의 [디자인 보기]에서 [HTML] 구성요소를 마우스 오른쪽 버튼을 클릭한 뒤에 팝업된 박스에서

[콜백] > [DataChangedFcn 콜백 추가]

항목을 선택한다. 선택의 결과로 [코드 보기]에서 startupFcn 콜백함수 아래 위치에서 다음 [그림15]의 내용을 볼 수 있다.

그림15

```
        % Data changed function: HTML
        function HTMLDataChanged(app, event)
            data = app.HTML.Data;

        end
```

[그림15]의 내용을 [그림16]의 내용으로 편집 완료 후에, MyHTML.mlapp 파일을 실행하면 앞에서 보았던 [그림6]과 같은 초기 앱 창을 보게 된다.

그림16

```
        % Data changed function: HTML
        function HTMLDataChanged(app, event)
            data = app.HTML.Data;
            app.clicknums = app.clicknums + 1;
            h = app.UIAxes;
           axis(h, [0,20, 0,52]);
           hold(h,"on");
           bar(h, app.clicknums, data)
        end
```

앞 [그림6]과 같은 초기 앱 창의 상단에서 동물이 있는 박스를 한 번 클릭하면 다음 [그림17]의 결과가 출력되고, 동물이 보이는 박스를 총 다섯 번의 클릭을 하면 다음 [그림18]의 결과를 볼 수 있다.

그림17

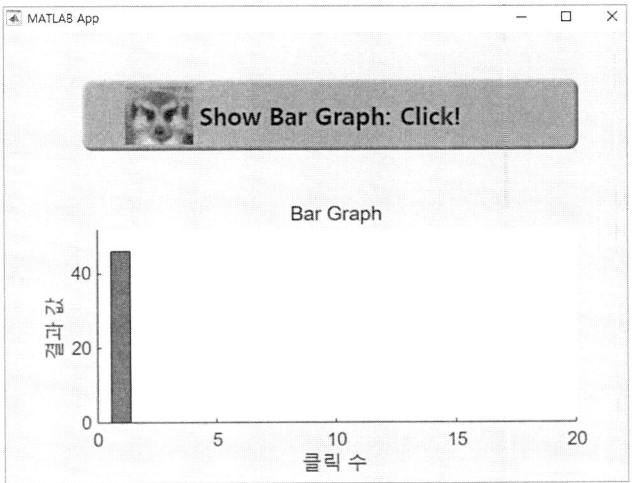

그림18

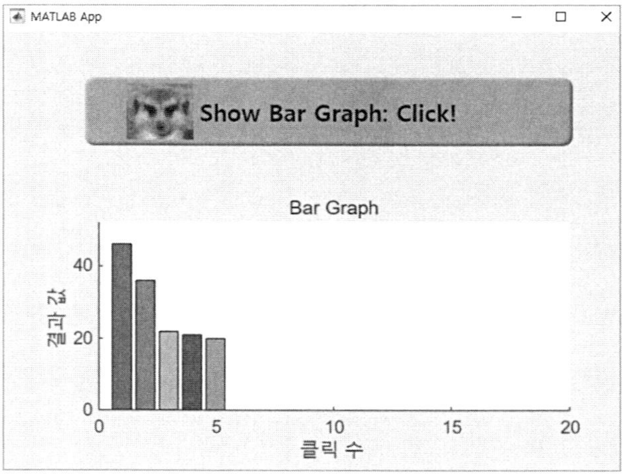

참고로, [그림17] 또는 [그림18]과 같은 진행이 되기 위해서는 [현재 폴더]에 MyHTML.mlapp 앱 파일뿐만 아니라 아래 세 개의 파일도 존재해야 한다.

(i) mcat.png (ii) mystyle.css (iii) mytitleformat.html

위에서 (i)에 있는 png 파일은 동물 그림에 대응하고, (ii)와 (iii)에 주어진 파일은 매틀랩 홈페이지의 [도움말 센터]에서 제공하는 파일들을 편집하여 작성되었다. 자세히 설명하면, 매틀랩의 [도움말 센터]에서 [앱 디자이너를 사용하여 앱 개발하기] 항목에서 다음

[제목: CSS 스타일시트로 스타일이 적용된 HTML 요소 표시하기]

와 같은 제목을 가진 예제에서 제공되는 파일을 이번 절의 내용에 맞게 편집하였다. 위의 제목을 가진 내용에 접근하는 구체적인 절차는 다음과 같다:

(1) [명령 창]에서 doc 명령어 실행: >> doc
(2) [도움말 센터] > [MATLAT 사용] > [MATLAB] > [앱 작성] 항목 선택
(3) 위 (2)에서 [앱 작성] 항목을 클릭하여 서브 항목인 [앱 디자이너를 사용하여 앱 개발하기]를 선택한 후에 [예제] 항목 선택
(4) 위 (3)에서 [예제] 항목을 선택하면 여러 종류의 예제들이 있고 그 중에서 제목이

[CSS 스타일시트로 스타일이 적용된 HTML 요소 표시하기]

인 항목을 선택하여 관련된 css 파일과 html 파일의 내용을 참고할 수 있다.

<5단계>

앞 [그림16]의 내용에 대하여 다음 (a)-(f)에서 부연 설명할 것이다.

(a) mytitleformat.html 파일이 실행되면 1부터 50까지의 자연수 중에서 임의의 수가 선택되는 내용이 있다는 사실을 이번 절의 앞 부분에서 가정하였다. 이러한 내용으로 인하여 [그림17] 또는 [그림18]과 같은 앱 창에서 상단에 위치한 동물이 보이는 박스를 선택(클릭)할 때마다 1부터 50까지의 자연수 중에서 임의의 수가 불규칙적으로 생성되고 앞 [그림16]의 26번째 줄의 내용인 실형문

```
data = app.HTML.Data;
```

에 의하여 HTMLDataChanged 콜백함수 내부에서 data라는 변수에 생성된 자연수가 저장된다.

(b) 27번째 줄의 내용인 실행문

```
app.clicknums = app.clicknums + 1;
```

에 의하여 [그림17] 또는 [그림18]과 같은 앱 창에서 상단에 위치한 동물이 보이는 박스를 선택(클릭)할 때마다 app.clicknums 변수에 저장된 값이 1씩 증가한다.

(c) 28번째 줄의 내용인 실행문

```
h = app.UIAxes;
```

에 의하여 [그림17] 또는 [그림18]과 같은 앱 창에 위치한 [좌표축] 구성요소를 h라는 변수에 대응시킨다.

(d) 29번째 줄의 내용인 실행문

```
axis(h, [0,20,0,52]);
```

에 의하여 [그림17] 또는 [그림18]과 같이 [좌표축] 구성요소의 x축과 y축 범위를

$$0 \le x \le 20, \quad 0 \le y \le 52$$

로 제한한다.

(e) 30번째 줄의 내용인 실행문

```
hold(h, "on");
```

에 의하여 좌표축에 그려진 막대그래프 결과를 그대로 남기면서 새로운 막대그래프 결과를 좌표축에 추가한다. 즉, 이미 존재한 결과를 유지하면서 새로운 결과를 함께 출력하여 보여준다.

(f) 31번째 줄의 내용인 실행문

```
bar(h, app.clicknums, data)
```

에 의하여 app.clicknums에 저장된 값이 좌표축에서 막대그래프의 x축 좌표가 되고 data에 저장된 값이 막대그래프의 높이가 된다.

앞 <1단계>–<5단계>의 내용으로 png 파일과 css 파일이 함께 이용되어 완성된 HTML 파일이 [앱 디자이너]에서 [HTML] 구성요소에 의하여 어떻게 활용될 수 있는지를 알아보았다.

2.5절 이미지(Image)

이번 절에서는 다음 [Part 1]과 [Part 2]의 내용으로 [Image] 구성요소를 각각 알아본다:

- [Part 1] 앱 파일을 실행하여 출력된 앱 창에 있는 [이미지] 구성요소를 클릭하면 풍경 사진이 출력되는 경우를 설명할 것이다.
- [Part 2] 앱 파일을 실행하면 첫 번째로 출력된 앱 창에서 [이미지] 구성요소 위치에 사진이 출력되고, 두 번째로 출력된 사진 위에 커서를 가져가면 미리 만들어진 문구를 볼 수 있는 팝업 박스가 화면에 출력된다. 이때 사진을 클릭하면 그 URL 주소를 가진 웹 페이지로 연결되는 경우를 설명할 것이다.

Part 1

1장의 내용을 참고하여 [그림1]과 같이 [캔버스]를 만든다.

그림1

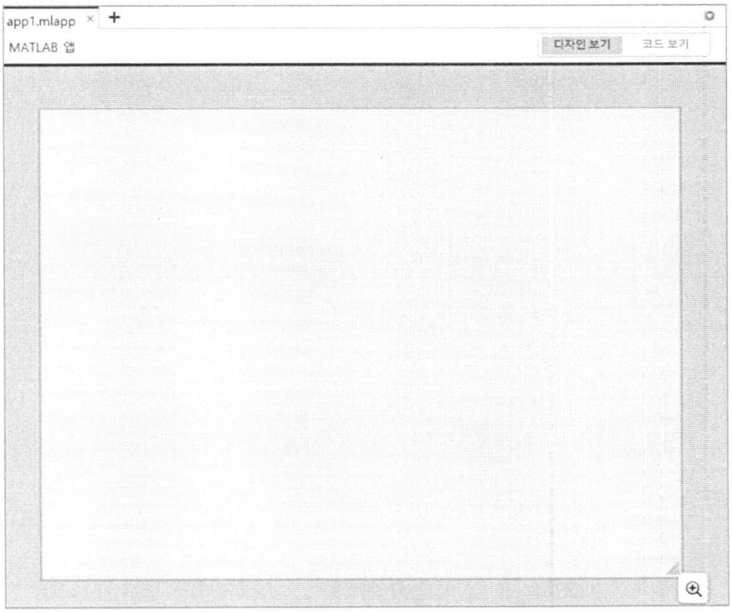

계속해서 다음 단계를 수행한다.

<1단계>

[구성요소 라이브러리]에서 [이미지] 구성요소를 [캔버스]로 끌어다 놓고 [그림2]와 같이 [캔버스] 내부에서 그 크기를 조정한다.

그림2

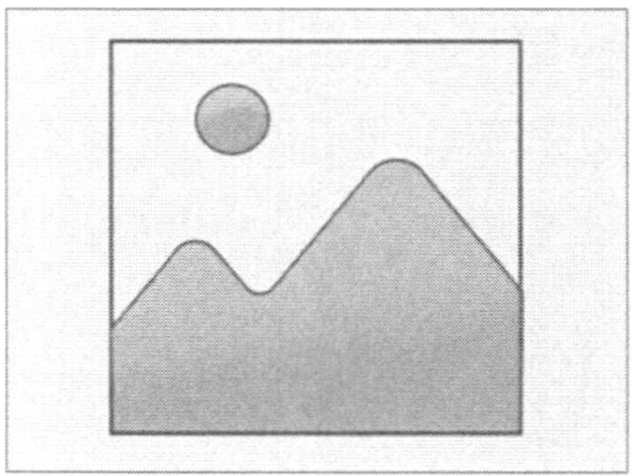

<2단계>

[디자인 보기]에서 [이미지] 구성요소를 마우스로 우클릭하여 팝업된 박스에서

[콜백] > [ImageClickedFcn 콜백 추가]

항목을 선택한다. 선택의 결과로 [그림3]과 같은 ImageClicked 콜백함수 내용이 생성된다.

그림3

```
    % Callbacks that handle component events
    methods (Access = private)

        % Image clicked function: Image
        function ImageClicked(app, event)

        end
    end
```

여기까지의 내용을 완료하고 MyImageEx1.mlapp 파일명으로 저장한다.

<3단계>

다음과 같이 앞 [그림3]의 내용을 [그림4]의 내용으로 편집한다.

그림4

```
    % Callbacks that handle component events
    methods (Access = private)

        % Image clicked function: Image
        function ImageClicked(app, event)
            app.Image.ImageSource = 'LakePath.JPG'
        end
    end
```

ImageClicked 콜백함수를 앞 [그림4]의 내용으로 편집 완료 후에 실행하면 다음 [그림5]와 같은 앱 창을 보게 된다. 이 앱 창에서 볼 수 있는 [이미지] 구성요소를 클릭(선택)하면 [그림6]과 같은 풍경사진이 출력된다.

그림5

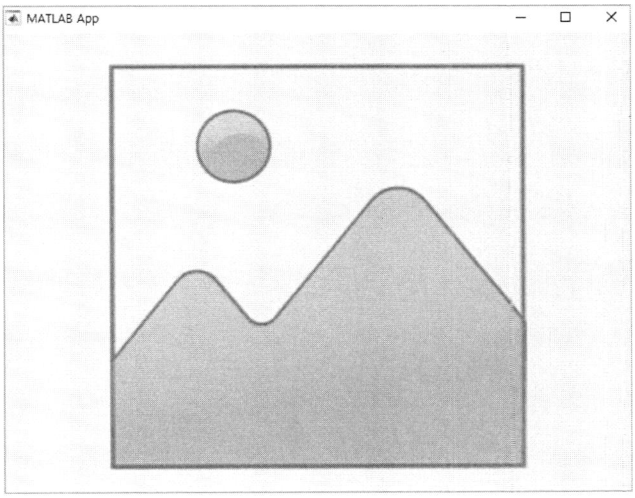

그림6

이때 [그림6]과 같은 앱 출력을 얻기 위해서는 [현재 폴더]에 LakePath.JPG 파일이 존재해야 하고 앞 [그림6]에서 볼 수 있는 풍경사진은 LakePath.JPG 파일에 저장된 상태이다.

<4단계>

앞 [그림5]와 같이 출력된 앱 창에서 [이미지] 구성요소를 선택하면 앞 [그림4]에 주어진 ImageClicked 콜백함수의 내용인

```
app.Image.ImageSource = 'LakePath.JPG'
```

가 실행되어 앞 [그림6]과 같은 앱 창이 출력되는 것이다.

앞 <1단계>–<4단계>의 내용으로 [Part 1]의 작업을 마치고, 다음으로 [Part 2]의 내용을 알아본다.

Part 2

앞 [Part 1]의 <1단계> 내용까지 동일하게 진행한다. 즉 (i) [구성요소 라이브러리]에서 [이미지] 구성요소를 [캔버스]로 끌어다 놓고 (ii) 앞에 제공된 [그림2]와 같이 [캔버

스] 내부에서 그 크기를 조정한 뒤에 (iii) MyImageEx2.mlapp 파일명으로 저장한다. 계속해서 아래의 <1단계>–<4단계>의 내용을 진행한다.

<1단계>

[캔버스]의 [코드 보기]를 선택하고 오른쪽 [구성요소 브라우저]에서 [그림7]과 같이 파일명 MyImageEx2를 선택한다.

그림7

<2단계>

지금 상황에서 [캔버스] 왼쪽에 위치한 [그림8]과 같은 [코드 브라우저] 영역을 볼 수 있다.

그림8

앞 [그림8]에서 아래와 같은 순서로 녹색의 플러스 기호를 선택한다.

[코드 브라우저] > [콜백] > ✚

선택의 결과로 [그림9]와 같은 박스가 화면 출력된다. 콜백 항목에서 StratupFcn을 확인한다.

그림9

앞 [그림9]에서 하단에 위치한 [콜백 추가] 항목을 선택하여 다음 [그림10]의 내용이 생성되면 [그림11]과 같이 편집 저장한다.

그림10

```
    % Callbacks that handle component events
    methods (Access = private)

        % Code that executes after component creation
        function startupFcn(app)

        end
    end
```

그림11

```
    % Callbacks that handle component events
    methods (Access = private)

        % Code that executes after component creation
        function startupFcn(app)
            app.Image.ImageSource = 'LakePath.JPG';
            app.Image.Tooltip = '클릭: KAU 홈페이지 연결';
        end
    end
```

현재까지의 내용이 저장된 앱 파일 MyImageEx2.mlapp을 실행한다. 실행의 결과로 앱 창에서 앞 [그림6]과 같은 풍경사진을 초기 화면으로 다시 볼 수 있고, 이 풍경사진 위에 커서를 가져가면

[클릭: KAU 홈페이지 연결]

이라는 미리 만들어진 문구를 볼 수 있는 팝업 박스가 다음 [그림12]와 같이 화면에 출력된다. 위와 같은 문구가 팝업 박스에 출력되는 이유는 [그림11]의 15번째 줄에서 볼 수 있듯이 startupFcn 콜백함수의 내용인

```
app.Image.Tooltip = '클릭: KAU 홈페이지 연결';
```

이 실행되었기 때문이다. 지금의 상황에서는 풍경 사진을 클릭하여도 아직 KAU 홈페이지에 연결되지 않는다.

그림12

<3단계>

앞 [그림12]와 같이 팝업 박스가 출력된 상황에서 풍경사진을 클릭하면 미리 설정된 URL 주소의 창을 띄우도록 만들어 볼 것이다. 즉 [캔버스]의 [디자인 보기]에서 [이미

지] 구성요소를 마우스 우클릭한 뒤에 팝업된 박스에서

[콜백] > [ImageClickedFcn 콜백 추가]

항목을 선택한다. 선택의 결과로 [코드 보기]에서 startupFcn 콜백함수 아래 위치에서 [그림13]의 내용을 볼 수 있다.

그림13

```
        % Image clicked function: Image
        function ImageClicked(app, event)

        end
```

계속해서 [그림13]의 내용을 [그림14]와 같은 내용으로 ImageClicked 콜백함수를 편집 완료 후에 앱 파일 MyImageEx2.mlapp을 실행하면, 앞 [그림6]과 같은 초기 앱 창이 다시 출력될 것이다. 계속해서 커서를 앱 창에 위치시키면 앞에서 설명된 [그림12]와 같이 팝업 문구가 있는 풍경사진을 앱 창으로 볼 수 있다.

그림14

```
    % Callbacks that handle component events
    methods (Access = private)

        % Code that executes after component creation
        function startupFcn(app)
            app.Image.ImageSource = 'LakePath.JPG';
            app.Image.Tooltip = '클릭: KAU 홈페이지 연결';
        end

        % Image clicked function: Image
        function ImageClicked(app, event)
            url = 'https://www.kau.ac.kr/';
            web(url);
        end
    end
```

이번에는 앞 [그림12]와 같은 앱 창에서 풍경사진을 클릭하여 본다. 클릭의 결과로서 [그림15]와 같이 [한국항공대학교] 홈페이지로 연결된다. 단 홈페이지 화면의 내용이 업데이트 등의 이유로 [그림15]와는 다를 수 있다.

그림15

<4단계>

앞 [그림12]와 같은 앱 창에서 풍경사진을 클릭하면 [한국항공대학교] 홈페이지로 연결되는 이유는 [그림14]의 20번째와 21번째 줄에 제공된 ImageClicked 콜백함수의 내용인

```
url = 'https://www.kau.ac.kr/';
web(url);
```

가 실행되었기 때문이다.

지금까지 [Part 1]과 [Part 2]의 내용으로 [이미지] 구성요소 사용법에 대하여 알아보았다.

2.6절 트리(Tree)와 텍스트 영역(Text Area)

이번 절에서는 [트리] 구성요소와 [텍스트 영역] 구성요소 사용 방법을 함께 알아본다. 1장의 내용을 참고하여 [그림1]과 같이 [캔버스]를 만든다.

그림1

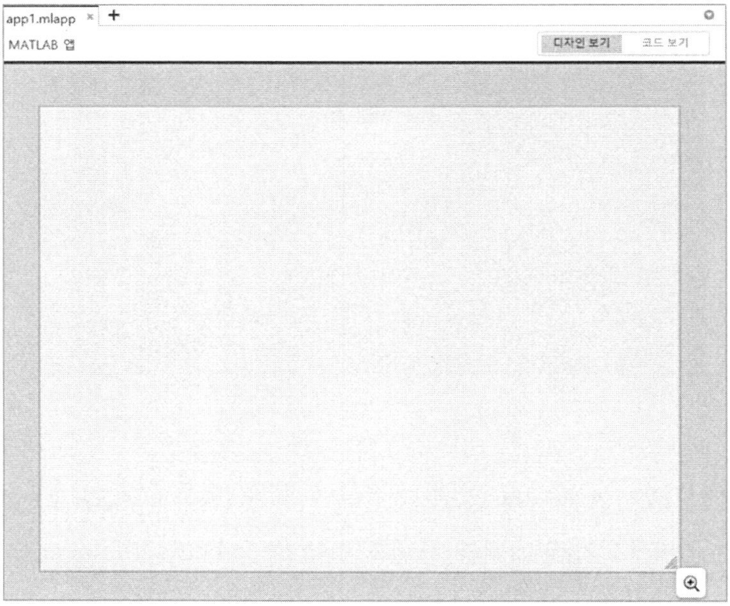

계속해서 다음 <1단계>–<5단계> 내용을 수행한다.

<1단계>

[구성요소 라이브러리]에서 [트리] 구성요소를 캔버스로 끌어다 놓고 [그림2]와 같이 그 박스 크기를 조정하고 [캔버스] 오른쪽 영역에 위치한 [구성요소 브라우저]에서

[트리] > [글꼴과 색] > [FontSize]

항목(속성)의 값을 22로 설정한다. 여기까지 내용을 MyTreeEx1.mlapp 파일명으로 저장한다.

그림2

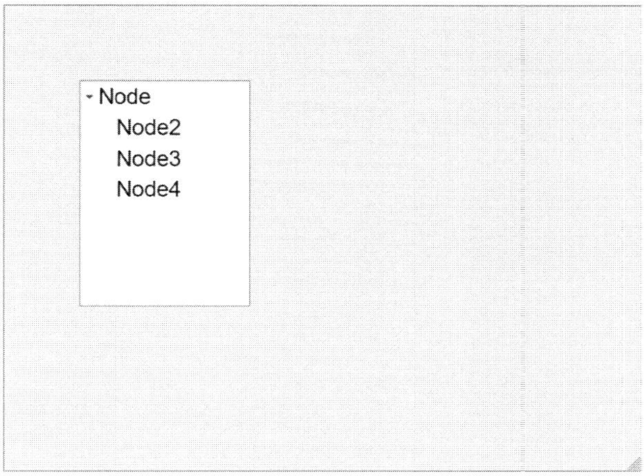

<2단계>

앞 [그림2]와 같은 [트리] 구성요소에서 가장 아래에 위치한 [Node4] 항목을 우클릭하여 [삭제] 항목을 선택하여 삭제하고, 가장 위에 위치한 [Node] 항목을 더블클릭하여 exp(2*x) 문구를 입력한다. 계속해서 [Node2]와 [Node3] 항목을 각각 더블클릭하여 MyDifferentiation와 MyGraphOne 문구로 입력한다. 입력한 문구가 모두 보이도록 [트리] 구성요소의 크기를 다시 조정하면 [그림2]에서 [그림3]과 같은 형식을 보게 된다.

그림3

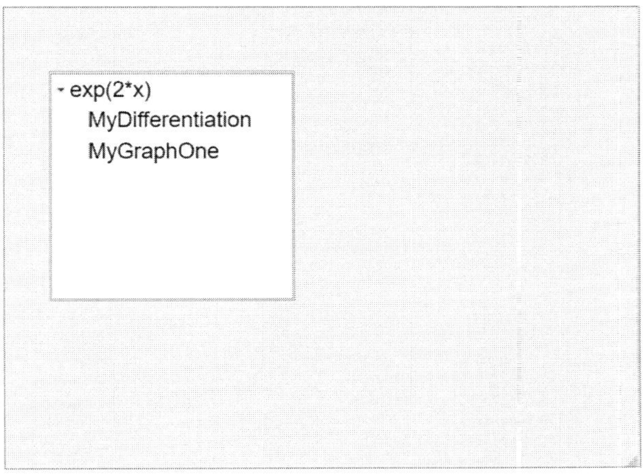

앞 [그림3]에서 [트리] 구성요소의 [exp(2*x)] 항목을 우클릭하여 팝업된 박스에서 [형제 추가] 항목을 선택하면 [트리] 구성요소는 다음 [그림4]와 같이 [Node] 항목이 추가된다.

그림4

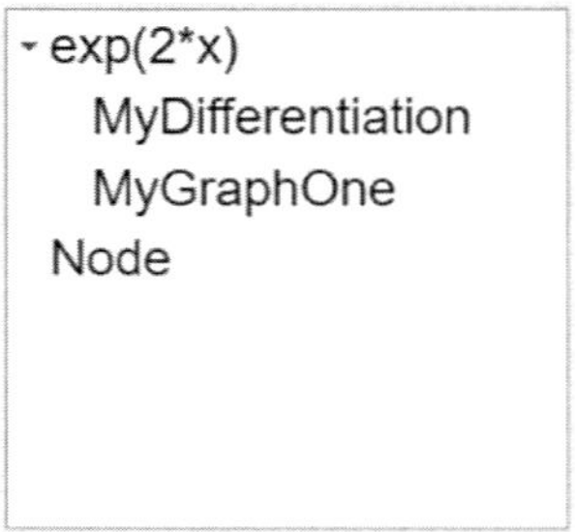

앞 [그림4]의 내용에서 [Node] 항목 아래에 두 개의 서브 항목을 만든다. 즉 [Node] 항목을 우클릭하고, 팝업된 박스에서 [자식 추가] 항목을 두 번 선택하면 [트리] 구성요소는 다음 [그림5]와 같이 [Node] 항목 아래에 두 개의 서브 항목이 추가로 생성된다.

그림5

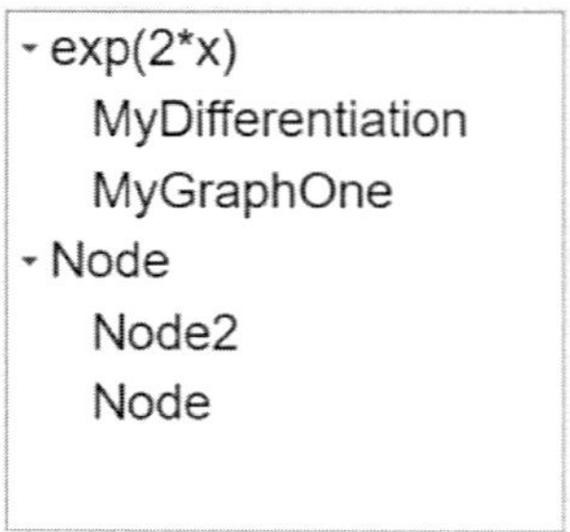

앞 [그림3]의 형식에서 [그림5]의 형식으로 편집하면서 새로 생성된 [트리] 구성요소의 항목들을, 위에서 아래 방향으로 각각 더블클릭하여 sin(x), MyIntegration, MyGraphTwo 문구를 각각 입력하면 다음 [그림6]과 같은 구조를 갖게 된다.

그림6

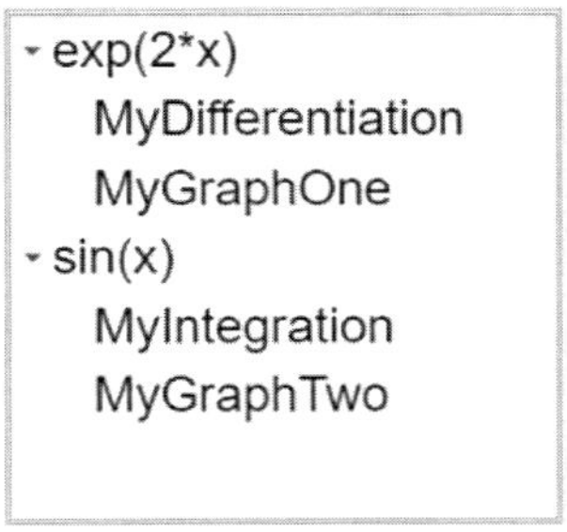

<3단계>

[구성요소 라이브러리]에 있는 [텍스트 영역] 구성요소와 [좌표축] 구성요소를 끌어서 다음 [그림7]과 같이 배치한다.

그림7

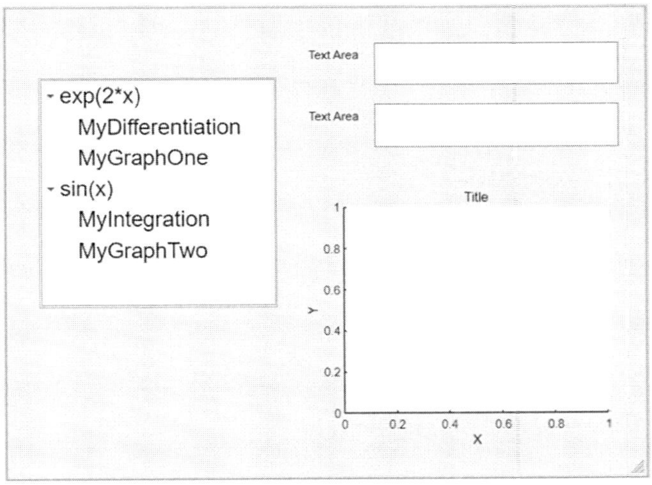

앞 [그림7]에서 오른쪽 위에 위치한 두 개의 [텍스트 영역] 구성요소의 [레이블]을 다음 [그림8]과 같이 Function과 Results로 각각 설정한다. 이때 [디자인 보기]에서 [레이블]을 각각 선택하고 [캔버스] 오른쪽 영역인 [구성요소 브라우저]에서

[레이블] > [글꼴과 색] > [Fontsize]

항목을 20으로 각각 입력한다. 또한 [디자인 보기]에서 [텍스트 영역] 구성요소를 전체로 선택한 뒤에, [캔버스] 오른쪽 영역인 [구성요소 브라우저]에 위치한 [상호작용] 영역에서 다음과 같이 [Editable] 항목 체크를 각각 해제한다.

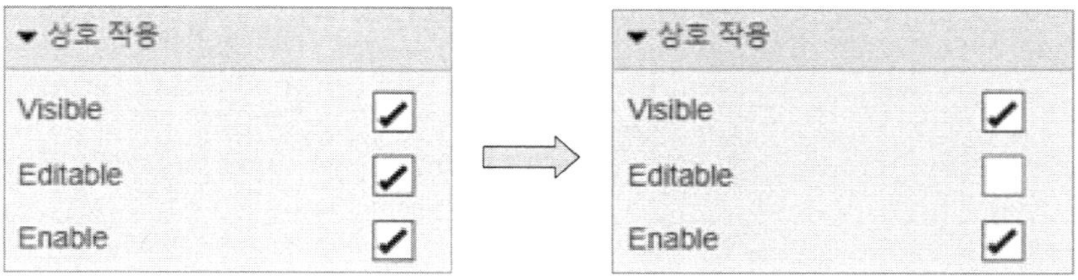

이와 같이 두 개의 [텍스트 영역] 구성요소와 관련하여 [Editable] 항목 체크를 해제하면, 나중에 앱 파일을 실행하여 앱 창이 출력되었을 때에 [텍스트 영역] 구성요소 위치에 출력되는 결과를 임의로 편집할 수 없게 된다.

그림8

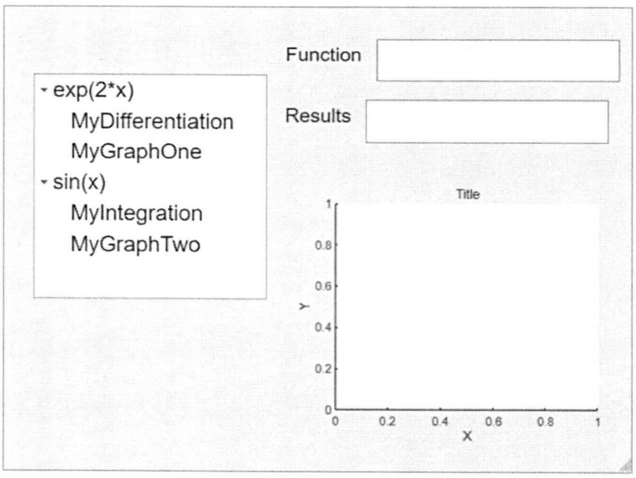

여기까지 내용을 완료한 뒤에 [캔버스] 오른쪽에 위치한 [구성요소 브라우저]의 상단은 다음 [그림9]의 형식을 갖게된다.

그림9

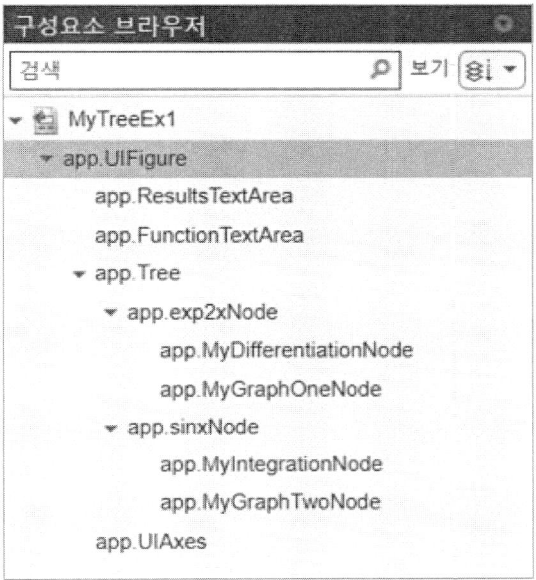

앞 [그림9]와 같은 [구성요소 브라우저]에서 [app.Tree] 항목을 우클릭하면 박스가 화면에 팝업되고

[콜백] > [SelectionChangedFcn 콜백 추가]

항목을 선택하면 다음 [그림10]과 같은 TreeSelectionChanged 콜백함수 내용이 생성된다.

그림10

```
    % Callbacks that handle component events
    methods (Access = private)

        % Selection changed function: Tree
        function TreeSelectionChanged(app, event)
            selectedNodes = app.Tree.SelectedNodes;

        end
    end
```

앞 [그림10]의 내용을 다음 [그림11a]와 [그림11b]의 내용으로 편집한 후에 저장한다.

그림11a

```
    % Callbacks that handle component events
    methods (Access = private)

        % Selection changed function: Tree
        function TreeSelectionChanged(app, event)
            selectedNodes = app.Tree.SelectedNodes;
            syms x
            if strcmp(selectedNodes.Text,'MyDifferentiation')
              app.FunctionTextArea.Value = 'exp(2*x)';
              app.FunctionTextArea.FontSize = 25;
              diffResult = diff(exp(2*x));
              app.ResultsTextArea.Value = char(diffResult);
              app.ResultsTextArea.FontSize = 25;
            end
```

그림11b

```
            if strcmp(selectedNodes.Text,'MyGraphOne')
              xval = 0:0.01:2;
              yval = exp(2*xval);
              plot(app.UIAxes, xval,yval);
              title(app.UIAxes,'exp(2*x)','FontSize',20);
            end
        end
    end
```

지금까지의 작업이 완료된 앱(파일명: MyTreeEx1.mlapp) 파일을 실행하면 다음 [그림12]와 같은 앱 출력을 보게된다.

그림12

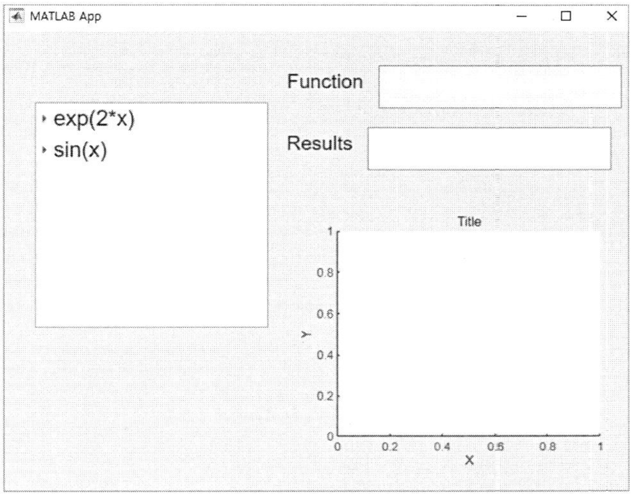

앞 [그림12]에서 [트리] 구성요소 박스 안에 있는 exp(2*x) 항목의 바로 옆 왼쪽에 위치한 삼각형을 선택하면 두 개의 서브 항목을 볼 수 있고 첫 번째 서브 항목인 My Differentiation을 선택하면 다음 [그림13]과 같은 결과를 보게 된다.

그림13

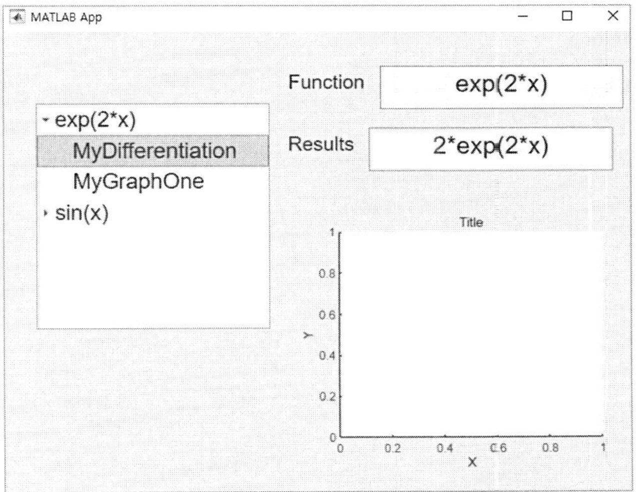

즉 [그림11a]의 내용에 의하여 exp(2*x) 수식이 레이블에 Function이라고 적혀있는 박스에 출력되었고, 수식 exp(2*x)을 미분한 결과가 레이블에 Results라고 적혀있는 박스에 출력되었다. 그 과정을 자세히 설명하여 본다. 앱 창에서 MyDifferentiation을 선택하면 [그림11a]와 [그림11b]에 제공된 TreeSelectionChanged 콜백함수의 내용이 다음과 같이 실행된다.

(a) 25번째 줄에 위치한 실행문

```
selectedNodes = app.Tree.SelectedNodes;
```

에 의하여 선택한 MyDifferentiation항목이 selectedNodes 변수에 대응된다.

(b) selectedNodes 변수의 서브 필드인 selectedNodes.Text에 문자열 MyDifferentiation이 저장되어 있기 때문에, 문자열을 비교하는 명령어 strcmp에 의하여 27번째 줄의

```
if strcmp(selectedNodes.Text,'MyDifferentiation')
```

와 같은 내용이 실행되면서 그 결과가 참이 되었기 때문에 28번째 줄부터 32번째 줄까지의 내용이 실행된다.

(c) 28번째와 29번째 줄에 위치한 실행문

```
app.FunctionTextArea.Value = 'exp(2*x)';
app.FunctionTextArea.FontSize = 25;
```

에 의하여 앱 창에서 오른쪽 가장 위에 위치한 [텍스트 영역] 구성요소에 exp(2*x) 문구가 폰트 크기 25로 출력된다.

(d) 30번째 줄의 내용인

```
diffResult = diff(exp(2*x));
```

에 의하여 심볼릭 명령어인 diff가 실행되어 exp(2*x)를 x로 미분한 결과가 diffResult 변수에 저장된다. 심볼릭 명령어 diff에 의하여 exp(2*x)를 x에 관한 미분이 실행되기 전에, 26번째 줄에 위치한 실행문

```
syms x
```

와 같이 심볼릭 변수 x에 대한 선언이 있어야 한다.

(e) 31번째 줄에 위치한 실행문

```
app.ResultsTextArea.Value = char(diffResult);
```

에 의하여, diffResult에 저장된 심볼릭 수식인 2*exp(2*x)를 명령어 char을 이용하여 문자열로 클래스(class)를 변환시킨다.

(f) 32번째 줄에 위치한 실행문

```
app.ResultsTextArea.FontSize = 25;
```

에 의하여, 앱 창에서 오른쪽 위에서 두 번째에 위치한 [텍스트 영역] 구성요소에 2*exp(2*x) 문구가 폰트 크기 25로 출력된 것이다.

<4단계>

이번에는 앞 [그림13]에서 두 번째 서브 항목인 MyGraphOne을 선택하면 [그림11b]의 내용에 의하여 다음 [그림14]와 같이 exp(2*x)에 대응하는 그래프 출력을 앱 창의 [좌표축] 구성요소에서 볼 수 있다.

그림14

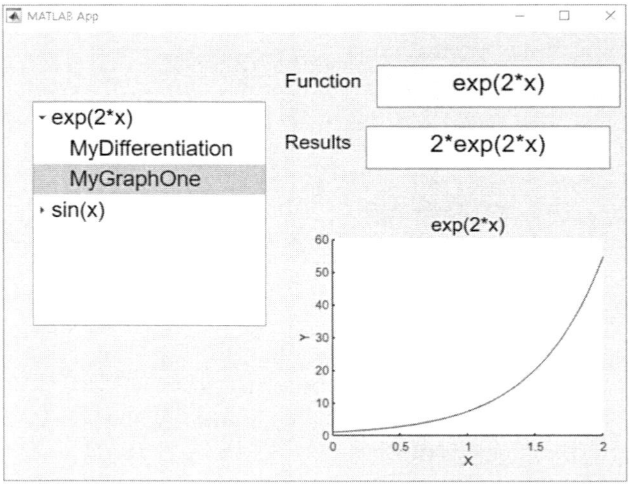

앞 [그림14]와 같이 수식 exp(2*x)에 대응하는 그래프가 출력되는 과정을 자세히 설명하여 본다. [그림14]의 앱 창에서 MyGraphOne 항목을 선택하면, [그림11a]와 [그림11b]에 제공된 TreeSelectionChanged 콜백함수의 내용이 앞에서 설명한 방식과 비슷하게 실행된다. 다음 (a)–(e)에서 자세히 설명하면,

(a) 25번째 줄에 위치한 실행문

```
selectedNodes = app.Tree.SelectedNodes;
```

에 의하여 선택한 MyGraphOne 항목이 selectedNodes 변수에 대응된다.

(b) selectedNodes 변수의 서브 필드인 selectedNodes.Text에 문자열 MyGraphOne이 저장되어 있기 때문에, 문자열을 비교하는 명령어 strcmp에 의하여 34번째 줄의

```
if strcmp(selectedNodes.Text,'MyGraphOne')
```

와 같은 내용이 실행되면서 그 결과가 참이 되었기 때문에 35번째 줄부터 38번째

줄까지의 내용이 실행된다.

(c) 35번째와 36번째 줄의 내용인

```
xval = 0:0.01:2;
yval = exp(2*xval);
```

에 의하여 정의역의 범위를 [0,2]로 설정하는 벡터 변수 xval(간격: 0.01)를 생성하고 이 xval에 대응하는 exp(2*x) 함수의 값을 벡터 변수 yval에 저장한다.

(d) 37번째 줄에 위치한 실행문

```
plot(app.UIAxes, xval,yval);
```

에 의하여, 앱 창에 있는 [좌표축] 구성요소에 정의역의 범위가 [0,2]인 exp(2*x) 함수의 그래프를 출력한다.

(e) 38번째 줄에 위치한 실행문

```
title(app.UIAxes,'exp(2*x)','FontSize',20);
```

에 의하여, 앱 창에 있는 [좌표축] 구성요소의 제목 위치에 exp(2*x) 문구를 폰트 크기 20으로 출력한다.

<5단계>

앞 [그림14]와 같은 앱 창의 [트리] 구성요소 박스 안에 있는 sin(x) 항목의 바로 옆 왼쪽에 위치한 삼각형을 선택하면 앞에서 제공된 [그림6]과 같이 두 개의 서브 항목인 MyIntegration과 MyGraphTwo를 확인할 수 있다. 이 두 개의 서브 항목을 각각 선택하여 대응하는 결과를 얻기 위하여 앞 [그림11b]의 39번째줄 뒤에 다음 [그림15a]와 [그림15b]의 내용을 추가한 후에 저장한다(파일명: MyTreeEx1.mlapp).

그림15a

```
40 %
41           if strcmp(selectedNodes.Text,'MyIntegration')
42             app.FunctionTextArea.Value = 'sin(x)';
43             app.FunctionTextArea.FontSize = 25;
44             intResult = int(sin(x));
45             app.ResultsTextArea.Value = char(intResult);
46             app.ResultsTextArea.FontSize = 25;
47           end
```

그림15b

```
          if strcmp(selectedNodes.Text,'MyGraphTwo')
            xval = 0:0.01:2;
            yval = sin(xval);
            plot(app.UIAxes, xval,yval);
            title(app.UIAxes,'sin(x)','FontSize',20);
          end
```

지금까지의 작업이 완료된 상황에서 앱 파일 MyTreeEx1.mlapp을 다시 실행하면 앞 [그림12]와 같은 앱 화면을 다시 볼 수 있고 [트리] 구성요소에서 sin(x) 항목의 첫 번째 서브 항목인 MyIntegration을 선택하고 계속하여 두 번째 서브 항목인 MyGraphTwo를 선택하면 다음 [그림16]과 같은 앱 출력 화면을 보게 된다. 즉 [그림15a]의 내용에 의하여 sin(x) 수식을 Function 레이블이 있는 박스에 출력하였고, sin(x) 수식을 적분한 결과가 Results 레이블이 있는 박스에 출력되었다. 또한 두 번째 서브 항목인 MyGraphTwo를 선택하면 [그림15b]의 내용에 의하여 [그림16]과 같이 [좌표축] 구성요소에 $y = \sin(x)$ 수식에 대응하는 그래프 출력을 볼 수 있다. 이때 [그림15a]와 [그림15b]의 내용은 앞 <3단계>와 <4단계>에서 설명한 내용과 거의 동일하다. 그러나 sin(x) 항목의 첫 번째 서브 항목인 MyIntegration을 선택하면 sin(x)의 적분 결과가 필요하기 때문에 [그림15a]의 44번째 줄에 위치한 실행문

```
intResult = int(sin(x));
```

와 같이 적분을 수행하는 심볼릭 명령어 int가 사용되고 있다.

그림16

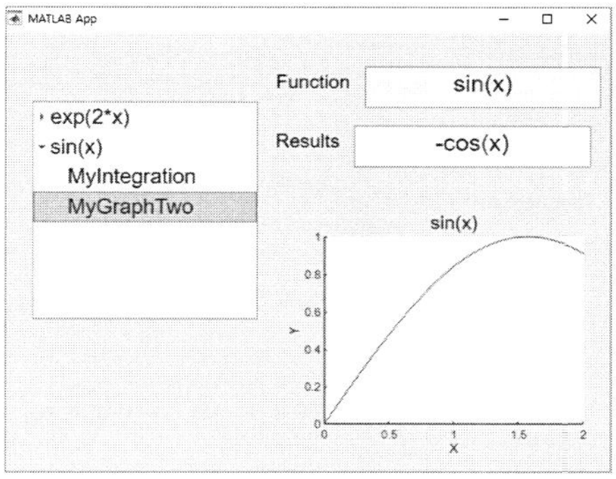

지금까지 앞 <1단계>–<5단계>의 내용으로 [트리]와 [텍스트 영역] 구성요소의 사용 방법에 대하여 함께 알아보았다. 또한 [텍스트 영역] 구성요소에 한 줄 이상의 메시지를 입력할 수 있는데 관련된 내용은 2.8절에서 알아볼 수 있다.

2.7절 트리(체크박스)

이번 절에서는 [트리(체크박스)] 또는 [Tree(CheckBox)] 구성요소 사용 방법을 함께 알아본다. 1장의 내용을 참고하여 [그림1]과 같이 [캔버스]를 만든다.

그림1

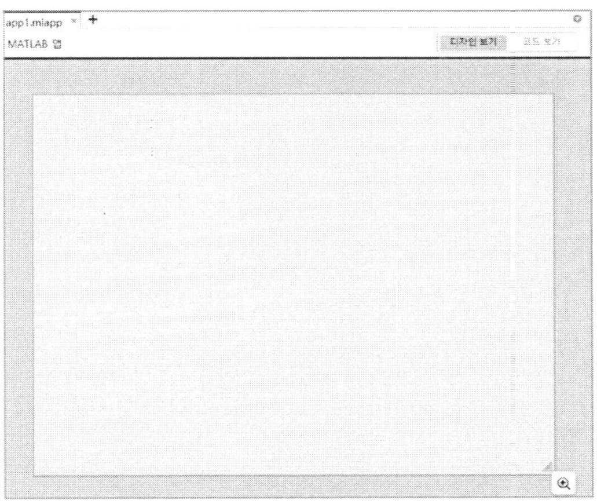

계속해서 다음 <1단계>–<6단계>의 내용을 수행한다.

<1단계>

[구성요소 라이브러리]에서 [트리(체크박스)] 구성요소를 [캔버스]로 끌어다 놓고 [그림2]와 같이 그 박스의 크기를 커서를 이용하여 조정하고 캔버스의 오른쪽에 위치한 [구성요소 브라우저]에서

[트리(체크박스)] > [글꼴과 색] > [FontSize]

항목의 값을 25로 설정하여 [트리(체크박스)] 구성요소에 출력되는 문자의 폰트 크기를 결정한다. 여기까지 내용을 MyTreeCheckBoxEx1.mlapp 파일명으로 저장한다.

그림2

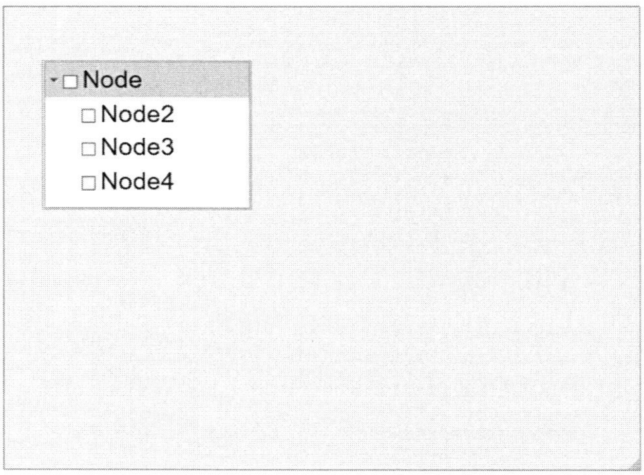

<2단계>

앞 [그림2]와 같은 [트리(체크박스)] 구성요소에서 가장 아래에 위치한 [Node4] 항목을 제거한다. 즉 [Node4] 항목을 우클릭하여 [삭제] 항목을 선택한다. [트리(체크박스)]에서 가장 위에 위치한 [Node] 항목을 더블클릭하여 exp(2*x) 문구를 입력한다. 계속해서 아래 방향으로 [Node2]와 [Node3] 항목을 각각 더블클릭하여 DoDifferentiation와 ShowGraph 문구를 각각 차례대로 입력한다. 입력한 문구가 다 보이도록 [트리(체크

박스)] 구성요소의 크기를 조정하면 다음 [그림3]과 같은 형식을 보게 된다.

그림3

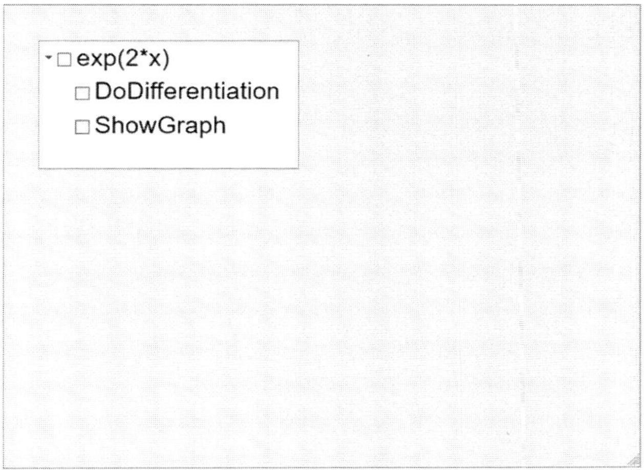

<3단계>

[구성요소 라이브러리]에 있는 [텍스트 영역] 구성요소와 [좌표축] 구성요소를 끌어서 다음 [그림4]와 같이 배치한다.

그림4

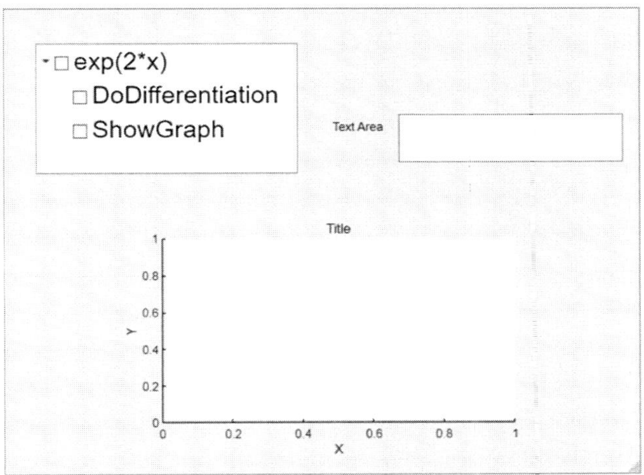

[그림4]에서 오른쪽 위에 위치한 [텍스트 영역] 구성요소의 [레이블]을 다음 [그림5]와 같이 Results로 설정한다. 이때 [디자인 보기]에서 Results 문구를 가진 [레이블]을 선택하고 [캔버스] 옆의 오른쪽 영역에서

[레이블] > [글꼴과 색] > [FontSize]

항목의 값을 20으로 입력하여 폰트 크기를 설정한다.

그림5

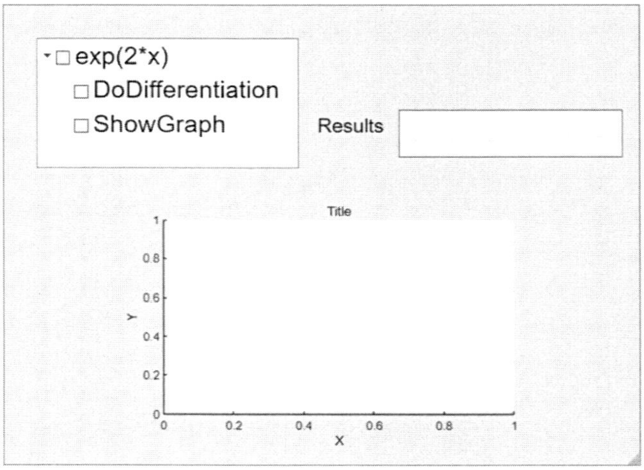

또한 [디자인 보기]에서 [텍스트 영역] 구성요소를 선택하고 [캔버스]의 오른쪽에 위치한 [구성요소 브라우저]에서

[텍스트 영역] > [상호 작용]

영역의 서브 항목 내용에서 다음 [그림6]과 같이 [Editable] 항목의 체크를 해제한다.

그림6

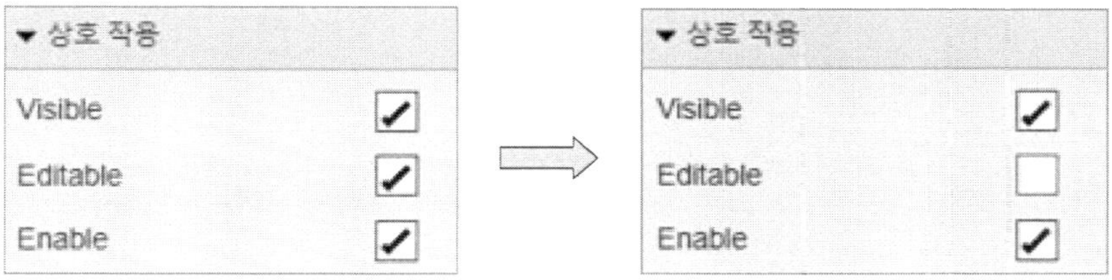

이와 같이 [Editable] 항목의 체크를 해제하면 나중에 앱 파일을 실행하여 앱 창이 출력되었을 때에 [텍스트 영역] 구성요소 위치에 출력되는 결과(문구)를 인위적으로 편집할 수 없게 된다. 여기까지의 내용을 완료한 뒤에 [캔버스]의 오른쪽에 위치한 [구성요소 브라우저]에서 다음 [그림7]의 형식을 확인할 수 있다.

그림7

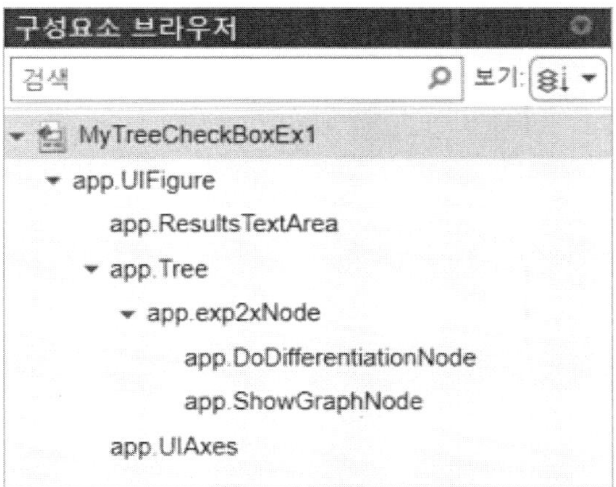

앞 [그림7]과 같은 [구성요소 브라우저]에서 [app.Tree] 항목을 우클릭하여 팝업된 박스에서

[콜백] > [CheckedNodesChangedFcn 콜백 추가]

항목을 선택하면 다음 [그림8]과 같은 TreeCheckedNodesChanged 콜백함수 내용이 생성된다.

그림8

```
    % Callbacks that handle component events
    methods (Access = private)

        % Callback function: Tree
        function TreeCheckedNodesChanged(app, event)
            checkedNodes = app.Tree.CheckedNodes;

        end
    end
```

앞 [그림8]의 TreeCheckedNodesChanged 콜백함수 내용을 다음 [그림9a], [그림9b], [그림9c]의 내용으로 편집한 후에 저장한다.

그림9a

```
    % Callbacks that handle component events
    methods (Access = private)

        % Callback function: Tree
        function TreeCheckedNodesChanged(app, event)
            checkedNodes = app.Tree.CheckedNodes;
            if  length(checkedNodes) == 0
                mymessage = {'두 개의 서브 항목에서'; ...
                      '하나만 선택하세요.'};
                uialert(app.UIFigure,mymessage,'Select',...
                    'Icon','warning');
```

그림9b

```
            else
                mysel = checkedNodes.Text;
                if strcmp(mysel,'exp(2*x)')
                mymessage = {'두 개의 서브 항목에서'; ...
                      '하나만 선택하세요.'};
                uialert(app.UIFigure,mymessage,'Select',...
                    'Icon','warning');
                end
                syms x
                if strcmp(mysel,'DoDifferentiation')
                    diffResult = diff(eval(app.exp2xNode.Text));
                    app.ResultsTextArea.Value = char(diffResult);
                    app.ResultsTextArea.FontSize = 25;
                    cla(app.UIAxes);
                end
```

그림9c

```
                if strcmp(mysel,'ShowGraph')
                    xval = 0:0.01:2;
                    f = @(x) eval(app.exp2xNode.Text);
                    yval = f(xval);
                    plot(app.UIAxes, xval,yval);
                    title(app.UIAxes,app.exp2xNode.Text,'FontSize',20);
                    app.ResultsTextArea.Value = '';
                end
            end
        end
    end
```

지금까지의 내용이 완료된 앱을 MyTreeCheckBoxEx1.mlapp 파일명으르 저장하고 실행하면 다음 [그림10]와 같은 앱 창의 출력을 보게 된다.

그림10

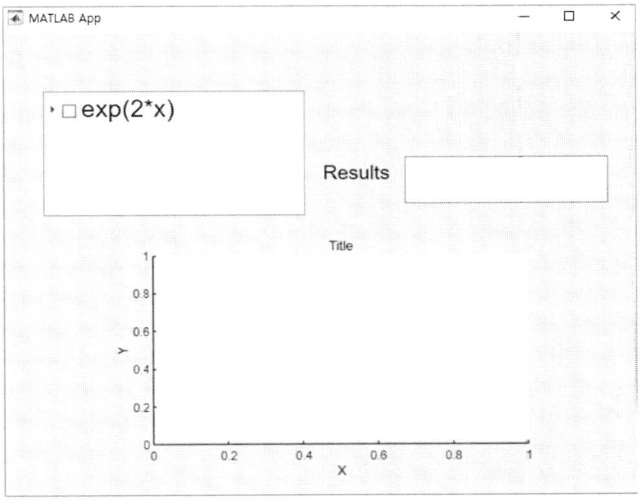

앞 [그림10]에서 exp(2*x) 항목 옆에 위치한 검은색 삼각형을 선택하면 두 개의 서브 항목을 볼 수 있고 이 두 개의 서브 항목들이 모두 선택되어 있거나 또는 모두 선택되어 있지 않으면 다음 [그림11]과 같이 앱 창에 경고 메시지 박스가 출력된다. 이러한 경고 메시지 박스가 출력되는 이유에 대하여 설명하여 본다.

그림11

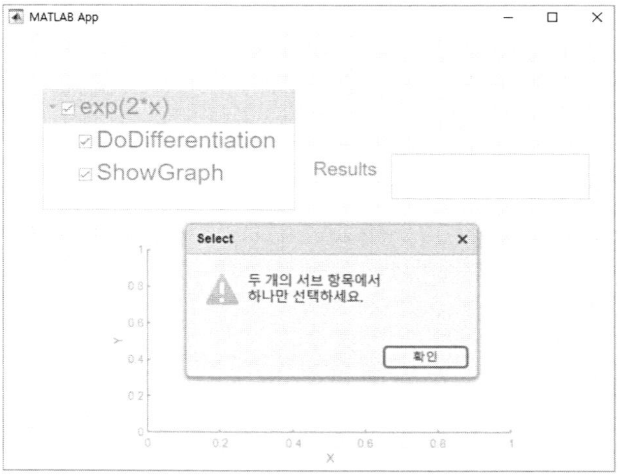

먼저 앞 [그림9a]에서 20번째 줄에 위치한 실행문

```
checkedNodes = app.Tree.CheckedNodes
```

에 의하여 [트리(체크박스)]에서 선택한 항목이 checkedNodes 변수에 대응된다.

(i) 첫 번째로 서브 항목 두 개 모두 선택되지 않은 경우라면, [그림9a]에서 21번째 줄에 위치한 실행문인

```
if  length(checkedNodes) == 0
```

와 같은 내용이 수행될 때에 그 결과가 참(true)이 된다. 참인 이유는 checkedNodes에 저장된 내용이 없기 때문에 length(checkedNodes)의 값이 0이 되기 때문이다. 참인 결과로 [그림9a]의 22번째부터 25번째 줄까지의 내용인

```
mymessage = {'두 개의 서브 항목에서'; ...
   '하나만 선택하세요.'};
uialert(app.UIFigure,mymessage,'Select',...
  'Icon','warning');
```

와 같은 내용이 실행되었기 때문이다.

(ii) 두 번째로 두 개의 서브 항목 모두 선택된 경우에 대해서는, 이번 절의 후반부에 있는 <6단계> 내용에서 자세한 설명이 제공되기 때문에 여기에서는 간략히 요약한다. 즉 앞 [그림9b]에서 27번째 줄에 위치한

```
mysel = checkedNodes.Text;
```

에 의하여 mysel 변수에 'exp(2*x)' 문자열이 저장된다. 따라서 [그림9b]의 28번째부터 33번째 줄까지의 내용이 실행되고 uialert 명령어와 관련된 내용 때문에 경고 메시지 박스가 앱 창에 출력된 것이다. uialert 명령어에 대한 추가 설명 또한 <6단계>의 내용에서 함께 제공된다.

참고로 앞 [그림11]의 결과는 두 개의 서브 항목들이 모두 선택되어 경고 메시지 박스가 출력된 경우이다.

첫 번째 서브 항목인 DoDifferentiation만 선택되면 다음 [그림12]와 같은 결과를 보게 된다. 즉 앞 [그림9b]의 35번째 줄부터 40번째 줄까지의 내용에 의하여 exp(2*x) 수식을 미분한 결과가 Results 레이블이 있는 박스에 출력되었다.

그림12

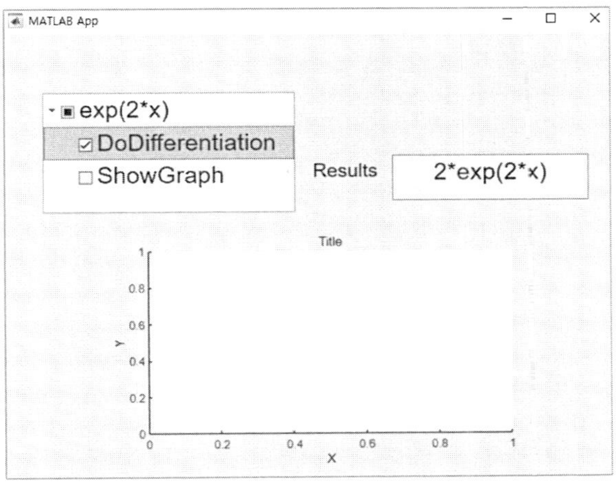

[그림12]와 같은 앱 창에서 DoDifferentiation 항목의 선택을 해제하면, 두 개의 서브 항목이 모두 선택되지 않았기 때문에 앞 [그림11]에서 보았던 경고 메시지 박스가 다시 출력된다. 계속해서 이번에는 ShowGraph 항목만을 선택하면 앞 [그림9c]의 41번째 줄부터 48번째 줄까지의 내용에 의하여 다음 [그림13]과 같이 exp(2*x)에 대응하는 그래프 출력을 볼 수 있다.

그림13

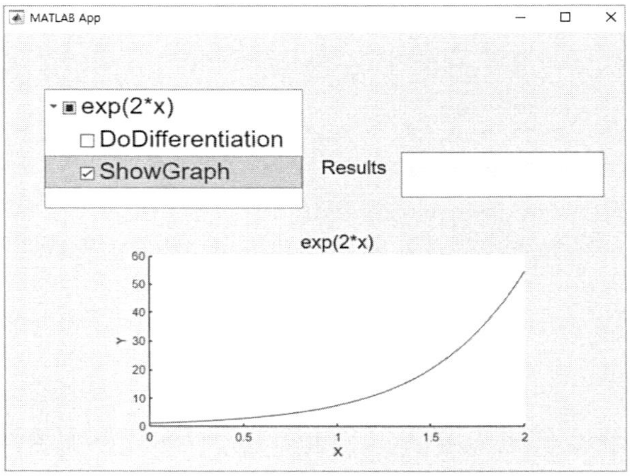

<4단계>

앞 <3단계>의 내용 중에 [그림9a]–[그림9c]에 제공된 TreeCheckedNodesChanged 콜백 함수에 대하여 몇 가지 알아본다. 앞 [그림12]에서와 같이 서브 항목 DoDifferentiation를 선택하면 앞 [그림9a]에서 20번째 줄에 있는

```
checkedNodes = app.Tree.CheckedNodes;
```

에 의하여 TreeNode 타입의 변수 checkedNodes가 생성이 되고 앞 [그림9b]에서 27번째 줄에 있는

```
mysel = checkedNodes.Text;
```

에 의하여 mysel 변수에 문자열 'DoDifferentiation'가 저장된다. 이러한 이유로 [그림

9b]에서 35번째 줄부터 40번째 줄까지의 내용이 실행된다. 즉,

(a) 35번째 줄: 명령어 strcmp에 의하여 mysel에 저장된 문자열과 'DoDifferentiation'를 비교한다.
(b) 36번째 줄: app.exp2xNode.Text에 저장된 문자열 'exp(2*x)'를 eval 명령어에 의하여 수식 exp(2*x)로 변경한 뒤에 diff 심볼릭 명령어에 의하여 미분한 결과가 diffResult 변수에 저장된다.
(c) 37번째 줄: char 명령어에 의하여 diffResult 변수에 저장된 심볼릭 수식을 문자열로 변경한 뒤에 app.ResultsTextArea.Value 변수에 저장된다. 이러한 진행으로 exp(2*x) 수식을 미분한 결과가 앞 [그림12]에서 Results 레이블이 있는 박스에 출력되었다.
(d) 38번째 줄: 앞 [그림12]에서 Results 레이블이 있는 박스에 출력되는 내용의 문자 크기를 25로 설정한다.
(e) 39번째 줄: cla 명령어에 의하여 좌표축에 출력된 내용을 삭제한다.

<5단계>

다음으로 앞 [그림13]에서와 같이 서브 항목 ShowGraph를 선택하면 [그림9a]에서 20번째 줄에 있는

```
checkedNodes = app.Tree.CheckedNodes;
```

에 의하여 TreeNode 타입의 변수 checkedNodes가 생성이 되고 [그림9b]에서 27번째 줄에 있는

```
mysel = checkedNodes.Text;
```

에 의하여 mysel 변수에 문자열 'ShowGraph'가 저장된다. 이러한 이유로 [그림9c]에서 41번째 줄부터 48번째 줄까지의 내용이 실행된다. 즉,

(a) 41번째 줄: 명령어 strcmp에 의하여 mysel에 저장된 문자열과 'ShowGraph'를 비교한다.

(b) 42번째 줄: $[0, 0.01, 0.02, \ldots, 1.99, 2]$ 와 같이 0.01 간격의 벡터 xval 변수를 만들고 xval 변수의 범위는 $0 \leq \mathrm{xval} \leq 2$ 가 된다.

(c) 43번째 줄: 함수 핸들을 이용하여 f 함수를 정의하고 있다. 즉 app.exp2xNode.Text 변수에 저장된 문자열 'exp(2*x)'를 eval 명령어에 의하여 수식 exp (2*x)로 변경한 뒤에 함수 핸들을 이용하여 함수

$$f(x) = \exp(2 * x)$$

를 정의한다.

(d) 44번째 줄: xval 변수에 저장된 값들에 대응하여 함수 f 의 값들이 yval 변수에 저장된다.

(e) 45번째 줄: plot 명령어에 의하여 exp(2*x)의 그래프가 앞 [그림13]과 같이 좌표축에 출력된다.

(f) 46번째 줄: title 명령어에 의하여 app.exp2xNode.Text 변수에 저장된 문자열 'exp(2*x)'을 문자 크기 20으로 설정하여, [그림13]과 같이 좌표축의 제목 위치에 출력한다.

(g) 47번째 줄: Results 레이블이 있는 박스에 출력된 내용을 [그림13]과 같이 삭제한다.

<6단계>

다음으로 앞 [그림11]에서와 같이 exp(2*x) 항목 아래에 위치한 두 개의 서브 항목들이 모두 선택되면 앞 [그림9a]에서 20번째 줄에 있는

```
checkedNodes = app.Tree.CheckedNodes;
```

에 의하여 3×1 TreeNode 배열 변수 checkedNodes가 생성이 되고 [그림9b]에서 27번째 줄에 있는

```
mysel = checkedNodes.Text;
```

에 의하여 mysel 변수에 문자열 'exp(2*x)'가 저장된다. 변수 checkedNodes가 3×1

크기의 배열이고 그 내용을 보면 배열의 첫 번째 TreeNode의 Text가 문자열 'exp(2*x)'이고 두 번째 TreeNode의 Text가 문자열 'DoDifferentiation'이며 마지막 세 번째 TreeNode의 Text가 문자열 'ShowGraph'이기 때문에 [그림9b]에서 27번째 줄의 명령문은

mysel = checkedNodes(1).Text;

와 같이 표현되는 것이 정확한 방법이나 현재와 같이 [그림9b]에서 27번째 줄의 내용을 실행하여도 된다. 두 개의 서브 항목들이 모두 선택된 지금의 상황에서 [그림9b]에서 28번째 줄부터 33번째 줄까지의 내용이 실행된다. 즉,

(a) 28번째 줄: 명령어 strcmp에 의하여 mysel에 저장된 문자열과 'exp(2*x)'를 비교한다.

(b) 29-30번째 줄: 경고 메시지 박스 내부에 출력되는 두 줄의 메시지 내용을 mymessage 셀 변수에 저장한다.

(c) 31-32번째 줄: uialert 명령어에 의하여 앱 창에 앞 [그림11]과 같이 경고 메시지 박스를 출력한다. 이때 사용할 수 있는 아이콘(Icon) 모양과 그 아이콘에 대응되는 값들은 다음 [그림14]의 내용을 참고한다.

그림14

아이콘 모양	값
	'error'(디폴트)
	'warning'
	'info'
	'success'
표시안됨	''

지금까지 <1단계>부터 <6단계>까지의 내용을 가지고 [트리(체크박스)] 구성요소 사용방법에 대하여 알아보면서, 앱 창 내부에 [알림 대화 상자]를 출력하는 uialert 명령어 사용법도 함께 설명하였다.

2.8절 라디오 버튼 그룹(Radio Button Group)과 텍스트 영역(Text Area)

이번 절에서는 [라디오 버튼 그룹]과 [텍스트 영역] 구성요소 사용 방법을 함께 알아본다. 1장의 내용을 참고하여 [그림1]과 같이 [캔버스]를 만든다.

그림1

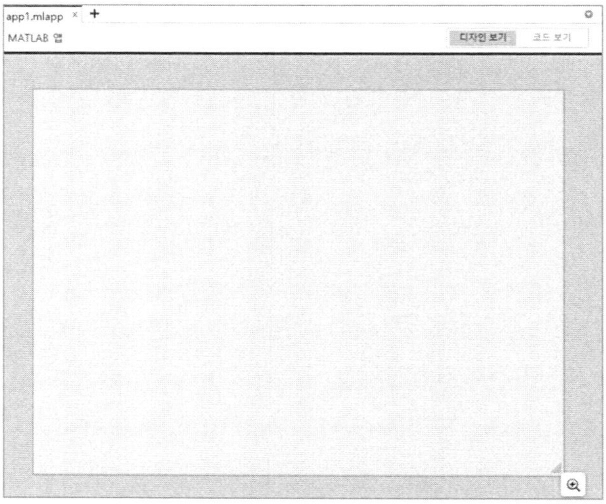

계속해서 다음 <1단계>–<4단계> 내용을 수행한다.

<1단계>

[구성요소 라이브러리]에서 [라디오 버튼 그룹]과 [텍스트 영역] 구성요소를 캔버스로 끌어다 놓고 [그림2a]에 제공된 [라디오 버튼 그룹]의 내용을 [그림2b]의 내용으로 조정한다.

그림2a

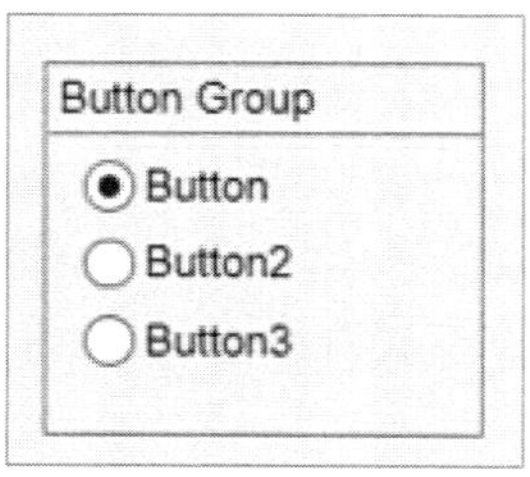

그림2b

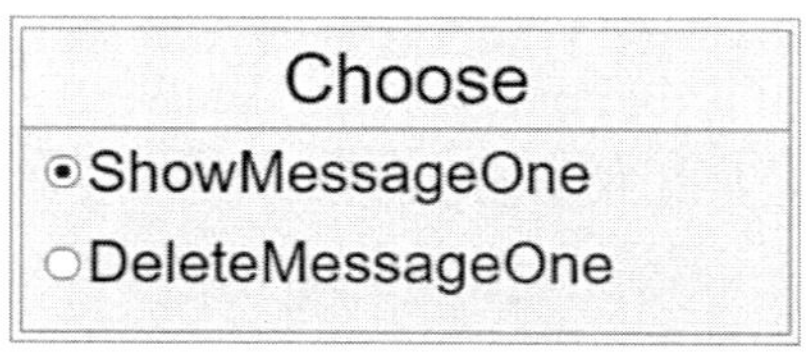

앞 [그림2a]와 같은 박스 형식에서 [그림2b]의 박스 형식으로 진행된 작업 내용을 자세하게 설명한다. 즉 [디자인 보기]에서 [그림2a]의 박스 형식을 가진 [라디오 버튼 그룹] 구성요소를 선택하고, [캔버스]의 오른쪽 [구성요소 브라우저]에 있는 항목의 값들을 다음 (a)–(d)의 내용으로 변경한다:

(a) [디자인 보기]에서 [라디오 버튼 그룹] 구성요소를 전체로 선택한 후에, [캔버스]의 오른쪽 [구성요소 브라우저]에 있는 세부 항목들의 내용을 다음과 같이 변경한다.

[라디오 버튼] > [제목] > [Title] : Button Group ⟹ Choose
[라디오 버튼] > [글꼴] > [FontSize] : 12 ⟹ 30

(b) [디자인 보기]에서 [라디오 버튼 그룹] 내부에 있는 첫 번째 버튼을 선택한 후에, [캔버스] 오른쪽 영역에 있는 세부 항목들의 내용을 다음과 같이 변경한다.

[라디오 버튼] > [버튼] > [Text] : Button ⟹ ShowMessageOne
[라디오 버튼] > [글꼴] > [FontSize] : 12 ⟹ 25

(c) [디자인 보기]에서 [라디오 버튼 그룹] 내부에 있는 두 번째 버튼을 선택한 후에, [캔버스] 오른쪽 영역에 있는 세부 항목들의 내용을 다음과 같이 변경한다.

[라디오 버튼] > [버튼] > [Text] : Button2 ⟹ DeleteMessageOne
[라디오 버튼] > [글꼴] > [FontSize] : 12 ⟹ 25

(d) [디자인 보기]에서 [라디오 버튼 그룹] 내부에 있는 세 번째 버튼을 선택한 후에, 우클릭하여 [삭제] 항목을 선택한다.

<2단계>

[구성요소 라이브러리]에서 [텍스트 영역] 구성요소를 캔버스로 끌어다 놓고 다음 [그림3a]와 같은 [텍스트 영역]의 내용을 [그림3b]의 내용으로 변경한다.

그림3a

그림3b

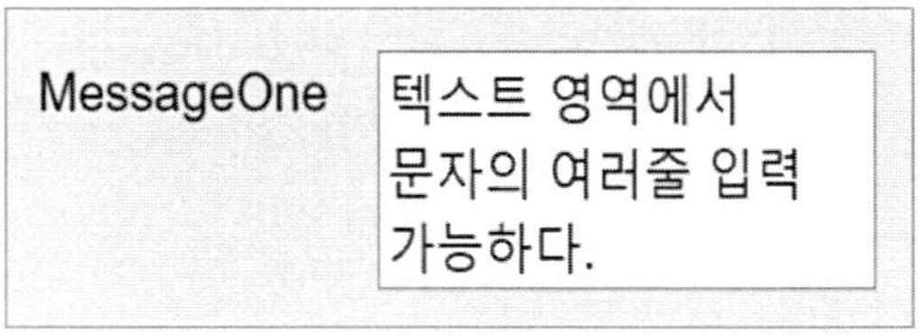

변경하는 과정을 다음 (a)–(d)의 내용에서 자세히 설명하여 본다.

(a) [디자인 보기]에서 앞 [그림3a]의 박스 형식을 가진 [텍스트 영역] 구성요소 내부에 있는 [레이블]을 선택하고, [캔버스]의 오른쪽 [구성요소 브라우저]에 있는 항목의 값들을 다음과 같이 변경한다:

[레이블] > [텍스트] > [Text] : Text Area ⟹ MessageOne
[레이블] > [글꼴과 색] > [FontSize] : 12 ⟹ 25

(b) [디자인 보기]에서 [텍스트 영역] 구성요소를 전체로 선택한 후에, [구성요소 브라우저]에서 [텍스트 영역] > [텍스트] > [Value] 항목의 박스 안에 다음과 같이 입력한다:

텍스트 영역에서
문자의 여러줄 입력
가능하다.

(c) [디자인 보기]에서 [텍스트 영역] 구성요소를 전체로 선택한 후에, [구성요소 브라우저]에서 다음과 같이 설정한다.

[텍스트 영역] > [글꼴과 색] > [FontSize] : 12 ⟹ 25

(d) [디자인 보기]에서 [텍스트 영역] 구성요소를 전체로 선택한 후에, [구성요소 브라우저]에서

[텍스트 영역] > [상호작용] > [Editable]

항목이 체크 되어있는 것을 다음과 같이 해제한다. 이와같이 [Editable] 항목의 체크를 해제하면 앱 창에서 출력되는 [텍스트 영역]의 박스 내부에 있는 내용을 앱 창에서 임의로 편집할 수 없게 만든다.

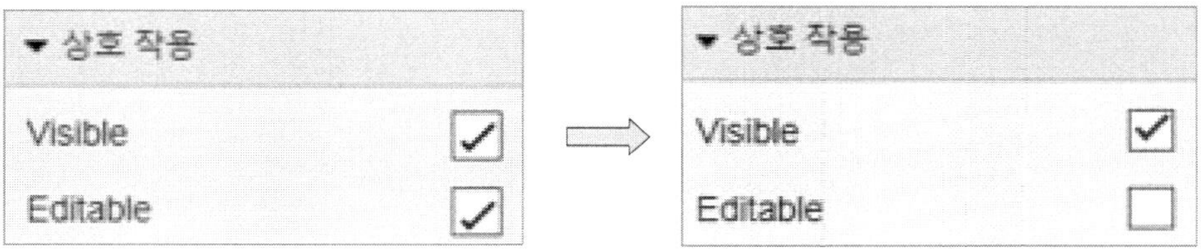

여기까지 내용을 MyRadioGroupTextEx1.mlapp 파일명으로 저장하고 실행하면 다음 [그림4]와 같은 앱 창이 출력된다.

그림4

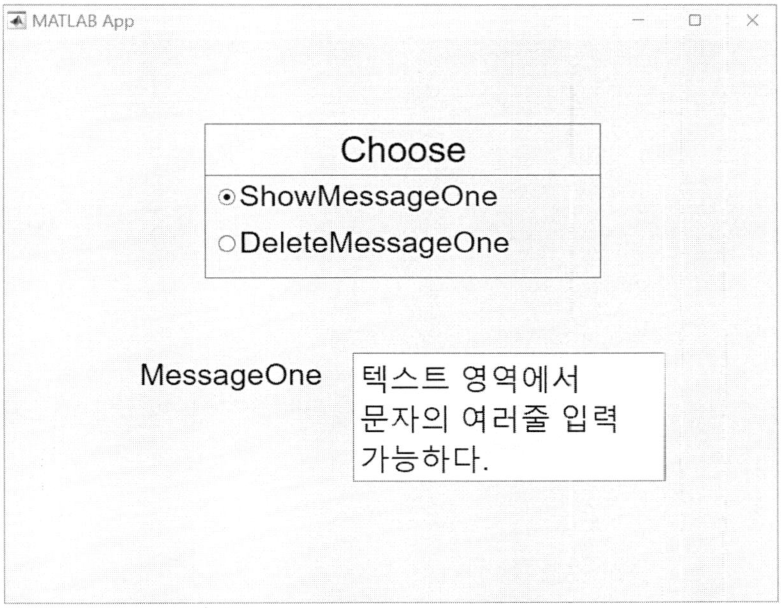

<3단계>

앞 <2단계>의 [그림4]와 같은 앱 창이 출력되었을 때에 [캔버스]의 오른쪽 [구성요소 브라우저] 상단에는 [그림5]와 같은 내용으로 구성된다.

그림5

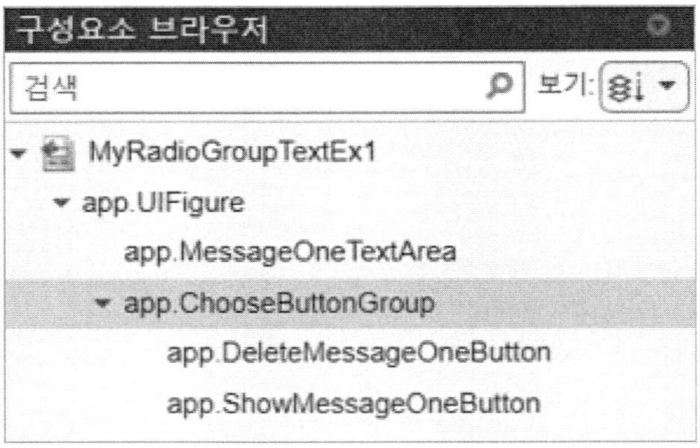

앞 [그림5]와 같은 상황에서 [라디오 버튼 그룹] 구성요소에 대응하는 app.ChooseButtonGroup 항목을 우클릭하면 박스가 화면 출력된다. 이때 팝업된 박스에서

[콜백] > [SelectionChangedFcn 콜백 추가]

항목을 선택하면 [그림6]과 같은 내용이 생성된다.

그림6

```
    % Callbacks that handle component events
    methods (Access = private)

        % Selection changed function: ChooseButtonGroup
        function ChooseButtonGroupSelectionChanged(app, event)
            selectedButton = app.ChooseButtonGroup.SelectedObject;

        end
    end
```

앞 [그림6]의 내용을 [그림7]과 같은 내용으로 ChooseButtonGroupSelectionChanged 콜백함수에 추가 입력한다.

그림7

```
% Callbacks that handle component events
methods (Access = private)

    % Selection changed function: ChooseButtonGroup
    function ChooseButtonGroupSelectionChanged(app, event)
        selectedButton = app.ChooseButtonGroup.SelectedObject;
        app.MessageOneTextArea.Editable = 0;
        switch selectedButton.Text
            case 'ShowMessageOne'
                app.MessageOneTextArea.Value = ...
                    {'텍스트 영역에서'; '문자의 여러줄 입력'; ...
                     '가능하다.'};
            case 'DeleteMessageOne'
                app.MessageOneTextArea.Value = '';
        end
    end
end
```

지금까지의 내용이 완료된 앱을 MyRadioGroupTextEx1.mlapp 파일명으로 저장하고 실행하면 다시 앞에서 보았던 [그림4]와 같은 초기 앱 창이 출력된다. [그림4]에서 이번에는 [라디오 버튼 그룹] 구성요소의 두 번째 라디오 버튼인 DeleteMessageOne 항목을 선택한다. 결과로서 다음 [그림8]과 같이 [텍스트 영역]의 박스 안의 내용이 삭제된 앱 창을 볼 수 있다.

그림8

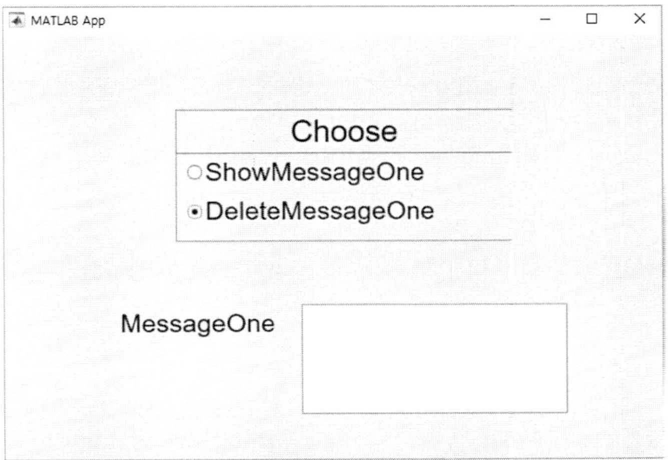

계속해서 앞 [그림8]에서 첫 번째 라디오 버튼인 ShowMessageOne 항목을 선택하면 [텍스트 영역]의 박스 안에 내용이 다시 출력되는 결과를 [그림9]와 같이 볼 수 있다.

그림9

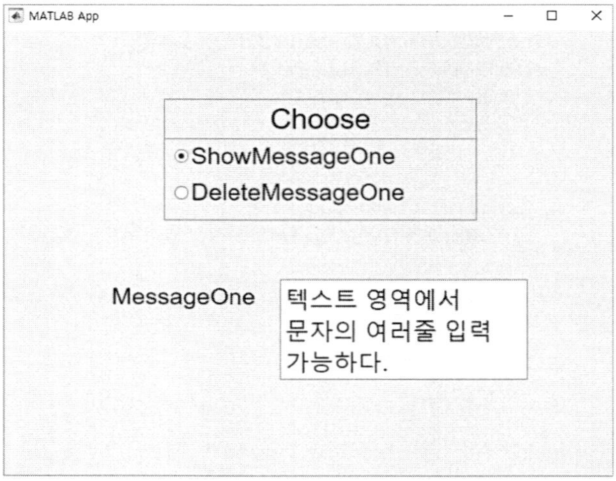

<4단계>

앞 <3단계>의 내용 중에 [그림7]에서 제공하고 있는 [라디오 버튼 그룹] 구성요소와 연결된 콜백함수인 ChooseButtonGroupSelectionChanged에 대하여 자세히 알아본다. 앞 [그림8]에서와 같이 두 번째 서브 항목인 DeleteMessageOne를 선택하면 [그림7]에서 18번째 줄에 있는

```
selectedButton = app.ChooseButtonGroup.SelectedObject;
```

에 의하여 RadioButton 타입의 변수 selectedButton이 생성이 되고 계속해서 다음 (a)-(c)의 내용이 진행된다.

(a) 19번째 줄에 위치한

```
app.MessageOneTextArea.Editable = 0;
```

에 의하여 앱 창에 [텍스트 영역]이 출력되었을 때에 박스 안의 내용을 임의로 편집할 수 없게 설정한다. 앞 [2단계]의 (d)의 내용에서 설명하였듯이 [Editable] 항목의 체크를 해제하여 앱 창에 출력되는 [텍스트 영역]의 내용을 임의로 편집할 수 없게 이미 설정하였기 때문에, 현재의 상황에서는 19번째 줄에 있는 실행문을 생략하여도 된다. 그러나 프로그램에서 [Editable] 항목의 체크를 해제하는 방법을 제시하고 있기 때문에 경우에 따라서 유용한 내용이 될 수 있다.

(b) 두 번째 서브 항목인 DeleteMessageOne를 선택한 상황이기 때문에 selectedButton.Text 변수에는 문자열 'DeleteMessageOne'이 저장된다. 따라서 20번째 줄부터 27번째 줄까지의 switch 명령어와 관련된 내용 중에서 26번째 줄에 있는

```
app.MessageOneTextArea.Value = '';
```

에 의하여 [텍스트 영역]의 박스 안의 내용이 삭제된다.

(c) 계속하여 앞 [그림8]에서 [라디오 버튼 그룹]의 첫 번째 서브 항목 ShowMessageOne를 선택하면 [그림9]와 같은 결과가 된다. 그 이유를 설명하면 앞 [그림7]에서 18번째 줄에 있는

```
selectedButton = app.ChooseButtonGroup.SelectedObject;
```

에 의하여 RadioButton 타입의 변수 selectedButton이 다시 생성이 되나 이번에는 selectedButton.Text 변수에는 문자열 'ShowMessageOne'이 저장되어 있기 때문에 [그림7]에서 22번째 줄부터 24번째 줄까지의 내용인

```
22                  app.MessageOneTextArea.Value = ...
23                      {'텍스트 영역에서';  '문자의 여러줄 입력'; ...
24                      '가능하다.'};
```

가 실행되어 [그림9]와 같이 [텍스트 영역]의 박스 안에 세 줄의 내용이 출력된다. 이와 같이 셀 배열을 이용한 방식으로 [텍스트 영역]의 박스 안에 내용을 한 줄 이상으로 출력할 수 있다. 참고로 [편집 필드(텍스트)] 구성요소의 경우에, 박스 안의 내용은 한 줄로 입력되어야 한다.

지금까지 <1단계>에서 <4단계>까지의 내용을 가지고 [라디오 버튼 그룹]과 [텍스트 영역] 구성요소 사용 방법에 대하여 알아보았다. [텍스트 영역] 구성요소의 경우 2.6절에서도 그 사용 방법에 대하여 설명하였다.

2.9절 토글 버튼 그룹(Toggle Button Group)

이번 절에서는 [토글 버튼 그룹] 구성요소 사용 방법을 함께 알아본다. 1장의 내용을 참고하여 [그림1]과 같이 [캔버스]를 만든다.

그림1

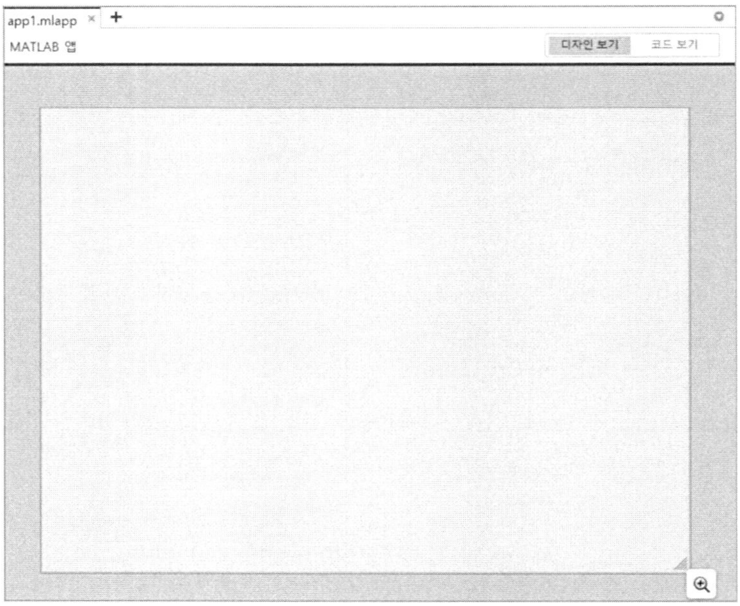

계속해서 다음 <1단계>–<8단계>의 내용을 수행한다.

<1단계>

[구성요소 라이브러리]에서 [토글 버튼 그룹]과 두 개의 [좌표축] 구성요소를 [그림2]와 같이 캔버스에 끌어다 놓는다.

그림2

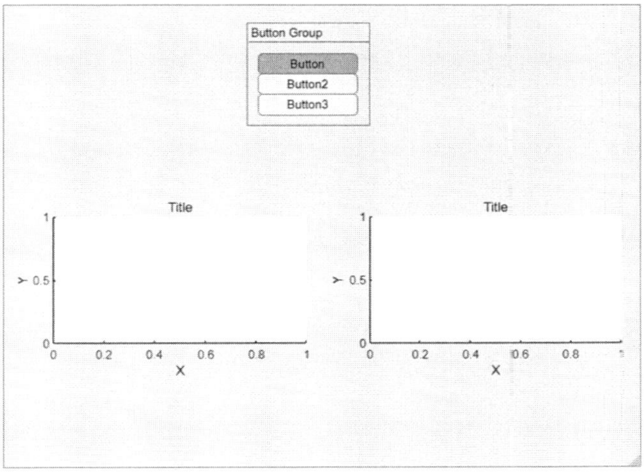

<2단계>

앞 [그림2]와 같은 구성을 가진 [캔버스]의 오른쪽 [구성요소 브라우저]에서 다음 (a)–(e)의 내용으로 설정한다.

(a) [디자인 보기]에서 [토글 버튼 그룹] 구성요소를 전체로 선택한 후에, [구성요소 브라우저]에서 다음과 같이 설정한다.

[토글 버튼 그룹] > [제목] > [Title] : Button Group ⟹ Select
[토글 버튼 그룹] > [글꼴] > [FontSize] : 12 ⟹ 25

(b) [디자인 보기]에서 [토글 버튼 그룹]의 첫 번째 버튼을 선택한 후에, [구성요소 브라우저]에서 다음과 같이 설정한다.

[토글 버튼] > [텍스트] > [Text] : Button ⟹ mesh Graph
[토글 버튼] > [글꼴과 색] > [FontSize] : 12 ⟹ 20

(c) [디자인 보기]에서 [토글 버튼 그룹]의 두 번째 버튼을 선택한 후에, [구성요소 브라우저]에서 다음과 같이 설정한다.

[토글 버튼] > [텍스트] > [Text] : Button2 ⟹ fimplicit3 Graph
[토글 버튼] > [글꼴과 색] > [FontSize] : 12 ⟹ 20

(d) [디자인 보기]에서 [토글 버튼 그룹]의 세 번째 버튼을 우클릭하여 [삭제] 항목을 선택하여 제거한다.
(e) [디자인 보기]에서 두 개의 [좌표축]을 각각 선택한 후에, [구성요소 브라우저]에서 다음과 같이 설정한다: [좌표축] > [글꼴] > [FontSize] : 12 ⟹ 16

앞 (a)-(e)의 내용으로 설정하고 캔버스에서 구성요소들의 위치를 조정하면 [그림3]과 같은 결과를 볼 수 있다. 지금까지의 내용을 MyToggleGpEx1.mlapp 파일명으로 저장한다.

그림3

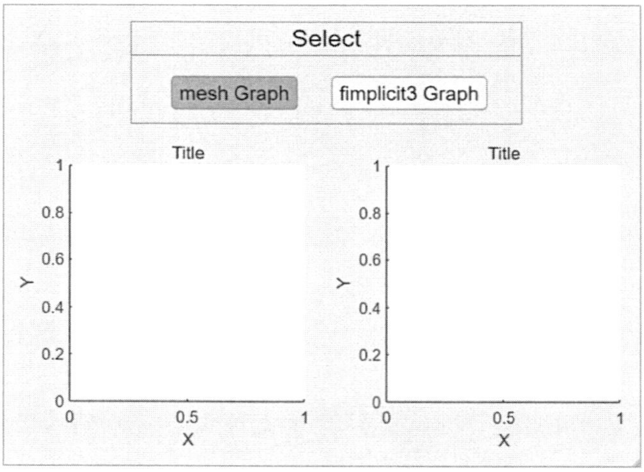

<3단계>

현재 단계에서 [구성요소 브라우저]의 상단은 [그림4]와 같은 내용으로 구성된다.

그림4

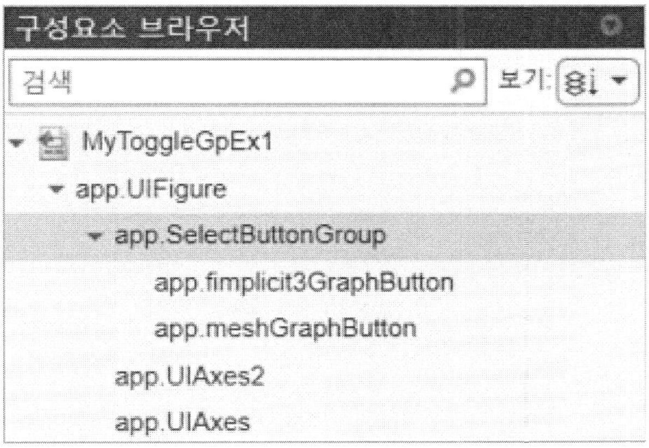

[토글 버튼 그룹] 구성요소에 대응하는 app.SelectButtonGroup 항목을 앞 [그림4]에서 우클릭하면 박스가 화면 출력되고

[콜백] > [SelectionChangedFcn 콜백 추가]

항목을 선택하면 [그림5]와 같은 SelectButtonGroupSelectionChanged 콜백함수가 생성된다.

그림5

```
    % Callbacks that handle component events
    methods (Access = private)

        % Selection changed function: SelectButtonGroup
        function SelectButtonGroupSelectionChanged(app, event)
            selectedButton = app.SelectButtonGroup.SelectedObject;

        end
    end
```

앞 [그림5]의 내용을 [그림6a]와 [그림6b]의 내용으로 편집한다.

그림6a

```
    % Callbacks that handle component events
    methods (Access = private)

        % Selection changed function: SelectButtonGroup
        function SelectButtonGroupSelectionChanged(app, event)
            selectedButton = app.SelectButtonGroup.SelectedObject;
            switch selectedButton.Text
                case 'mesh Graph'
                    [X, Y]=meshgrid(-4:0.35:4);
                    Z=(1 - X.^3).*sin(Y);
                    mesh(app.UIAxes,X,Y,Z);
                    title(app.UIAxes,'z=(1-x^3)*sin(y)','FontSize',18);
                    cla(app.UIAxes2);
```

그림6b

```
                case 'fimplicit3 Graph'
                    f = @(x,y,z) x.^3+4*y+z.^3+2*x.*y.*z-2;
                    fimplicit3(app.UIAxes2,f);
                    title(app.UIAxes2,'x^3+4y+z^3+2xyz=2','FontSize',18);
                    cla(app.UIAxes);
            end
        end
    end
```

<4단계>

앞 <3단계>까지의 진행이 완료된 MyToggleGpEx1.mlapp 앱 파일을 실행하면 [그림7]과 같은 초기 앱 창이 출력된다.

그림7

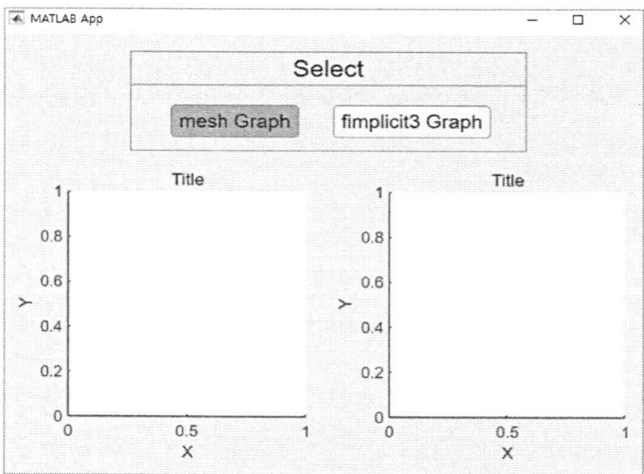

앞 [그림7]에서 [토글 버튼 그룹] 구성요소의 두 번째 토글 버튼인 [fimplicit3 Graph] 항목을 선택하면 [그림8]과 같이 두 번째 좌표축에

$$x^3 + 4y + z^3 + 2xyz = 2$$

에 대응하는 그래프가 출력된다. 이 그래프는 fimplicit3 명령어를 이용하여 구해진다.

그림8

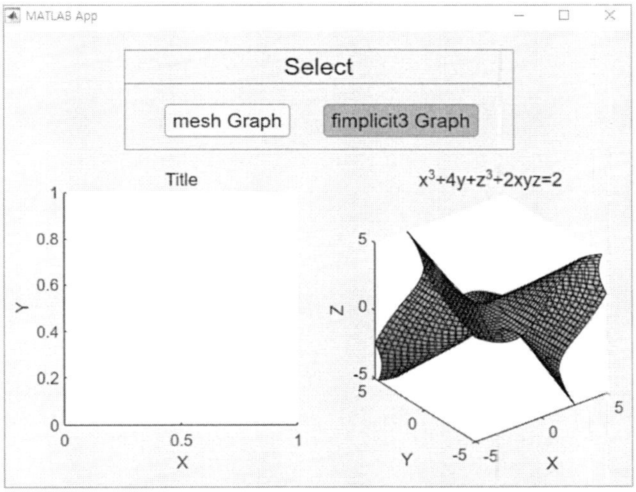

이번에는 [그림8]에서 [토글 버튼 그룹] 구성요소의 첫 번째 토글 버튼인 [mesh Graph] 항목을 선택한다. 그 결과로서 [그림9]와 같이 첫 번째 좌표축에

$$z = (1 - x^3)\sin(y)$$

에 대응하는 그래프가 출력된다. 이 그래프를 출력하기 위하여 mesh 명령어가 이용되고 있다.

그림9

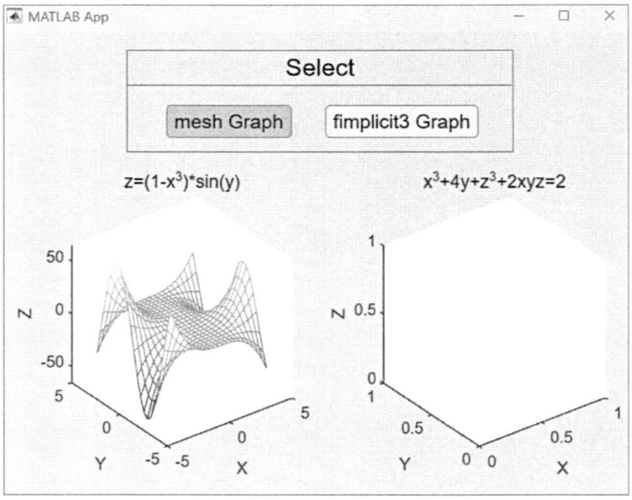

<5단계>

앞 <4단계>의 내용 중에 [그림6a]와 [그림6b]에서 제공하고 있는 [토글 버튼 그룹] 구성요소와 연결된 콜백 함수인 SelectButtonGroupSelectionChanged에 대하여 알아본다. 앞 [그림8]의 결과와 같이 [fimplicit3 Graph] 항목을 선택하면 [그림6a]에서 18번째 줄에 있는

```
selectedButton = app.SelectButtonGroup.SelectedObject;
```

에 의하여 ToggleButton 타입의 변수 selectedButton이 생성이 된다. 현재 [fimplicit3 Graph] 항목을 선택하였고 그 결과로 selectedButton.Text 변수에는 문자열 'fimplicit3 Graph'가 저장되어 있기 때문에 switch 명령어 문법에 의하여 [그림6b]의 26번째 줄부터 30번째 줄까지의 내용이 실행된다. 즉,

(a) 27번째 줄에 위치한

```
f = @(x,y,z) x.^3+4*y+z.^3+2*x.*y.*z-2;
```

에 의하여 방정식 $x^3+4y+z^3+2xyz=2$ 에 대응하는 함수 핸들 변수 f를 생성한다.

(b) 28번째 줄에 위치한

```
fimplicit3(app.UIAxes2,f);
```

에 의하여 두 번째 좌표축에서 $x^3+4y+z^3+2xyz=2$ 에 대응하는 그래프를 fimplicit3 명령어를 이용하여 앞 [그림8]과 같이 출력한다. 3차원에서 그래프를 출력할 때에, 함수를

$$z=f(x,y)$$

와 같이 표현하기 어려운 상황이면 fimplicit3 명령어를 사용하여 그래프를 출력할 수 있다. 즉 음함수의 형태로 표현된 방정식에 대응하는 3차원 그래프를 얻고자 할 때에 fimplicit3 명령어를 사용할 수 있다. 참고로, 만약에 x, y, z에 대한 범위가 각각 [xmin, xmax], [ymin, ymax], [zmin, zmax]로 제한되면 다음과 같이 사용하면 된다:

```
>> myinterval = [xmin xmax  ymin ymax  zmin zmax];
>> fimplicit3(app.UIAxes2, f, myinterval);
```

(c) 29번째 줄에 위치한

```
title(app.UIAxes2,'x^3+4y+z^3+2xyz=2','FontSize',18);
```

에 의하여 두 번째 좌표축의 제목 위치에 수식 $x^3+4y+z^3+2xyz=2$ 을 title 명령어를 이용하여 [그림8]과 같이 출력한다. 이때 수식의 폰트 크기를 18로 설정한다.

(d) 30번째 줄에 위치한

```
cla(app.UIAxes);
```

에 의하여 첫 번째 좌표축에 그래프가 출력되어 있으면 cla 명령어를 이용하여 그래프를 삭제한다.

<6단계>

다음으로 앞 [그림9]에서와 같이 [mesh Graph] 항목을 선택하면, 앞 <5단계>에서 [fimplicit3 Graph] 항목을 선택했을 때와 마찬가지로 [그림6a]에서 18번째 줄에 있는

```
selectedButton = app.SelectButtonGroup.SelectedObject;
```

에 의하여 ToggleButton 타입의 변수 selectedButton이 생성이 된다. 이번에는 [mesh Graph] 항목을 선택하였고 그 결과로 selectedButton.Text 변수에는 문자열 'mesh Graph'가 저장된다. 따라서 switch 명령어 문법에 의하여 [그림6a]의 20번째 줄부터 25번째 줄까지의 내용이 실행된다. 다음 (a)-(e)의 내용에서 실행 과정이 자세히 설명한다.

(a) 21번째 줄에 위치한

```
[X, Y]=meshgrid(-4:0.35:4);
```

에 의하여 생성된 X와 Y는 주어진 이변수 함수 $z=(1-x^3)\sin(y)$ 의 정의역인

$$-4 \le x \le 4,\ -4 \le y \le 4$$

의 역할을 한다. 위와 같은 x와 y의 범위에서 0.35 간격(stepsize)의 격자선을 각각 생성하고 그 격자선들의 만나는 격자점의 위치가 출력 변수 X와 Y에 저장된다. 명령어 meshgrid에 대한 사용법은 다음 <7단계>의 내용에서 설명한다.

(b) 생성된 X와 Y를 이용하여 22번째 줄에 위치한

```
Z=(1 - X.^3).*sin(Y);
```

에 의하여 이변수 함수 $z=(1-x^3)\sin(y)$ 에서 치역 z 의 역할을 하는 변수 Z을 생성한다.

(c) 위와 같이 생성된 X, Y, Z을 가지고 방정식 $z=(1-x^3)\sin(y)$ 에 대응하는 그래프를 첫 번째 좌표축에 그리기 위하여 23번째 줄에 위치한

```
mesh(app.UIAxes,X,Y,Z);
```

와 같은 내용을 실행한다. 명령어 mesh의 첫 번째 입력 인자 위치에 app.UIAxes을 입력하여 앞 [그림9]에서 왼쪽 좌표축을 출력 장소로 지정한다.

(d) 24번째 줄에 위치한

```
title(app.UIAxes,'z=(1-x^3)*sin(y)','FontSize',18);
```

에 의하여 왼쪽 좌표축의 제목 위치에 [그림9]와 같이 수식 $z=(1-x^3)\sin(y)$을 출력한다. 이때 수식의 폰트 크기를 18로 설정한다.

(e) 25번째 줄에 위치한

```
cla(app.UIAxes2);
```

에 의하여 [그림9]와 같은 앱 창에서 오른쪽 위치에 있는 두 번째 좌표축에 그래프가 출력되어 있으면 삭제한다.

<7단계>

다음 (a)-(e)의 내용과 같이 meshgrid 명령어 사용법에 대하여 좀 더 자세히 알아본다.

```
[X, Y] = meshgrid(x, y)
```

(a) 입력 인자인 x와 y는 벡터이다. 따라서 벡터 x와 y는

```
a : stepsize : b
```

와 같은 형식으로 주어질 수 있다. 이때 a와 b는 정의역의 범위에서 경계값과 관련된 수(number)이다.

(b) m=length(x) 이고 n=length(y) 일 때에, meshgrid 명령어의 출력 인자에 해당하는 X와 Y는 $n \times m$ 크기의 배열이다.

(c) 첫 번째 출력 인자 X에서 각각의 행은 벡터 x로 구성되고, 두 번째 출력 인자 Y에서 각각의 열은 벡터 y로 구성된다.

(d) meshgrid(x)는 meshgrid(x, x)를 의미한다.

(e) 예를 들어 다음과 같이 meshgrid를 실행하여 본다.

```
>> [X, Y] = meshgrid(1:1:4, 7:1:9)   % meshgrid(x, y)
X =
    1    2    3    4
    1    2    3    4
    1    2    3    4
Y =
    7    7    7    7
    8    8    8    8
    9    9    9    9
```

위의 결과에서 알 수 있듯이, 4=length(x) 이고 3=length(y) 이므로 **3×4** 크기의 배열 X와 Y가 생성되었다.

<8단계>

앞의 내용 중에 [그림7]을 다시 보면 초기 앱 창에서 [토글 버튼 그룹]의 첫 번째 항목인 [mesh Graph]가 이미 자동으로 선택되어 있다. 첫 번째 항목인 [mesh Graph]에 대응하는 그래프를 출력하기 위해서는 두 번째 항목인 [fimplict3 Graph]를 선택한 뒤에 다시 첫 번째 항목을 선택해야 한다. 이렇게 되는 이유는 다음과 같다. [디자인 보기]에서 [토글 버튼 그룹]의 첫 번째 항목인 [mesh Graph]를 선택한 후에 [구성요소 브라우저]에서

[토글 버튼] > [텍스트] > [Value]

항목이 체크되어 있기 때문에 [mesh Graph]가 자동으로 선택되어 있는 것이다. 다음 [그림10]의 내용을 확인한다.

그림10

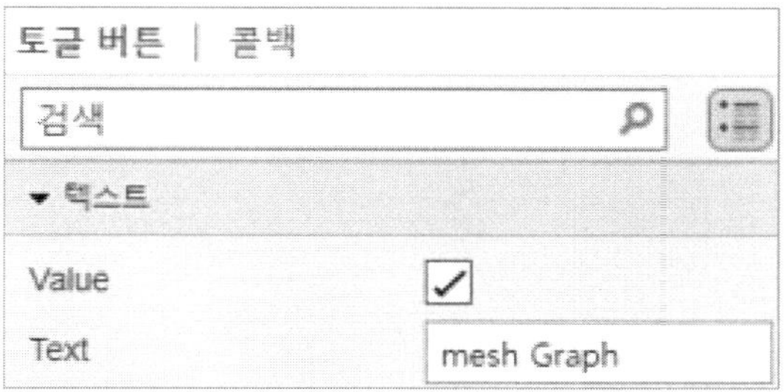

한편 [mesh Graph]에 대한 [Value] 항목의 체크를 해제하고 실행하면, 초기 앱 창에서 [토글 버튼 그룹]의 첫 번째 항목인 [mesh Graph]가 선택되어 있지 않고 두 번째 항목인 [fimplict3 Graph]가 자동 선택되는 상황이 된다. 이런 경우라면 초기 앱 창에서 첫 번째 항목인 [mesh Graph]를 제일 먼저 선택하여 대응하는 그래프 출력을 할 수 있다.

지금까지 <1단계>–<8단계>의 내용으로 [토글 버튼 그룹] 구성요소 사용 방법에 대하여 알아보았다. 참고로 3.1절에서 [패널] 구성요소를 소개하기 위하여 [트글 버튼 그룹] 구성요소를 사용하게 된다.

2.10절 드롭다운(DropDown)

이번 절에서는 [드롭다운] 구성요소 사용 방법을 알아본다. 1장의 내용을 참고하여 [그림1]과 같이 [캔버스]를 만든다.

그림1

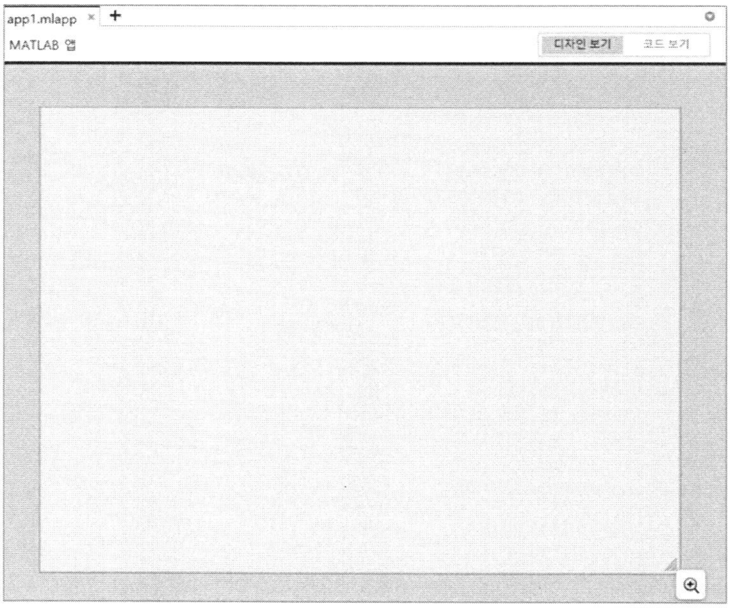

계속해서 다음 <1단계>–<6단계>의 내용을 수행한다.

<1단계>

[구성요소 라이브러리]에서 [드롭다운]과 두 개의 [좌표축] 구성요소를 [그림2]와 같이 캔버스로 끌어다 놓는다.

그림2

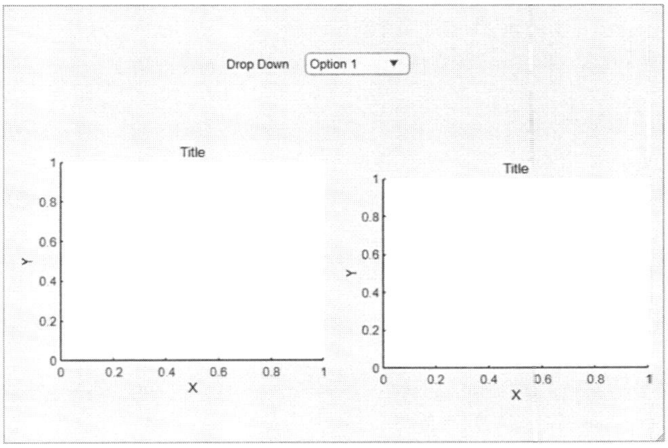

앞 [그림2]와 같은 구성을 가진 [캔버스] 오른쪽 위치에 있는 [구성요소 브라우저] 영역에서 다음 (a)-(c)의 내용을 진행한다.

(a) [디자인 보기]에서 [드롭다운] 구성요소를 전체로 선택한 후에, [구성요소 브라우저] 영역에서

[드롭다운] > [드롭다운] > [Items]

항목의 내용을 다음 [그림3]과 같이 Delete, Graph, Calculation으로 입력한다. 입력하면서 새로운 줄로 이동할 때에는 키보드의 [Enter]를 선택한다. 즉 Delete를 입력하고 [Enter]를 선택한 뒤에 다음 줄에서 Graph를 입격하는 방식을 택하면 된다.

그림3

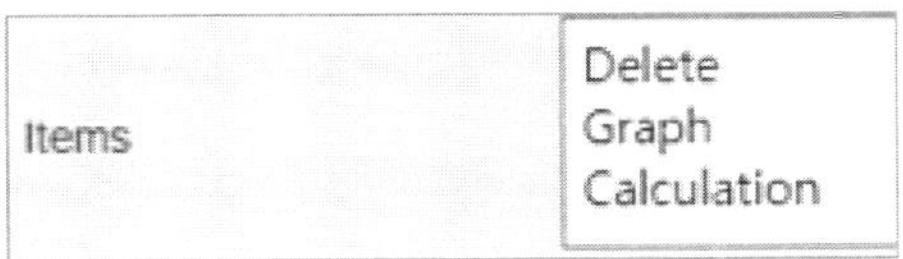

(b) [디자인 보기]에서 [드롭다운] 구성요소를 전체로 선택한 후에, [구성요소 브라우

저] 영역에서 다음과 같이 설정한다.

[드롭다운] > [글꼴과 색] > [Fontsize] : 12 ⟹ 25

다음으로 [디자인 보기]에서 [드롭다운]과 두 개의 [좌표축]의 위치와 크기를 다음 [그림4]와 같이 조정한다.

그림4

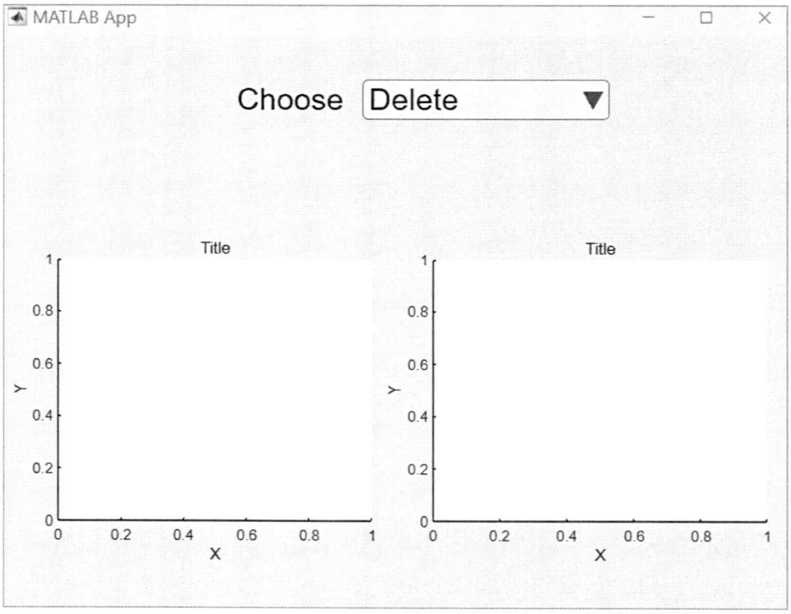

(c) [디자인 보기]에서 [드롭다운] 박스 내부의 왼쪽에 위치한 [레이블]을 선택한 후에, [구성요소 브라우저] 영역에서 다음과 같이 설정한다.

[레이블] > [텍스트] > [Text] : Drop Down ⟹ Choose

앞 (a)-(c)까지의 내용을 완료하고 MyDropDown.mlapp 파일명으로 저장한 뒤에 실행하면 [그림4]와 같은 앱 창을 볼 수 있다.

<2단계>

현재 단계에서 [구성요소 브라우저]의 상단을 보면 [그림5]와 같은 내용으로 구성된다.

그림5

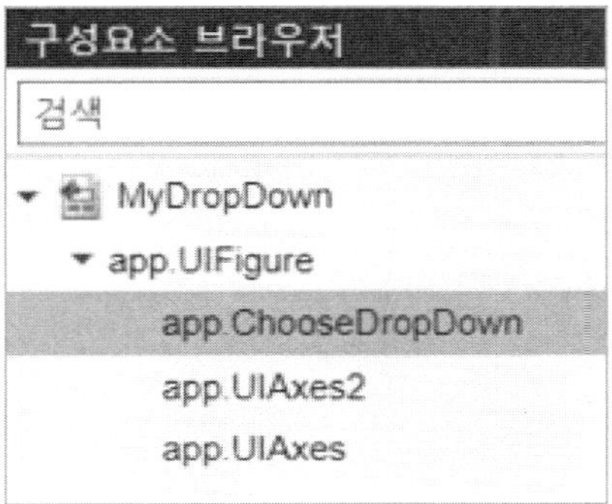

[드롭다운] 구성요소에 대응하는 app.ChooseDropDown 항목을 앞 [그림5]와 같은 상황에서 우클릭하면 박스가 화면 출력된다. 이때 박스 안에 있는

[콜백] > [ValueChangedFcn 콜백 추가]

항목을 선택하면 [그림6]과 같은 ChooseDropDownValueChanged 콜백함수가 생성된다.

그림6

```
    % Callbacks that handle component events
    methods (Access = private)

        % Value changed function: ChooseDropDown
        function ChooseDropDownValueChanged(app, event)
            value = app.ChooseDropDown.Value;

        end
    end
```

[그림6]의 내용으로 자동 생성된 ChooseDropDownValueChanged 콜백함수를 다음 [그림7a]-[그림7c]의 내용으로 편집한다.

그림7a

```
        % Callbacks that handle component events
        methods (Access = private)

            % Value changed function: ChooseDropDown
            function ChooseDropDownValueChanged(app, event)
                value = app.ChooseDropDown.Value;
                switch  value
                    case  'Delete'
                        cla(app.UIAxes); axis(app.UIAxes, 'off');
                        cla(app.UIAxes2);
```

그림7b

```
                    case  'Graph'
                        syms x
                        fplot(app.UIAxes, x^2*sin(1/x), [-0.2 0.2]);
                        axis(app.UIAxes, [-0.2 0.2 -0.04 0.07]);
                        p1 = '$ f(x) = ₩left₩{ ₩begin{array}{ll}';
                        p2 = '  x^2 ₩sin ₩frac 1 x  & ₩mbox{if $x ₩ne 0$} ₩₩';
                        p3 =                       '  0  & ₩mbox{if $ x = 0$}';
                        p4 = '  ₩end{array} ₩right. $';
                        strone =[p1 p2 p3 p4];
                        text(app.UIAxes, -0.15,0.04, strone , ...
                                   'Interpreter','latex','fontsize',18);
                        title(app.UIAxes,'그래프 출력','fontsize',20);
                        xlabel(app.UIAxes,'$x$','Interpreter','latex', 'fontsize',16);
                        ylab = ylabel(app.UIAxes,'$y$','Interpreter','latex','fontsize',16);
                        set(ylab,'rotation',0);
                        axis(app.UIAxes, 'on')
```

그림7c

```
                    case  'Calculation'
                        axis(app.UIAxes2, [0 1 0 1]);
                        title(app.UIAxes2,'$₩mbox{Calculate  } f''(0) $', ...
                            'Interpreter','latex','fontsize',20);
                        q1 = '$  ₩begin{array}{lll}';
                        q2 = '  f''(0)   & =   & ₩lim_{h ₩rightarrow 0}';
                        q3 =                        ' ₩frac {f(0 + h) - f(0)} {h}  ₩₩';
                        q4 = '           & =   & ₩lim_{h ₩rightarrow 0} h ₩sin (1/h) ₩₩';
                        q5 = '           & =   & 0  ₩end{array}  $';
                        strtwo =[q1 q2 q3 q4 q5];
                        text(app.UIAxes2, 0.02,0.6, strtwo, 'Interpreter','latex', ...
                                   'fontsize',20);
                        axis(app.UIAxes2, 'off')
                end
            end
        end
```

<3단계>

앞 <2단계>까지의 내용이 완료된 MyDropDown.mlapp 앱 파일을 실행하면, 앞에서 보았던 [그림4]와 같은 초기 앱 창이 다시 출력된다. 이번에는 출력된 업 창의 [드롭다운] 박스에서 오른쪽에 위치한 아래 방향의 화살표를 선택한다. 그 결과르 다음 [그림8]과 같이 [드롭다운]에서 선택할 수 있는 항목들을 볼 수 있다. 계속해서 다음 (i)-(iii)의 내용을 진행한다.

그림8

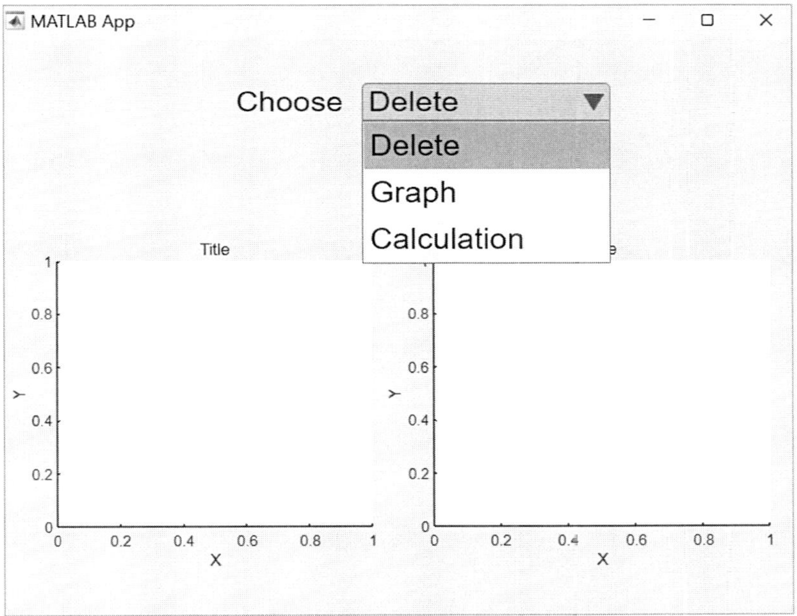

(i) [그림8]과 같이 주어진 앱 창에서 Graph 항목을 선택하면 다음 [그림9]와 같은 결과가 출력된다.

그림9

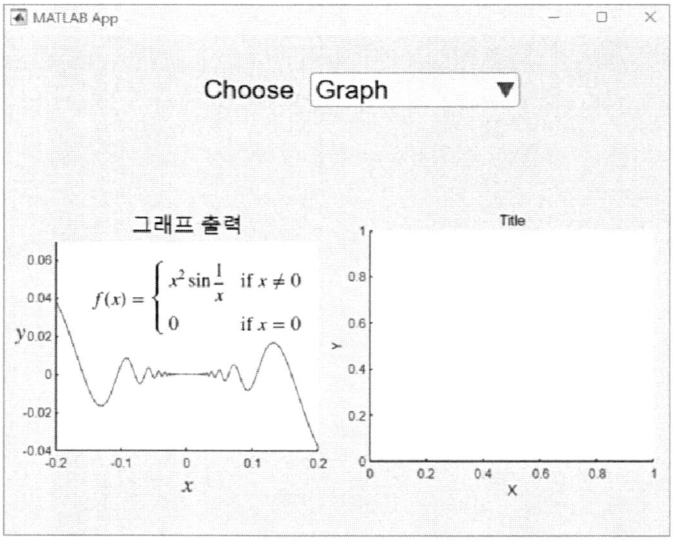

(ii) 다음으로 [그림9]의 [드롭다운] 박스에서 오른쪽에 위치한 아래 방향의 화살표를 다시 클릭하여 Calculation 항목을 선택하면 [그림10]과 같은 결과가 출력된다.

그림10

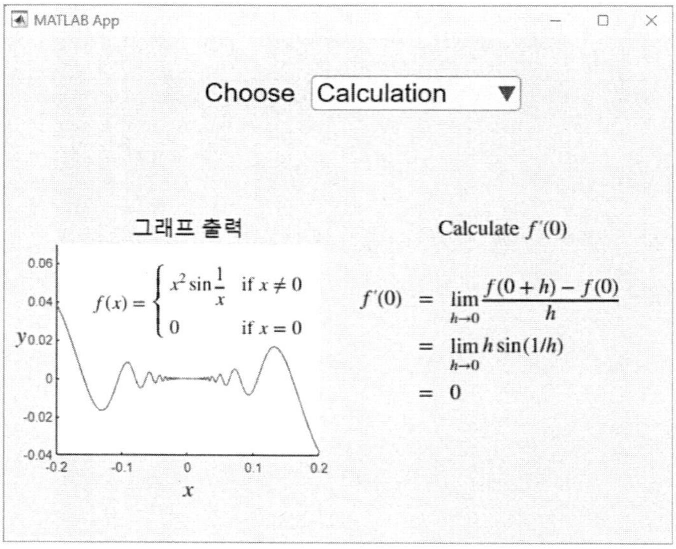

(iii) 이번에는 [그림10]의 [드롭다운] 구성요소에서 첫 번째 항목인 Delete를 선택한다. 그 결과로 다음 [그림11]과 같은 출력을 볼 수 있다.

그림11

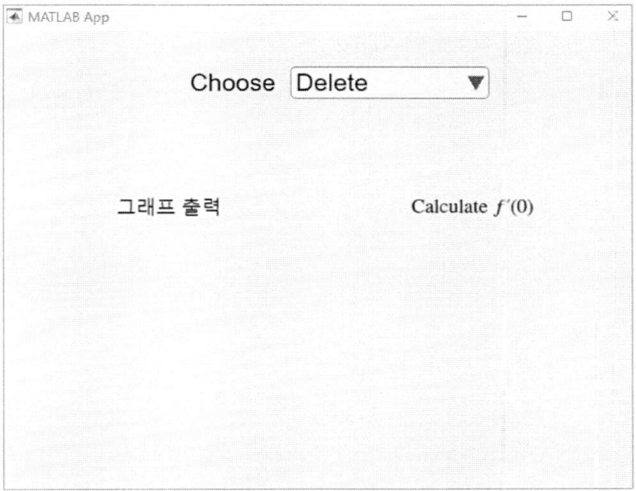

이와 같은 방식으로 [드롭다운]의 세 가지 항목인 Delete, Graph, Calculation을 각각 선택하면 그 항목에 대응하는 앱 창이 출력된다.

<4단계>

앞 <3단계>에서 (i)의 내용에 따르면, Graph 항목을 선택하여 앞 [그림9]와 같은 결과를 얻게 되는데 그 과정을 다음 (a)–(k)의 내용에서 자세히 설명하여 본다.

(a) 앞 [그림8]과 같은 앱 창에서 Graph 항목을 선택하면 앞 [그림7a]의 17번째 줄에 위치한

```
value = app.ChooseDropDown.Value;
```

에 의하여 Graph라는 문자열이 저장된 value 변수가 생성된다.

(b) value 변수에는 문자열 Graph가 저장되어 있고 [그림7a]의 18번째 줄에 위치한

switch 명령어에 의하여 앞 [그림7b]에 제공된 내용이 실행된다.

(c) [그림7b]의 23번째 줄에 위치한

```
syms x
```

에 의하여 심볼릭 변수 x를 생성한다.

(d) [그림7b]의 24번째 줄에 위치한

```
fplot(app.UIAxes, x^2*sin(1/x), [-0.2 0.2]);
```

에 의하여 [그림9]와 같이 앱 창의 왼쪽 [좌표축] 위치에 정의역의 범위가 $-0.2 \le x \le 0.2$ 일 때에

$$f(x) = x^2 \sin(1/x)$$

에 대응하는 그래프를 fplot 명령어를 이용하여 출력한다.

(e) [그림7b]의 25번째 줄에 위치한

```
axis(app.UIAxes, [-0.2 0.2 -0.04 0.07]);
```

에 의하여 앞 [그림9]와 같이 앱 창의 왼쪽 [좌표축]의 범위를 다음과 같이 설정한다:

$$-0.2 \le x \le 0.2, \ -0.04 \le y \le 0.07$$

(f) [그림9]를 보면 앱 창의 왼쪽 [좌표축]에서 그래프와 제목 사이에 있는 수식을 출력하고 있다. 이렇게 출력하기 위해서는 [그림7b]의 26번째 줄부터 32번째 줄까지의 내용이 필요하다. 먼저 [그림7b]의 26번째 줄부터 30번째 줄까지의 내용인

```
p1 = '$ f(x) = ₩left₩{ ₩begin{array}{ll}';
p2 = '  x^2 ₩sin ₩frac 1 x  & ₩mbox{if $x ₩ne 0$} ₩₩';
p3 =                           '  0  & ₩mbox{if $ x = 0$}';
```

```
p4 = ' ₩end{array} ₩right. $';
strone = [p1 p2 p3 p4];
```

에 의하여 Latex 문법을 이용하여 수식을 표현하였고, 이 수식을 하나의 문자열로 만들어 변수 strone에 저장하고 있다.

(g) 다음으로 [그림7b]의 31번째와 32번째 줄에 위치한

```
text(app.UIAxes, -0.15,0.04, strone , ...
        'Interpreter','latex','fontsize',18);
```

에 의하여 text 명령어를 이용하고 있고, $(x,y)=(-0.15,0.04)$ 위치에 strone에 저장된 수식을 폰트 크기 18로 출력한다. 이때 interpreter를 latex으로 설정하였기 때문에 latex 문법에 의하여 작성된 수식이 앞 [그림9]와 같이 출력될 수 있다.

(h) [그림7b]의 33번째 줄에 위치한

```
title(app.UIAxes,'그래프 출력','fontsize',20);
```

에 의하여 [그림9]와 같이 앱 창에서 왼쪽 [좌표축]의 제목을 '그래프 출력'으로 출력하고 폰트 크기를 20으로 설정한다.

(i) [그림7b]의 34번째와 35번째 줄에 위치한

```
xlabel(app.UIAxes,'$x$','Interpreter','latex', 'fontsize',16);
ylab = ylabel(app.UIAxes,'$y$','Interpreter','latex','fontsize',16);
```

에 의하여, [그림9]와 같이 앱 창에서 왼쪽 [좌표축] 구성요소의 x축 아래와 y축 옆에 latex 문법에 의하여 작성된 수식을 각각 출력할 수 있다. 여기서는 단순히 x 또는 y 문자가 폰트 크기 16으로 출력되고 있기 때문에 latex 문법이 반드시 필요한 상황은 아니다.

(j) [그림7b]의 36번째 줄에 위치한

```
set(ylab,'rotation',0);
```

에 의하여, 앱 창에서 왼쪽 [좌표축] 구성요소의 y축 옆에 출력된 문자 y를 보기 편하게 90도 회전하였다.

(k) [그림7b]의 37번째 줄에 위치한

```
axis(app.UIAxes, 'on')
```

에 의하여, 왼쪽 [좌표축] 구성요소에서 사라졌던 좌표축을 다시 보이게 한다.

<5단계>

앞 <3단계>에서 (i)의 내용을 수행한 뒤에 (ii)의 내용에 따르면, Calculation 항목을 선택한 후에 앞 [그림10]과 같은 결과를 얻게 되는데 그 과정을 다음 (a)–(g)의 내용에서 자세히 설명하여 본다.

(a) 앞 [그림8]과 같은 앱 창에서 Calculation 항목을 선택하면 앞 [그림7a]의 17번째 줄에 위치한

```
value = app.ChooseDropDown.Value;
```

에 의하여 Calculation이라는 문자열이 저장된 value 변수가 생성된다.

(b) value 변수에는 문자열 Calculation이 저장되어 있고 [그림7a]의 18번째 줄에 위치한 switch 명령어에 의하여 [그림7c]에 제공된 내용이 실행된다.

(c) [그림7c]의 39번째 줄에 위치한

```
axis(app.UIAxes2, [0 1 0 1]);
```

에 의하여, 앞 [그림9]와 같이 앱 창에서 오른쪽에 있는 [좌표축]의 구성요소 범위

를 다음과 같이 설정한다:

$$0 \le x \le 1,\ 0 \le y \le 1$$

(d) [그림7c]의 40번째와 41번째 줄에 위치한

```
title(app.UIAxes2,'$₩mbox{Calculate } f''(0) $', ...
  'Interpreter','latex','fontsize',20);
```

에 의하여, 앞 [그림10]과 같이 앱 창에서 오른쪽에 있는 [좌표축] 구성요소의 제목 위치에 latex 문법에 의하여 작성된 내용인

Calculate $f'(0)$

을 출력한다.

(e) [그림10]를 보면 앱 창의 오른쪽에 있는 [좌표축]에 세 줄의 수식을 출력하고 있다. 이렇게 출력하기 위해서는 앞 [그림7c]의 42번째 줄부터 50번째 줄까지의 내용이 필요하다. 첫 번째로 [그림7c]의 42번째 줄부터 47번째 줄까지의 내용인

```
q1 = '$  ₩begin{array}{lll}';
q2 = '  f''(0)  & =  & ₩lim_{h ₩rightarrow 0}';
q3 =                        ' ₩frac {f(0 + h) - f(0)} {h}  ₩₩';
q4 = '          & =  & ₩lim_{h ₩rightarrow 0} h ₩sin (1/h) ₩₩';
q5 = '          & =  & 0  ₩end{array}  $';
strtwo = [q1 q2 q3 q4 q5];
```

에 의하여 latex 문법을 이용하여 수식을 표현하였고, 이 수식을 하나의 문자열로 만들어 변수 strtwo에 저장하고 있다.

(f) 두 번째로 [그림7c]의 48번째와 49번째 줄에 위치한

```
text(app.UIAxes2, 0.02,0.6, strtwo, 'Interpreter','latex', ...
     'fontsize',20);
```

에 의하여 text 명령어를 이용하고 있고, $(x, y) = (0.02, 0.6)$ 위치에 strtwo에 저장된 수식을 폰트 크기 20으로 출력한다. 이때 interpreter를 latex으로 설정하였기 때문에 latex 문법에 의하여 작성된 수식이, [그림10]에서와 같이 오른쪽에 위치한 [좌표축] 내부에 세 줄로 출력된다.

(g) [그림7c]의 50번째 줄에 위치한

```
axis(app.UIAxes2, 'off')
```

에 의하여 오른쪽 [좌표축] 구성요소에서 좌표축이 사라지게 되며, 그 결과로 [그림10]과 같이 세 줄의 수식이 강조되는 효과를 얻을 수도 있다.

<6단계>

앞 <3단계>에서 (i)과 (ii)의 내용을 수행한 뒤에 (iii)의 내용에 따르면, Delete 항목을 선택한 후에 [그림11]과 같은 결과를 얻게 되는데 그 과정을 다음 (a)–(d)의 내용에서 자세히 설명한다.

(a) 앞 [그림10]과 같은 앱 창의 [드롭다운]에서 Delete 항목을 선택하면 앞 [그림7a]의 17번째 줄에 위치한

```
value = app.ChooseDropDown.Value;
```

에 의하여 Delete 문자열이 저장된 value 변수가 생성된다.

(b) value 변수에는 문자열 Delete가 저장되어 있고 [그림7a]의 18번째 줄에 위치한 switch 명령어에 의하여, [그림7a]에서 20번째와 21번째 줄에 제공된 내용이 실행된다.

(c) [그림7a]의 20번째 줄에 위치한

```
cla(app.UIAxes); axis(app.UIAxes, 'off');
```

의 내용이 실행되면 왼쪽 [좌표축] 구성요소에서, 좌표축 내부에 출력된 그래프와

수식 모두가 삭제되고 x 와 y 축을 [그림11]과 같이 사라지게 한다.

(d) [그림7a]의 21번째 줄에 위치한

```
cla(app.UIAxes2);
```

에 의하여 오른쪽 [좌표축] 구성요소에서 좌표축 내부에 출력된 수식을 삭제한다.

지금까지 <1단계>-<6단계>의 내용으로 [드롭다운] 구성요소 사용 방법에 대하여 알아보았다. 참고로 그래프 출력과 관련된 내용인 7장의 내용에서 [드롭다운] 구성요소를 이용하고 있다.

2.11절 하이퍼링크(Hyperlink)와 이미지(Image)

앱 창에서 미리 지정된 웹 페이지로 이동할 수 있는 링크를 제공하는 [하이퍼링크] 구성요소 사용 방법을, 2.5절에서 배운 [이미지] 구성요소와 함께 알아본다. 1장의 내용을 참고하여 [그림1]과 같이 [캔버스]를 만든다.

그림1

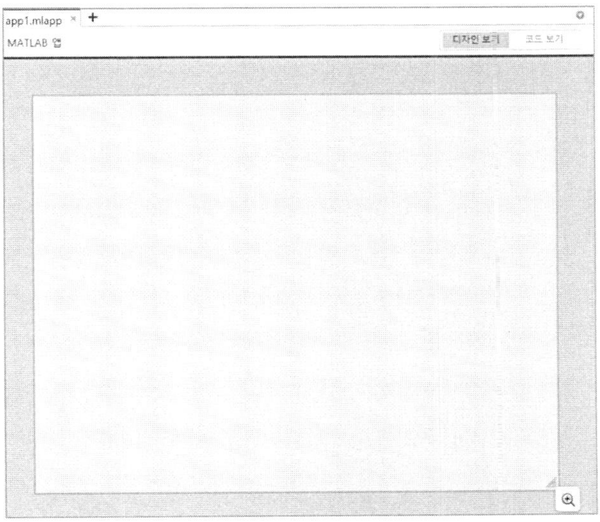

다음 <1단계>–<5단계>의 내용을 수행한다.

<1단계>

[구성요소 라이브러리]에서 [하이퍼링크] 구성요소를 캔버스 하단에 끌어다 놓는다. [디자인보기] 화면에서 캔버스에 있는 [하이퍼링크] 구성요소를 선택한다. 선택 후 [구성요소 브라우저] 영역에서 아래 (a)–(c)의 내용으로 설정하여 [그림2a]와 [그림2b]와 같이 완성한다.

(a) [하이퍼링크] > [하이퍼링크] > [URL] : kau.ac.kr
(b) [하이퍼링크] > [하이퍼링크] > [Text] : Go To KAU Homepage
(c) [하이퍼링크] > [글꼴과 색] > [FontSize] : 25

그림2a

그림2b

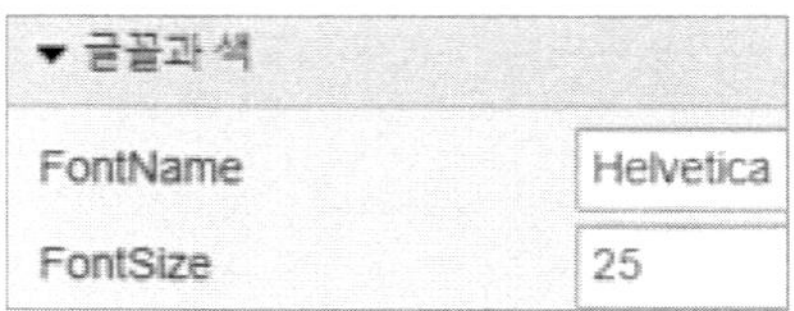

<2단계>

앞 <1단계>의 내용을 완료한 뒤에 Myhyperlink.mlapp 파일명으로 저장하고 앱을 실행하면 다음 [그림3]과 같은 앱 창이 출력되고 하단에

의 형식을 가진 [하이퍼링크] 구성요소를 볼 수 있다.

그림3

앞 [그림3]과 같이 출력된 앱 창에서 하단에 있는 [하이퍼링크] 구성요소를 클릭하면 인터넷 브라우저에서 한국항공대학교 홈페이지로 연결된다. 연결되는 이유는 앞 [그림2a]와 같이 [URL] 항목에 한국항공대학교 홈페이지 주소(kau.ac.kr)가 입력되어있기 때문이다.

<3단계>

(a) [디자인 보기]를 선택하고 [구성요소 라이브러리]에서 [이미지] 구성요소를 [하이퍼링크] 구성요소 위에 [그림4]와 같이 끌어다 놓는다.

그림4

(b) [이미지] 구성요소를 선택한 뒤에 [구성요소 브라우저] 영역에서,

[이미지] > [상호작용] > [Visible]

항목의 체크를 다음 [그림5]와 같이 해제한다.

그림5

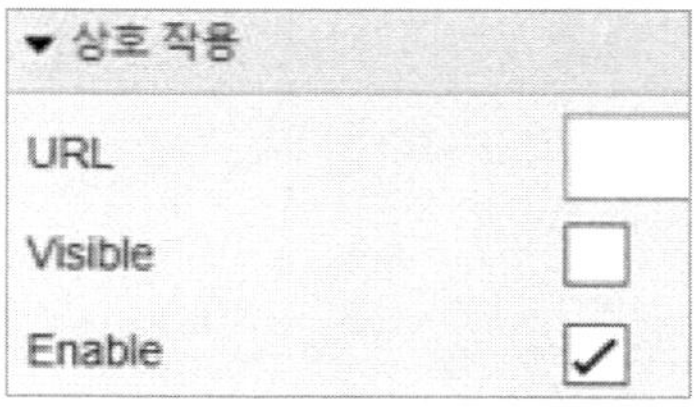

지금까지의 내용을 완료하고 앱을 실행하면 앞 [그림3]과 같은 앱 창이 다시 출력된다. [이미지] 구성요소에서 [Visible] 항목을 해제하였기 때문에 [그림3]에서와 같이 [이미지] 구성요소가 앱 창에 출력되지 않는다.

<4단계>

[디자인 보기] 화면에서 [하이퍼링크] 구성요소를 우클릭하면 박스가 출력되고 박스 내부에 있는

[콜백] > [HyperlinkClickedFcn 콜백 추가]

항목을 선택한다. 선택의 결과로 [그림6]과 같은 HyperlinkClicked 콜백함수 내용이 생성된다.

그림6

```
    % Callbacks that handle component events
    methods (Access = private)

        % Callback function: Hyperlink
        function HyperlinkClicked(app, event)

        end
    end
```

[그림6]의 내용을 [그림7]과 같이 HyperlinkClicked 콜백함수를 편집한다.

그림7

```
    % Callbacks that handle component events
    methods (Access = private)

        % Callback function: Hyperlink
        function HyperlinkClicked(app, event)
            app.Image.ImageSource = 'kauHP.jpg';
            app.Image.Visible = "on";
        end
    end
```

현 시점에서 앱 파일을 실행하면 앞 [그림3]과 같이 [이미지] 구성요소가 출력되지 않는 앱 창이 출력된다. 계속해서 출력된 앱 창의 하단에 위치한 [하이퍼링크] 구성요소인

Go To KAU Homepage

를 선택하면

(i) 다음 [그림8]과 같이 앱 창에서 [하이퍼링크] 구성요소 위에 이미지가 추가로 출력

되고

(ii) 동시에 인터넷 브라우저에서 한국항공대학교 홈페이지로 연결된다.

그림8

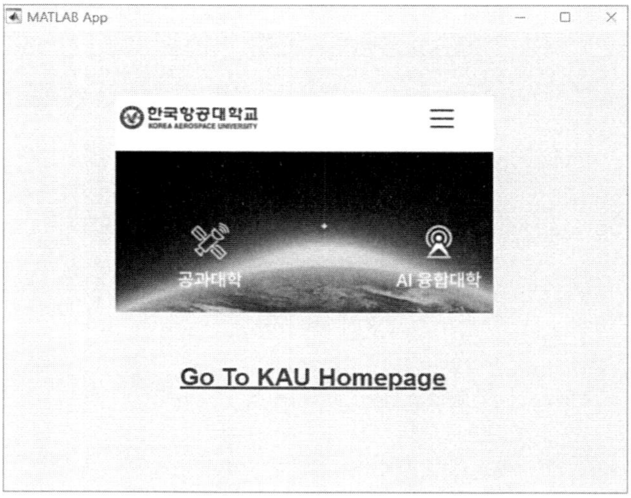

<5단계>

참고로 현 시점에서 [구성요소 브라우저]의 상단을 보면 [그림9]와 같이 구성되어 있다.

그림9

앞 [그림3]에서 앱 창의 하단에 있는 [하이퍼링크] 구성요소를 클릭하면 앞 [그림8]과 같이 이미지가 추가로 앱 창에 출력되는 이유를 알아본다. 앱 창의 하단에 있는 [하이퍼링

크] 구성요소를 클릭하면

(a) 앞 [그림7]에서 15번째 줄에 있는

```
app.Image.ImageSource = 'kauHP.jpg';
```

에 의하여 앱 창의 [이미지] 구성요소에 그림 파일인 kauHP.jpg을 출력한다. 이때 [현재 폴더]에는 [그림8]과 같은 이미지가 저장된 kauHP.jpg 파일이 있어야 한다.

(b) 앞 [3단계]의 (b)에서 [이미지] 구성요소의 [Visible] 항목을 해제하였기 때문에 앱 창에서 [이미지] 구성요소를 볼 수 없었는데, [그림7]에서 16번째 줄에 있는

```
app.Image.Visible = "on";
```

에 의하여 그림이 출력되는 [이미지] 구성요소를 앱 창에서 다시 볼 수 있게 되었다.

이와 같이 HyperlinkClicked 콜백함수의 내용인 [그림7]에서 15번째와 16번째 줄이 실행되었기 때문에 앞 [그림8]과 같은 앱 창이 출력되었다. 참고로 앱 창 하단에 위치한 [하이퍼링크] 구성요소인

Go To KAU Homepage

에서 문자의 색(color)이 클릭 전과 후로 변경이 되는 것을 확인하여 본다. 이때 문자의 색을 사용자가 선택할 수 있다. 즉 [디자인 보기] 화면에서 [하이퍼링크] 구성요소를 선택한 후에 오른쪽 [구성요소 브라우저]의

[하이퍼링크] > [글꼴과 색]

의 영역에서 [FontColor]와 [VisitedColor] 항목을 각각 클릭하여 색을 변경하면 된다. 즉 [하이퍼링크] 구성요소를 선택하기 전에는 [FontColor] 항목에서 설정한 색으로 출력되고 [하이퍼링크] 구성요소를 선택한 후에는 [VisitedColor] 항목에서 설정한 색으로 변경된다.

지금까지 <1단계>–<5단계>의 내용으로 [하이퍼링크] 구성요소 사용 방법에 대하여 알아보았다.

2.12절 레이블(Label), 버튼(Button), 상태버튼(StateButton)

앱 창에서 선택하면 바로 실행되는 [일반] 구성요소인 [버튼]을 먼저 설명하고, 다음으로 선택과 해제에 따라서 다른 내용의 실행이 가능한 [상태버튼] 구성요소 사용 방법을 함께 알아본다. 동시에 [레이블] 구성요소 사용 방법도 설명할 것이다. 1장의 내용을 참고하여 [그림1]과 같이 [캔버스]를 만든다.

그림1

계속해서 다음 <1단계>–<6단계>의 내용을 수행한다.

<1단계>

[구성요소 라이브러리]에서 두 개의 [좌표축] 구성요소를 [그림2]와 같이 캔버스로 끌

어다 놓는다. 또한 [그림2]와 같이 왼쪽 [좌표축] 위에 [레이블]과 [버튼] 구성요소를 끌어다 놓고, 오른쪽 [좌표축] 위에는 [레이블]과 [상태 버튼] 구성요소를 각각 끌어다 놓는다.

그림2

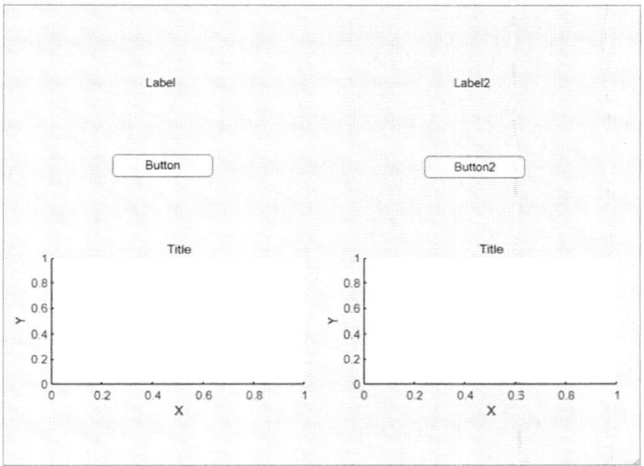

[그림2]와 같은 구성을 가진 [캔버스]을 만든 후에 [구성요소 브라우저] 영역에서 다음 (a)–(d)의 내용을 진행한다.

(a) [디자인 보기]가 선택된 상황에서 캔버스의 왼쪽 상단에 있는 [레이블] 구성요소를 선택한 후에, [구성요소 브라우저] 영역에서 다음과 같이 설정한다. 아래 (i)과 (ii)의 내용에서 알 수 있듯이 [레이블] 구성요소에 수식을 입력할 때에, 복잡한 수식도 표현할 수 있는 latex 문법을 이용할 수 있다.

(i) [레이블] > [텍스트] > [Text] 항목의 박스 안에 다음과 같이 세 줄의 수식을 입력.

```
$ x = \sin(t) \exp(-t/10) $
$ y = \cos(t) \exp(-t/10) $
$z = t$
```

(ii) [레이블] > [텍스트] > [Interpreter] : latex

(iii) [레이블] > [글꼴과 색] > [FontSize] : 20

(iv) [레이블] > [글꼴과 색] > [BackgroundColor] 박스 안에 다음과 같이 입력.

```
0.90, 0.90, 0.90
```

(b) [디자인 보기]에서 오른쪽 상단에 있는 [레이블] 구성요소를 선택한 후에, [구성요소 브라우저] 영역에서

(i) [레이블] > [텍스트] > [Text] 항목의 박스 안에 다음과 같이 수식을 입력:

(ii) [레이블] > [텍스트] > [Interpreter] : latex

(iii) [레이블] > [글꼴과 색] > [FontSize] : 18

(iv) [레이블] > [글꼴과 색] > [BackgroundColor] 박스 안에 다음과 같이 입력.

```
0.90, 0.90, 0.90
```

(c) [디자인 보기]에서 왼쪽 [좌표축] 위에 있는 [버튼] 구성요소를 선택한 후에, [구성요소 브라우저] 영역에서 다음과 같이 설정한다.

[버튼] > [버튼] > [Text] : Push

[버튼] > [글꼴과 색] > [Fontsize] : 25

(d) [디자인 보기]에서 오른쪽 [좌표축] 위에 있는 [상태 버튼] 구성요소를 선택한 후에, [구성요소 브라우저] 영역에서 다음과 같이 설정한다.

[상태 버튼] > [버튼] > [Text] : State

[상태 버튼] > [글꼴과 색] > [Fontsize] : 25

위 (a)−(d)의 내용을 완료 후에 [디자인 보기]에 있는 구성요소들의 위치와 크기를 조정하면 [그림3]과 같은 결과를 얻을 수 있고 MyLabelPushState.mlapp 파일명으로 저장

한다.

그림3

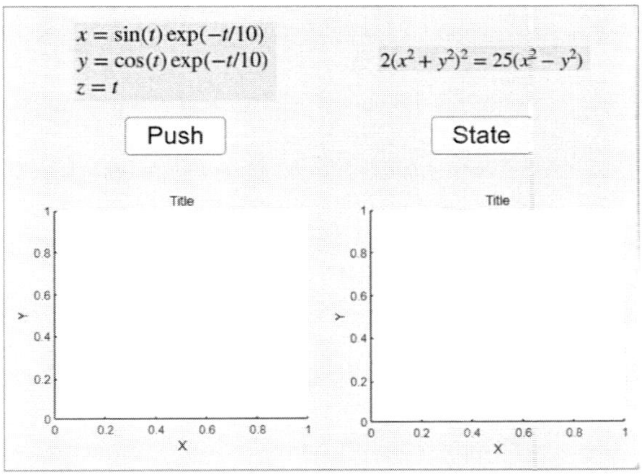

<2단계>

현재 단계에서 [구성요소 브라우저]의 상단을 보면 [그림4]와 같은 내용으로 구성된다.

그림4

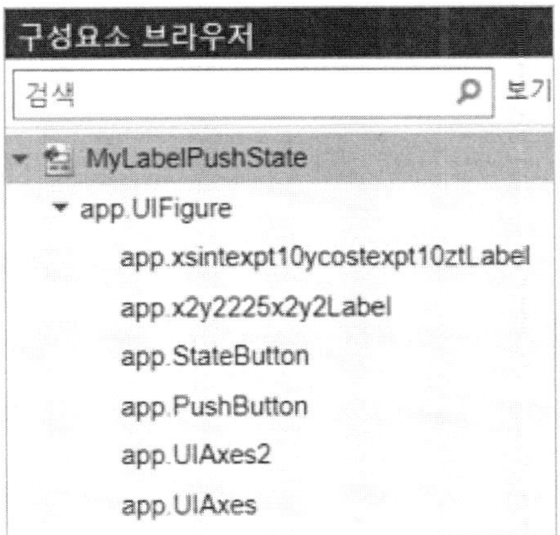

앞 [그림4]에서 [버튼] 구성요소에 대응하는 app.PushButton 항목을 우클릭하면 박스가 화면에 출력되고 그 박스 안에 있는

[콜백] > [ButtonPushedFcn 콜백 추가]

항목을 선택한다. 선택의 결과로 PushButtonPushed 콜백함수가 생성되면 다음 [그림5]의 내용으로 편집한다.

그림5

```
        % Button pushed function: PushButton
        function PushButtonPushed(app, event)
            x = @(t) sin(t).*exp(-t/10);
            y = @(t) cos(t).*exp(-t/10);
            z = @(t) t;
            fplot3(app.UIAxes, x, y, z, [2 30], 'linewidth', 2);
            grid(app.UIAxes,"on");
            title(app.UIAxes, '버튼(Push) 선택','FontSize',20);
            title(app.UIAxes2, ''); cla(app.UIAxes2);
        end
```

<3단계>

앞 [그림4]에서 [상태 버튼] 구성요소에 대응하는 app.StateButton 항목을 우클릭하면 박스가 화면에 출력되고 그 박스 안에 있는

[콜백] > [ValueChangedFcn 콜백 추가]

항목을 선택한다. 선택 후 StateButtonValueChanged 콜백함수가 생성되면 다음 [그림6a]와 [그림6b]의 내용으로 편집한다.

그림6a

```
        % Value changed function: StateButton
        function StateButtonValueChanged(app, event)
            value = app.StateButton.Value;
            if value == 1
                g = @(x,y) 2*(x.^2 + y.^2).^2 - 25*(x.^2 - y.^2);
                fimplicit(app.UIAxes2, g, [-5 5 -2 2], '-', 'linewidth', 2);
                title(app.UIAxes2, '상태 버튼 선택','FontSize',20);
                grid(app.UIAxes2, "on");
                cla(app.UIAxes); title(app.UIAxes, '');
```

그림6b

```
            else
                g = @(x,y) 2*(x.^2 + y.^2).^2 - 25*(x.^2 - y.^2);
                fimplicit(app.UIAxes2, g, [-5 5 -2 2], ':', 'linewidth', 2);
                title(app.UIAxes2, '상태 버튼 해제','FontSize',20);
                grid(app.UIAxes2, "on");
                cla(app.UIAxes); title(app.UIAxes, '');
            end
        end
```

<4단계>

앞 <3단계>까지의 내용이 완료된 MyLabelPushState.mlapp 앱 파일을 실행하면, 다음 [그림7]과 같은 초기 앱 창이 출력된다.

그림7

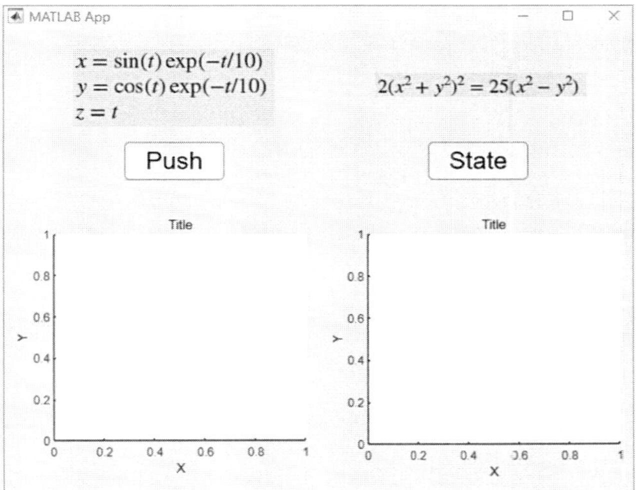

초기 앱 창인 [그림7]에서 왼쪽 [좌표축] 위에 있는 [버튼(Push)] 구성요소를 선택하면 앞 [그림5]의 18번째 줄부터 26번째 줄까지의 내용이 실행되면서 다음 [그림8]의 결과가 출력되는데 그 과정을 다음 (a)–(e)의 내용에서 알아본다.

그림8

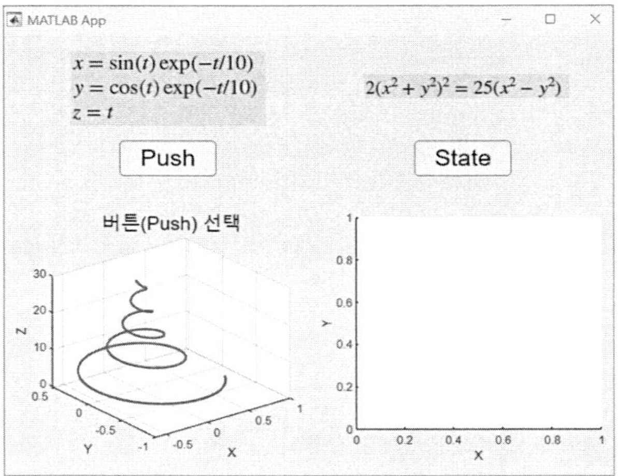

(a) 앞 [그림5]의 19번째 줄부터 21번째 줄까지의 내용인

```
x = @(t) sin(t).*exp(-t/10);  y = @(t) cos(t).*exp(-t/10);  z = @(t) t;
```

에 의하여 3차원 곡선의 (x,y,z) 좌표를 다음과 같이 정의한다:

$$x = \sin(t)e^{-t/10},\ y = \cos(t)e^{-t/10},\ z = t$$

(b) [그림5]의 22번째 줄에 위치한

```
fplot3(app.UIAxes, x, y, z, [2 30], 'linewidth', 2);
```

에 의하여, 정의역의 범위가 $2 \le t \le 30$ 일 때에 앞 (a)에서 정의된 (x,y,z) 좌표를 가지는 용수철 모양의 그래프를 앞 [그림8]과 같이 왼쪽 [좌표축]에 출력한다. 이때 곡선의 너비는 2로 설정한다.

(c) [그림5]의 23번째 줄에 위치한

```
grid(app.UIAxes,"on");
```

에 의하여, [그림8]과 같이 왼쪽 [좌표축]에 격자선을 출력한다.

(d) [그림5]의 24번째 줄에 위치한

```
title(app.UIAxes, '버튼(Push) 선택','FontSize',20);
```

에 의하여, [그림8]과 같이 왼쪽 [좌표축]의 제목을 '버튼(Push) 선택'으로 하고 폰트 크기는 20으로 출력한다.

(e) [그림5]의 25번째 줄에 위치한

```
title(app.UIAxes2, ''); cla(app.UIAxes2);
```

에 의하여, [그림8]과 같이 오른쪽 [좌표축]의 제목과 좌표축 너부의 내용이 존재하면 삭제한다.

<5단계>

다음으로 앞 [그림8]과 같은 앱 창에서 오른쪽 [좌표축] 위에 있는 [상태 버튼(State)] 구성요소를 선택하면, 앞 [그림6a]의 30번째 줄부터 36번째 줄까지의 내용이 실행되면서 다음 [그림9]의 결과가 출력되는데 그 과정을 다음 (a)-(f)의 내용에서 알아본다.

그림9

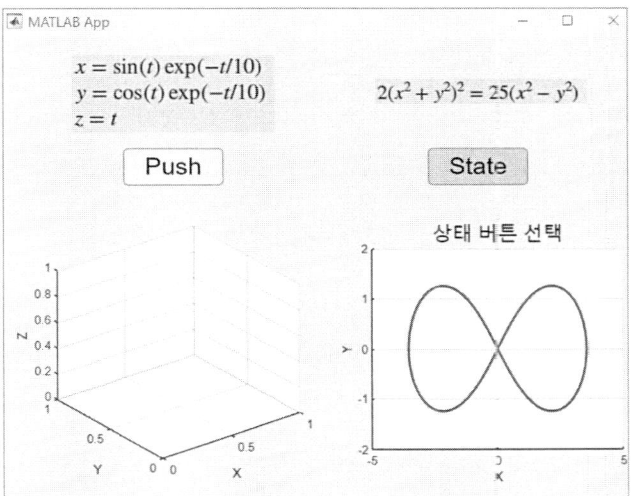

(a) [그림6a]의 30번째 줄에 위치한

```
value = app.StateButton.Value;
```

에 의하여, 오른쪽 [좌표축] 위에 있는 [상태 버튼(State)] 구성요소를 선택하면 1의 값을 가지는 논리형 변수 value를 생성한다. 따라서 그 다음 줄에 있는 if 명령문이 실행되면 그 결과가 참이므로 앞 [그림6a]의 32번째 줄부터 36번째 줄까지의 내용이 실행된다.

(b) 음함수

$$2(x^2+y^2)^2 = 25(x^2-y^2)$$

에 대응하는 이변수 함수 g를

```
g = @(x,y) 2*(x.^2 + y.^2).^2 - 25*(x.^2 - y.^2);
```

와 같이 [그림6a]의 32번째 줄에서 정의한다.

(c) [그림6a]의 33번째 줄에 위치한

```
fimplicit(app.UIAxes2, g, [-5 5 -2 2], '-', 'linewidth', 2);
```

에 의하여, 음함수

$$2(x^2+y^2)^2 = 25(x^2-y^2)$$

에 대응하는 그래프를 $-5 \le x \le 5$ 와 $-2 \le y \le 2$ 의 범위에서 [그림9]와 같이 오른쪽 [좌표축]에 출력한다. 이때 곡선의 종류는 실선이고 너비는 2로 설정한다.

(d) [그림6a]의 34번째 줄에 위치한

```
title(app.UIAxes2, '상태 버튼 선택','FontSize',20)
```

에 의하여, [그림9]와 같이 오른쪽 [좌표축]의 제목을 '상태 버튼 선택'으로 출력한다. 이때 폰트 크기는 20으로 설정한다.

(e) [그림6a]의 35번째 줄에 위치한

```
grid(app.UIAxes2,"on");
```

에 의하여, [그림9]와 같이 오른쪽 [좌표축]에 격자선을 출력한다.

(f) [그림6a]의 36번째 줄에 위치한

cla(app.UIAxes); title(app.UIAxes, '');

에 의하여, [그림9]의 결과와 같이 왼쪽 [좌표축] 내부의 내용과 제목이 존재하면 삭제한다.

<6단계>

계속해서 앞 [그림9]와 같은 앱 창에서 오른쪽 [좌표축] 위에 있는 [상태 버튼(State)] 구성요소를 다시 선택하면 [상태 버튼(State)]이 해제된다. 해제되면 앞 [그림6a]의 30번째 줄에 위치한

value = app.StateButton.Value;

에 의하여 0의 값을 가지는 논리형 변수 value를 생성한다. 따라서 앞 [그림6b]의 38번째 줄부터 42번째 줄까지의 내용이 실행되면서 다음 [그림10]과 같이 오른쪽 좌표축의

(a) 그래프가 실선에서 점선으로 변경되고
(b) 제목이 '상태 버튼 해제'로 변경된다.

그림10

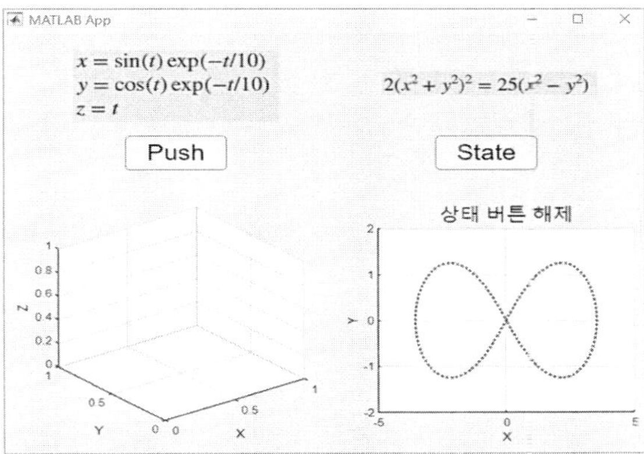

지금까지 <1단계>–<6단계>의 내용으로 [레이블], [버튼], [상태버튼] 구성요소 사용 방법에 대하여 함께 알아보았다. 특히 [레이블]의 내용에 수식을 입력할 수 있는 방법을 설명하였다.

2.13절 테이블, 편집필드(숫자), 편집필드(텍스트), 체크박스

앱 창에서 [테이블(Table)], [편집필드(숫자)] 또는 [EditField(numeric)], [편집필드(텍스트)] 또는 [EditField(text)], [체크박스(CheckBox)] 구성요소 사용 방법을 함께 알아본다. 1장의 내용을 참고하여 [그림1]과 같이 [캔버스]를 만든다.

그림1

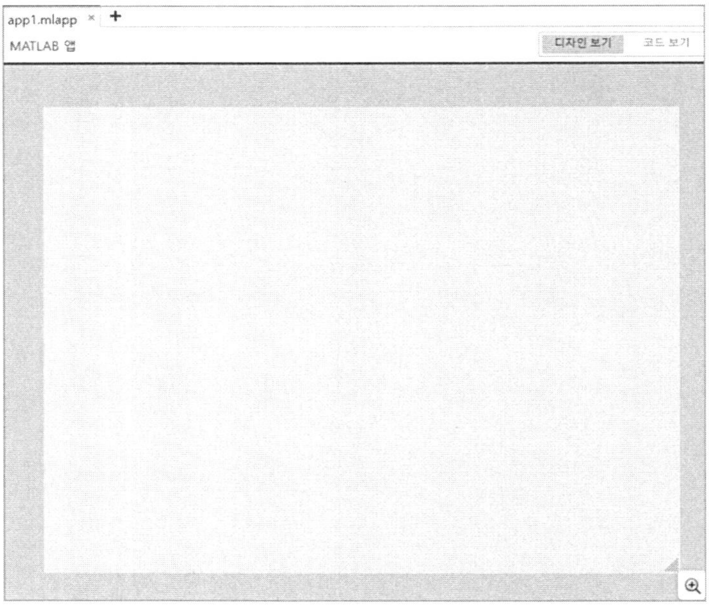

계속해서 다음 <1단계>–<11단계>의 내용을 수행한다.

<1단계>

[구성요소 라이브러리]에 있는 구성요소들을 다음 (a)–(f)의 내용으로 [그림2]와 같이

배치한다.

(a) [좌표축] 구성요소를 캔버스의 왼쪽 하단으로 이동.
(b) [테이블] 구성요소를 캔버스의 오른쪽 하단으로 이동.
(c) 첫 번째 [체크박스] 구성요소를 캔버스의 왼쪽에서 가장 위로 이동.
(d) 두 번째 [체크박스] 구성요소를 캔버스의 오른쪽에서 가장 위로 이동.
(e) 두 개의 [편집필드(숫자)] 구성요소를 첫 번째 [체크박스]와 왼쪽 [좌표축] 구성요소 사이에 위에서 아래 방향으로 배치.
(f) 두 개의 [편집필드(텍스트)] 구성요소를 두 번째 [체크박스]와 오른쪽 [테이블] 구성요소 사이에 위에서 아래 방향으로 배치.

그림2

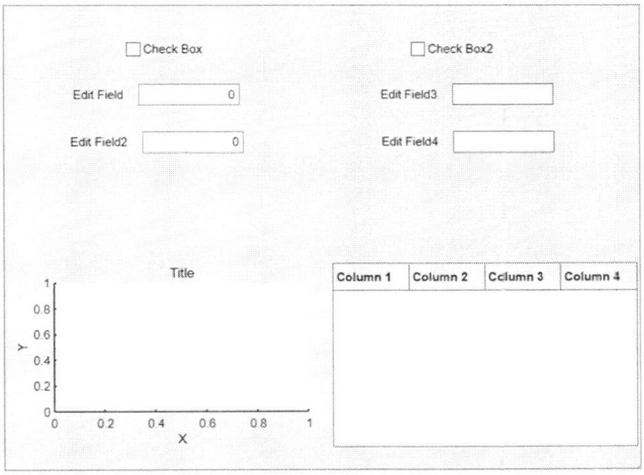

<2단계>

앞 [그림2]와 같은 구성을 완료하고 [구성요소 브라우저] 영역에서 다음 (a)-(h)의 내용을 진행한다.

(a) [디자인 보기]에서 왼쪽 가장 위에 위치한 첫 번째 [체크박스] 구성요소를 선택한 후에, [구성요소 브라우저] 영역에서 다음과 같이 설정한다.

[체크박스] > [체크박스] > [Text] : Number
[체크박스] > [글꼴] > [FontSize] : 25

(b) [디자인 보기]에서 오른쪽 가장 위에 위치한 두 번째 [체크박스] 구성요소를 선택한 후에, [구성요소 브라우저] 영역에서 다음과 같이 설정한다.

[체크박스] > [체크박스] > [Text] : Text
[체크박스] > [글꼴] > [FontSize] : 25

(c) [디자인 보기]에서 왼쪽에 있는 첫 번째 [편집 필드(숫자)] 구성요소를 선택한 후에, [구성요소 브라우저] 영역에서 다음과 같이 설정한다.

[편집 필드] > [레이블] : a =
[편집 필드] > [값] > [Value] : 0
[편집 필드] > [글꼴과 색] > [FontSize] : 25

(d) [디자인 보기]에서 왼쪽 [좌표축] 바로 위에 위치한 두 번째 [편집 필드(숫자)] 구성요소를 선택한 후에, [구성요소 브라우저] 영역에서 다음과 같이 설정한다.

[편집 필드] > [레이블] : b =
[편집 필드] > [값] > [Value] : 7
[편집 필드] > [글꼴과 색] > [FontSize] : 25

(e) [디자인 보기]에서 오른쪽에 위치한 첫 번째 [편집 필드(텍스트)] 구성요소를 선택한 후에, [구성요소 브라우저] 영역에서 다음과 같이 설정한다.

[편집 필드] > [레이블] : a =
[편집 필드] > [텍스트] > [Value] : 0
[편집 필드] > [글꼴과 색] > [FontSize] : 25

(f) [디자인 보기]에서 오른쪽 [테이블] 바로 위에 위치한 두 번째 [편집 필드(텍스트)] 구성요소를 선택한 후에, [구성요소 브라우저] 영역에서 다음과 같이 설정한다.

[편집 필드] > [레이블] : b =
[편집 필드] > [텍스트] > [Value] : 7
[편집 필드] > [글꼴과 색] > [FontSize] : 25

(g) [디자인 보기]에서 [좌표축] 구성요소의 제목을 더블 클릭하면 박스가 활성화되고 그 박스 안에

sin(x) and cos(x)

라고 입력한다.

(h) [디자인 보기]에서 [테이블] 구성요소를 선택한 후에, [구성요소 브라우저] 영역에서 다음과 같이 설정한다.

[테이블] > [테이블] > [ColumnName] : X, SIN(X), CCS(X)
[테이블] > [글꼴] > [FontSize] : 16

위 (a)-(h)의 내용을 완료 후에 [디자인 보기]가 선택된 상황에서 캔버스에 있는 구성요소들의 위치와 크기를 조정하면 다음 [그림3]과 같은 결과를 얻을 수 있다. 이러한 결과를 보여주는 앱 파일을 MyTableEditFieldCheckbox.mlapp 파일명으로 저장한다.

그림3

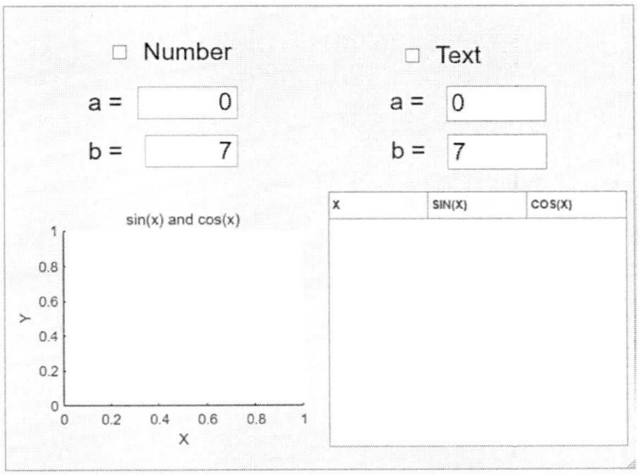

<3단계>

현재 단계에서 [구성요소 브라우저]의 상단을 보면 [그림4]와 같은 내용으로 구성된다.

그림4

앞 [그림3]에서 왼쪽에 있는 Number [체크박스]에 대응하는 객체는, [그림4]에 제공된 박스에서 app.NumberCheckBox 항목에 해당된다. 이 항목을 우클릭하면 박스가 화면에 출력되고 그 박스 안에 있는

[콜백] > [ValueChangedFcn 콜백 추가]

항목을 선택한다. 선택의 결과로 NumberCheckBoxValueChanged 콜백함수가 생성되면 다음 [그림5]의 내용으로 편집한다.

그림5

```
        % Value changed function: NumberCheckBox
        function NumberCheckBoxValueChanged(app, event)
            value = app.NumberCheckBox.Value;
            if value == 1
                app.aEditField.Enable = "on";
                app.bEditField.Enable = "on";
                app.aEditField_2.Enable = "off";
                app.bEditField_2.Enable = "off";
            end
            app.TextCheckBox.Value = 0;
            cla(app.UIAxes);
            app.UITable.Data = '';
        end
```

<4단계>

앞 [그림3]에서 오른쪽에 있는 Text [체크박스]에 대응하는 객체는, [그림4]에 제공된 박스에서 app.TextCheckBox 항목에 해당된다. 이 항목을 우클릭하면 박스가 화면 출력되고 그 박스 안에 있는

[콜백] > [ValueChangedFcn 콜백 추가]

항목을 선택하여 TextCheckBoxValueChanged 콜백함수가 생성되면 다음 [그림6]의 내용으로 편집한다.

그림6

```
        % Value changed function: TextCheckBox
        function TextCheckBoxValueChanged(app, event)
            value = app.TextCheckBox.Value;
            if value == 1
                app.aEditField.Enable = "off";
                app.bEditField.Enable = "off";
                app.aEditField_2.Enable = "on";
                app.bEditField_2.Enable = "on";
            end
            app.NumberCheckBox.Value = 0;
            cla(app.UIAxes);
            app.UITable.Data = '';
        end
```

<5단계>

앞 [그림3]에서 [좌표축]에 대응하는 객체는, [그림4]에 제공된 박스에서 app.UIAxes 항목에 해당된다. 이 항목을 우클릭하면 박스가 화면 출력되고 그 박스 안에 있는

[콜백] > [ButtonDownFcn 콜백 추가]

항목을 선택하여 UIAxesButtonDown 콜백함수가 생성되면 다음 [그림7a]와 [그림7b]의 내용으로 편집한다.

그림7a

```
        % Button down function: UIAxes
        function UIAxesButtonDown(app, event)
            if app.NumberCheckBox.Value == 1
                a = app.aEditField.Value;
                b = app.bEditField.Value;
            end
            if app.TextCheckBox.Value == 1
                a = eval(app.aEditField_2.Value);
                b = eval(app.bEditField_2.Value);
            end
```

그림7b

```
            ys = @(x) sin(x); yc = @(x) cos(x);
            fplot(app.UIAxes, ys, [a b], '-', 'LineWidth', 2);
            hold(app.UIAxes,"on");
            fplot(app.UIAxes, yc, [a b], ':', 'LineWidth', 2);
            axis(app.UIAxes, [a b -2.5 2.5]);
            title(app.UIAxes, ...
                'sin(x): 실선, cos(x): 점선 on [a b]','FontSize',16);
        end
```

<6단계>

앞 [그림3]에서 오른쪽에 위치한 [테이블]에 대응하는 객체는, 앞 [그림4]에 제공된 박스에서 app.UITable 항목에 해당된다. 이 항목을 우클릭하면 박스가 화면 출력되고 그 박스 안에 있는

[콜백] > [Mouse and Keyboard 콜백] > [ButtonDownFcn 콜백 추가]

항목을 선택하여 UITableButtonDown 콜백함수가 생성되면 다음 [그림8a]와 [그림8b]의 내용으로 편집한다.

그림8a

```
    % Button down function: UITable
    function UITableButtonDown(app, event)
        if app.NumberCheckBox.Value == 1
            a = app.aEditField.Value;
            b = app.bEditField.Value;
        end
        if app.TextCheckBox.Value == 1
            a = eval(app.aEditField_2.Value);
            b = eval(app.bEditField_2.Value);
        end
```

그림8b

```
        x = linspace(a, b, 10)';
        Tdata = [ x  sin(x)  cos(x)];
        app.UITable.Data = Tdata;
    end
```

<5단계>

앞 <4단계>까지의 내용이 완료된 MyTableEditFieldCheckbox.mlapp 앱 파일을 실행하면, 다음 [그림9]와 같은 초기 앱 창이 출력된다.

그림9

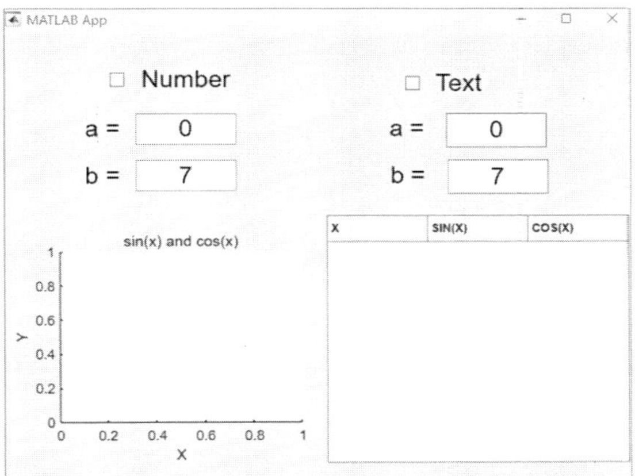

앞 [그림9]와 같은 앱 창에서 왼쪽 상단에 위치한 Number [체크 박스] 구성요소를 선택하면 연결된 NumberCheckBoxValueChanged 콜백함수가 실행되어 다음 [그림10]과 같이 앱 창의 오른쪽 상단에 위치한 두 개의 [편집 필드(텍스트)]가 비활성화된다. 이러한 과정은 다음 (a)-(c)의 내용에서 설명한다.

그림10

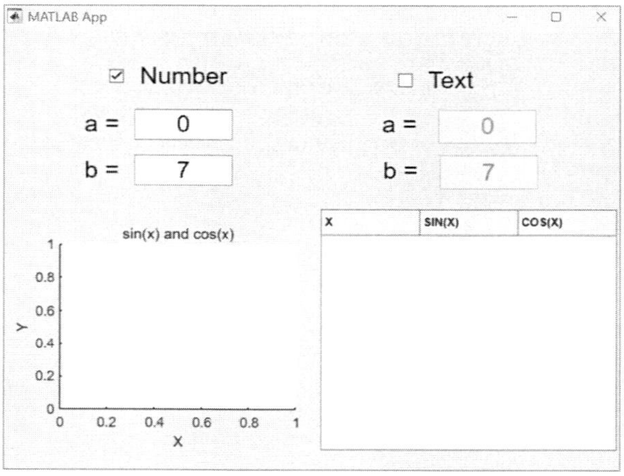

(a) 앞 [그림9]와 같은 앱 창에서 Number [체크 박스]를 선택하였기 때문에 앞 [그림5]의 25번째 줄에 위치한

```
value = app.NumberCheckBox.Value;
```

에 의하여, 논리형 변수 value에 1이 저장된다.

(b) 앞 [그림5]의 26번째 줄에 위치한 if 명령문이 참이 되고 27번째부터 30번째줄까지의 내용인

```
app.aEditField.Enable = "on";
app.bEditField.Enable = "on";
app.aEditField_2.Enable = "off";
app.bEditField_2.Enable = "off";
```

에 의하여 앱 창의 왼쪽에 위치한 두 개의 [편집 필드(숫자)]가 활성화되고 동시에 오른쪽에 위치한 두 개의 [편집 필드(텍스트)]는 비활성화된다.

(c) [그림5]의 32번째 줄부터 34번째 줄까지의 내용인

```
app.TextCheckBox.Value = 0;
cla(app.UIAxes);
app.UITable.Data = '';
```

에 의하여 차례대로 (i) 앱 창의 오른쪽 상단에 위치한 Text [체크박스] 구성요소에서 체크 표시가 되어 있으면 해제하고 (ii) 앱 창의 왼쪽에 위치한 [좌표축] 구성요소에 그래프가 출력되어 있으면 삭제하고 (iii) 앱 창의 오른쪽에 위치한 [테이블] 구성요소에 데이터가 출력되어 있으면 삭제한다.

<6단계>

앞 <5단계>의 [그림10]과 같이 Number [체크박스]가 선택된 앱 창에서 왼쪽 하단에 위치한 [좌표축]을 좌클릭하면 연결된 UIAxesButtonDown 콜백함수가 작동하게 되고 앞 [그림7a]와 [그림7b]의 내용이 실행되어 다음 [그림11]과 같이 [좌표축]에 그래프가 출력된다. 그 과정은 다음 (a)-(g)의 내용에서 설명한다.

그림11

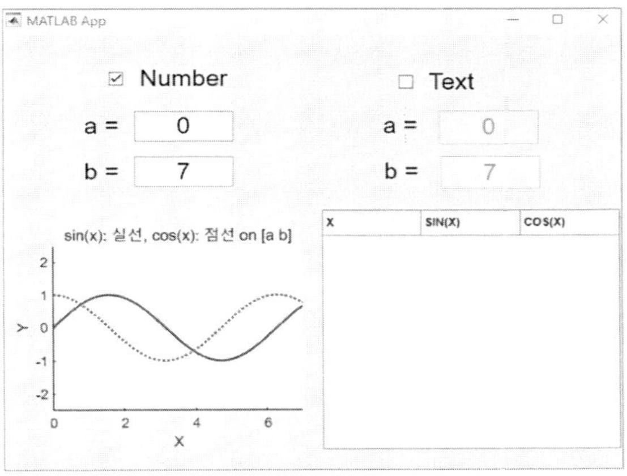

(a) 앱 창에서 Number [체크박스] 구성요소를 선택하였기 때문에 앞 [그림7a]에서 54번째와 55번째 줄의 내용인

```
a = app.aEditField.Value;
b = app.bEditField.Value;
```

에 의하여 Number [체크 박스] 아래에 위치한 첫 번째 [편집필드(숫자)]에 입력된 수가 변수 a에 저장되고, 바로 그 아래에 위치한 두 번째 [편집필드(숫자)]에 입력된 수가 변수 b에 저장된다.

(b) 다음으로 앞 [그림7b]의 61번째 줄에 위치한

```
ys = @(x) sin(x); yc = @(x) cos(x);
```

에 의하여 sin(x)와 cos(x)를 익명함수 ys와 yc로 정의하고 있다.

(c) [그림7b]의 62번째 줄에 위치한

```
fplot(app.UIAxes, ys, [a b], '-', 'LineWidth', 2);
```

에 의하여 [좌표축]에 ys에 대응하는 함수 sin(x)의 그래프를 정의역 [a b]에 대하여 출력한다. 이때 선의 종류는 실선이고 선의 너비는 2로 설정한다.

(d) [그림7b]의 63번째 줄에 위치한

```
hold(app.UIAxes,"on");
```

에 의하여, 이후 다른 그래프가 [좌표축]에 출력되더라도 이미 존재했던 그래프를 삭제하지 않고 함께 출력한다.

(e) [그림7b]의 64번째 줄에 위치한

```
fplot(app.UIAxes, yc, [a b], ':', 'LineWidth', 2);
```

에 의하여 [좌표축]에 yc에 대응하는 함수 cos(x)의 그래프를 정의역 [a b]에 대하여 출력한다. 이때 선의 종류는 점선이고 선의 너비는 2로 설정한다.

(f) [그림7b]의 65번째 줄에 위치한

```
axis(app.UIAxes, [a b -2.5 2.5])
```

에 의하여 [좌표축]의 범위를

$$a \le x \le b,\ -2.5 \le y \le 2.5$$

로 설정한다.

(g) [그림7b]의 66번째와 67번째 줄에 위치한

```
title(app.UIAxes, ...
   'sin(x): 실선, cos(x): 점선 on [a b]','FontSize',16);
```

에 의하여 [좌표축]의 제목을

sin(x): 실선, cos(x): 점선 on [a b]

로 출력하고 폰트 크기는 16으로 설정한다.

<7단계>

앞 [그림11]과 같이 Number [체크박스]가 선택되고 [좌표축]에 그래프가 출력된 앱 창에서 오른쪽 하단에 위치한 [테이블] 구성요소를 우클릭하면 연결된 UITableButtonDown 콜백함수가 실행되어 다음 [그림12]와 같이 테이블이 완성된다. 이렇게 출력되는 이유를 다음 (a)-(d)의 내용에서 설명한다.

그림12

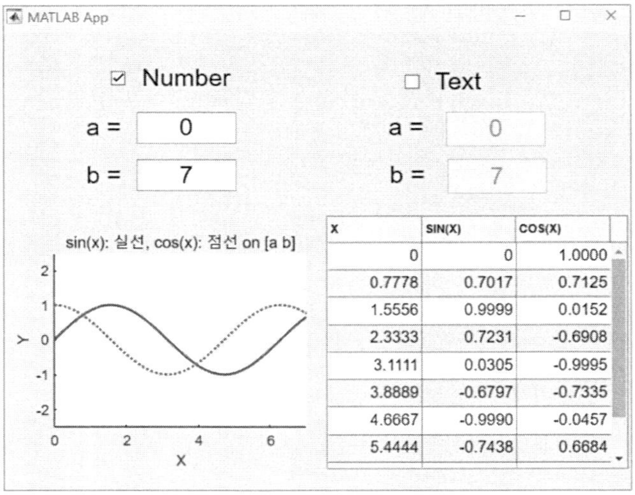

(a) 앞 [그림11]과 같이 앱 창에서 Number [체크박스]를 선택된 상황이기 때문에 앞 [그림8a]에서 73번째와 74번째 줄의 내용인

```
a = app.aEditField.Value;
b = app.bEditField.Value;
```

에 의하여 Number [체크 박스] 구성요소 아래에 위치한 첫 번째 [편집필드(숫자)] 구성요소에 입력된 수가 a에 저장되고, 바로 그 다음에 위치한 두 번째 [편집필드(숫자)] 구성요소에 입력된 수가 b에 저장된다.

(b) 다음으로 앞 [그림8b]의 80번째 줄의 내용인

```
x = linspace(a, b, 10)';
```

가 실행되면 (i) 먼저 a와 b 사이에서 균일한 간격의 점 10개로 구성된 행벡터가 linspace 명령어에 의하여 생성되고 (ii) 계속해서 전치(transpose) 연산자에 의하여 행벡터를 열벡터로 변경하여 변수 x에 저장한다. 이때 열벡터 x의 첫 번째 성분은 a이고 마지막 성분은 b이다.

(c) [그림8b]의 81번째 줄의 내용인

```
Tdata = [ x  sin(x)  cos(x)];
```

에 의하여, 10×3 크기의 배열(행렬)을 변수 Tdata에 저장한다. 예상할 수 있듯이 행렬 Tdata의 첫 번째 열의 성분은 앞 (b)에서 설명한 x에 대응되고 두 번째 열의 성분은 sin(x), 마지막으로 세 번째 열의 성분은 cos(x)에 대응된다.

(d) [그림8b]의 82번째 줄의 내용인

```
app.UITable.Data = Tdata;
```

에 의하여, 행렬 Tdata에 저장된 10×3 크기의 데이터가 [그림12]와 같이 앱 창의 [테이블] 구성요소에 출력된다.

<8단계>

앞 [그림12]와 같은 앱 창에서 오른쪽 상단에 위치한 Text [체크 박스] 구성요소를 선택하면 연결된 TextCheckBoxValueChanged 콜백함수가 실행되어, 다음 [그림13]과 같이 앱 창에서

(i) Number [체크 박스] 구성요소가 해제
(ii) 두 개의 [편집 필드(숫자)]가 비활성화
(iii) [좌표축]에 출력되었던 그래프가 삭제
(iv) [테이블]에 있던 데이터가 삭제

된다. 이러한 과정은 다음 (a)-(c)의 내용에서 설명된다.

그림13

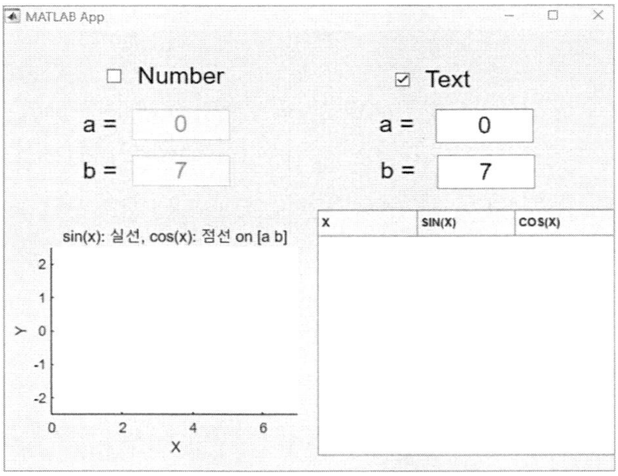

(a) Text [체크박스]를 선택하였기 때문에 앞 [그림6]의 39번째 줄에 위치한

```
value = app.TextCheckBox.Value;
```

에 의하여, 논리형 변수 value에 1이 저장된다.

(b) [그림6]의 40번째 줄에 위치한 if 명령문이 참이 되고 41번째부터 44번째줄까지의 내용인

```
app.aEditField.Enable = "off";
app.bEditField.Enable = "off";
app.aEditField_2.Enable = "on";
app.bEditField_2.Enable = "on";
```

에 의하여 앱 창의 오른쪽에 위치한 두 개의 [편집 필드(텍스트)]가 활성화되고 동시에 왼쪽에 위치한 두 개의 [편집 필드(숫자)]는 비활성화된다.

(c) [그림6]의 46번째 줄부터 48번째 줄까지의 내용인

```
app.NumberCheckBox.Value = 0;
```

```
cla(app.UIAxes);
app.UITable.Data = '';
```

에 의하여 차례대로

(i) 앱 창의 왼쪽 상단에 위치한 Number [체크박스] 구성요소에서 체크 표시가 되어 있으면 해제하고
(ii) [좌표축] 구성요소에 그래프가 있으면 지우고
(iii) [테이블] 구성요소에 데이터가 출력되어 있으면 삭제한다.

<9단계>

앞 [그림13]과 같이 Text [체크박스] 구성요소가 선택된 앱 창에서 첫 번째 [편집필드(텍스트)]의 박스 내부에 2를 입력하고 두 번째 [편집필드(텍스트)]의 박스 내부에 6을 입력한 뒤에, 입력을 완료하기 위하여 박스 바깥 영역을 클릭한다. 계속해서 앱 창의 왼쪽 하단에 위치한 [좌표축]을 좌클릭하면 연결된 UIAxesButtonDown 콜백함수가 다시 작동하게 되고 앞 [그림7a]와 [그림7b]의 내용이 실행되어 다음 [그림14]와 같이 [좌표축]에 그래프가 출력된다. 그 과정은 다음 (a)-(c)의 내용에서 설명된다.

(a) 앱 창에서 Text [체크박스]가 선택된 상황이기 때문에 앞 [그림7a]에서 58번째 줄의 내용인

```
a = eval(app.aEditField_2.Value);
```

에 의하여 Text [체크 박스] 구성요소 아래에 위치한 첫 번째 [편집필드(텍스트)] 구성요소에 입력된 수는 먼저 app.aEditField_2.Value에 문자열 클래스로 저장된다. 다음으로 eval 명령어를 이용하여 app.aEditField_2.Value에 저장된 문자열을 수(numbere)로 변환하여 변수 a에 저장한다.

(b) 계속해서 [그림7a]의 59번째 줄의

```
b = eval(app.bEditField_2.Value);
```

가 실행되면 앞 (a)의 내용이 적용된다. 즉 두 번째 [편집필드(텍스트)] 구성요소에 입력된 수가 먼저 app.bEditField_2.Value에 문자열 클래스로 저장된다. 다음으로 eval 명령어에 의하여 app.bEditField_2.Value에 저장된 문자열이 수(numbere)로 변환되어 변수 b에 저장된다.

(c) 다음으로 UIAxesButtonDown 콜백함수의 나머지 내용인 [그림7b]의 61번째부터 67번째 줄까지의 내용이 실행되는데 그 과정은 앞 <6단계>의 (b)–(g)의 내용을 참고한다. 실행의 결과로 [그림14]와 같이 앱 창에서 [좌표축]에 그래프가 출력된다. 이때 정의역의 범위가 [2, 6]인 것을 확인한다.

그림14

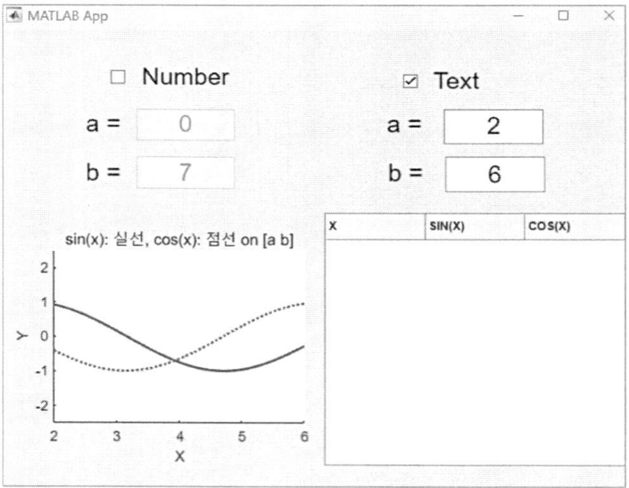

<10단계>

앞 [그림14]에서 제공된 앱 창은 (i) Text [체크박스] 구성요소가 선택되고 (ii) 정의역 [2, 6]에 대하여 사인함수와 코사인함수의 그래프가 [좌표축]에 출력된 상황이다. 이러한 앱 창에서 오른쪽 하단에 위치한 [테이블] 구성요소를 우클릭하면, 연결된 UITableButtonDown 콜백함수가 실행되어 다음 [그림15]와 같이 앱 창의 테이블이 완성된다. 이렇게 출력되는 이유를 다음 (a)–(d)의 내용에서 알아본다.

그림15

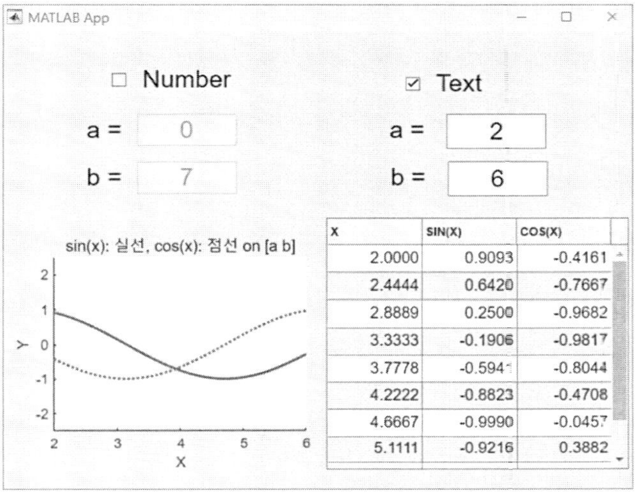

(a) 앱 창에서 Text [체크박스]가 선택된 상황이기 때문에 앞 [그림8a]에서 77번째 줄의 내용인

a = eval(app.aEditField_2.Value);

에 의하여, Text [체크박스] 구성요소 아래에 위치한 첫 번째 [편집필드(텍스트)] 구성요소에 입력된 숫자인 2가 먼저 app.aEditField_2.Value에 문자열 '2'로 저장된다. 그 다음으로 eval 명령어에 의하여 문자열 '2'가 숫자 2로 변경되어 최종적으로 변수 a에 숫자 2가 저장된다.

(b) 계속해서 [그림8a]의 78번째 줄의

b = eval(app.bEditField_2.Value);

가 실행되면 앞 (a)의 내용과 같은 방식으로 적용되어 최종적으로 변수 b에 숫자 6이 저장된다.

(c) 다음으로 UITableButtonDown 콜백함수의 나머지 내용인 [그림8b]의 80번째부터 82번째 줄까지의 내용이 실행되는데 그 과정은 앞 <7단계>의 (b)–(d)의 내용

을 참고한다. 실행의 결과로 [그림15]와 같이 [테이블]에서 데이터를 볼 수 있다. 이때 [테이블]의 첫 번째 열에 대응하는 x는 [2, 6]의 범위에 있고 구체적으로 2와 6 사이에서 균일한 간격의 점 10개로 구성된 열벡터이다. 이러한 열벡터 x에 대하여 사인함수 sin(x)의 값이 [테이블]의 두 번째 열, 코사인함수 cos(x)의 값이 세 번째 열에 제공된 것을 확인한다.

<11단계>

앞 [그림15]에 있는 앱 창은 (i) Text [체크박스]가 선택된 상황에서 (ii) 정의역 [2, 6]에 대하여 사인함수와 코사인함수의 그래프가 [좌표축]에 출력되었고 (iii) 대응하는 [테이블]이 완성된 것을 보여준다. 현재의 앱 창에서 Number [체크박스]를 선택하면, 예상할 수 있듯이 다음 [그림16]과 같은 앱 창이 출력된다. 이후 [좌표축] 또는 [테이블]을 앱 창에서 선택하면, 앞에서 설명한 내용이 다시 진행될 수 있다.

그림16

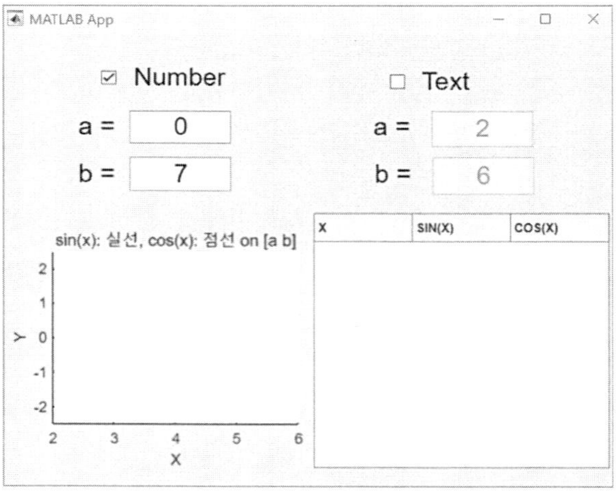

지금까지 <1단계>–<11단계>의 내용으로 [체크박스], [테이블], [편집필드(숫자)], [편집필드(텍스트)] 구성요소 사용 방법에 대하여 함께 알아보았다. 특히 [편집필드(숫자)] 구성요소와 [편집필드(텍스트)] 구성요소를 사용할 때에 그 차이점을 다시 확인하도록 한다.

2.14절 목록 상자(List Box)

이번 절에서는 [목록 상자] 구성요소 사용 방법을 알아본다. 1장의 내용을 참고하여 [그림1]과 같이 [캔버스]를 만든다.

그림1

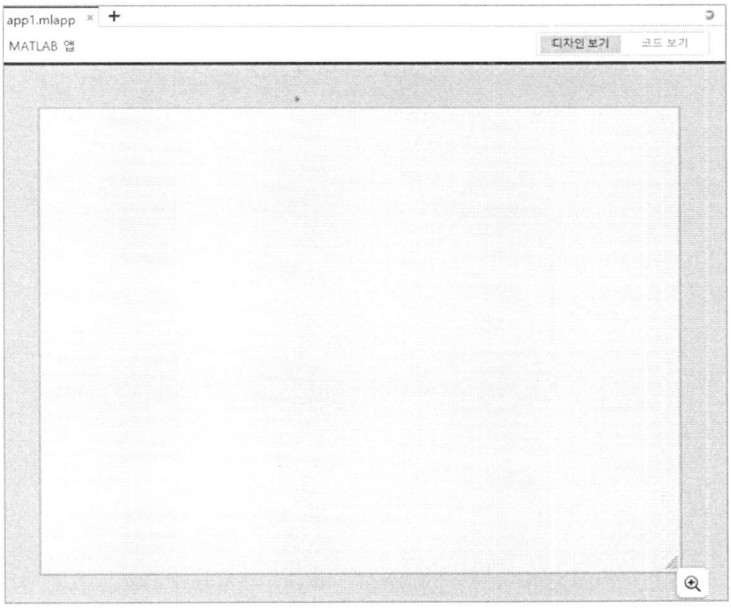

앱 창에서 [목록 상자] 구성요소의 사용 방법은 [드롭다운] 구성요소의 사용법과 거의 유사하다. 앞의 내용 중에 [드롭다운]을 사용했던 앱 창에서, [드롭다운] 구성요소 대신에 [목록 상자] 구성요소를 사용하는 앱 파일을 만들어 볼 것이다. 다음 <1단계>–<4단계>의 내용을 수행한다.

<1단계>

[구성요소 라이브러리]에서 [목록 상자]과 두 개의 [좌표축] 구성요소를 [그림2]와 같이 캔버스로 끌어다 놓는다.

그림2

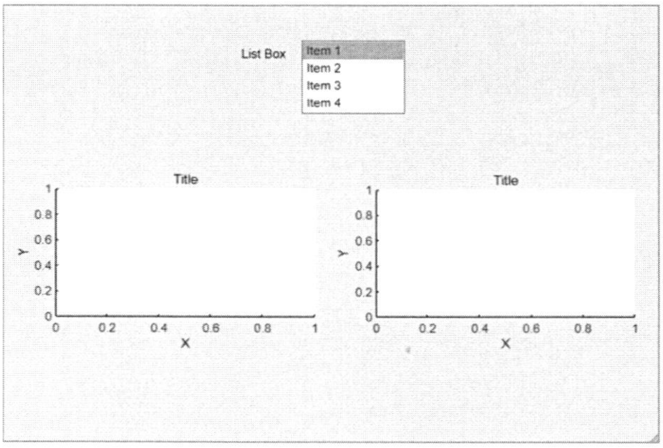

[그림2]와 같은 구성을 가진 [캔버스]를 완료하고 [구성요소 브라우저] 영역에서 다음 (a)−(c)의 내용을 진행한다.

(a) [디자인 보기]에서 [목록 상자] 구성요소를 전체로 선택한 후에, [구성요소 브라우저] 영역에서

[목록 상자] > [목록 상자] > [Items]

항목의 내용을 [그림3]과 같이 Delete, Graph, Calculation으로 입력한다. 입력하면서 새로운 줄로 이동할 때에는 키보드의 [Enter]를 선택한다. 즉 Delete를 입력하고 키보드에서 [Enter]를 선택한 뒤에 다음 줄에서 Graph를 입력하는 방식으로 진행하면 된다. 이렇게 [Items] 항목의 내용을 입력하면 [그림3]과 같이 [Value] 항목의 값이 Delete가 된다.

그림3

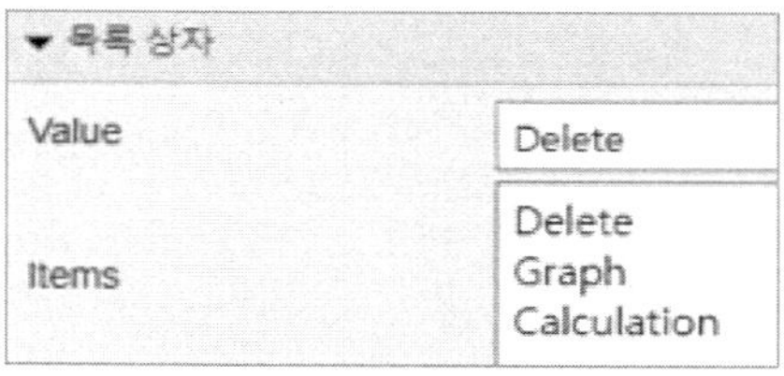

(b) [디자인 보기]에서 [목록 상자] 구성요소를 전체로 선택한 후에, [구성요소 브라우저] 영역에서 다음과 같이 설정한다.

[목록 상자] > [글꼴과 색] > [Fontsize] : 25

다음으로 [디자인 보기]에서 [목록 상자]와 두 개의 [좌표축]의 위치와 크기를 다음 [그림4]와 같이 조정한다.

그림4

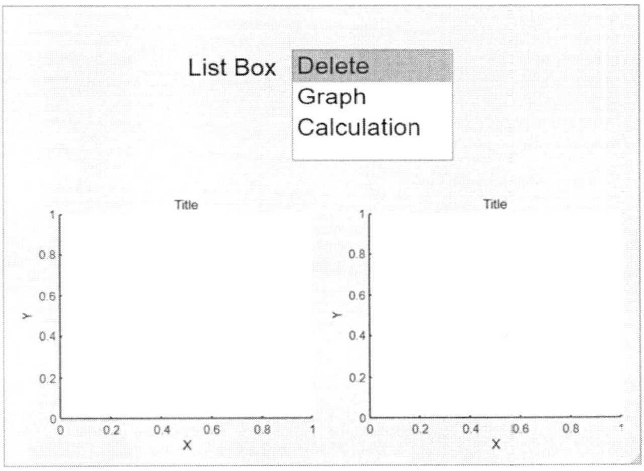

(c) [디자인 보기]에서 [목록 상자] 박스 내부의 왼쪽에 위치한 [레이블]을 보면 List Box라고 적혀 있는데, 이 [레이블]을 더블클릭한 후에 'Select :'로 직접 입력한다.

앞 (a)-(c)까지의 내용을 완료하고 MyListBox.mlapp 파일명으로 저장한 뒤에 실행하면 다음 [그림5]와 같은 앱 창을 볼 수 있다.

그림5

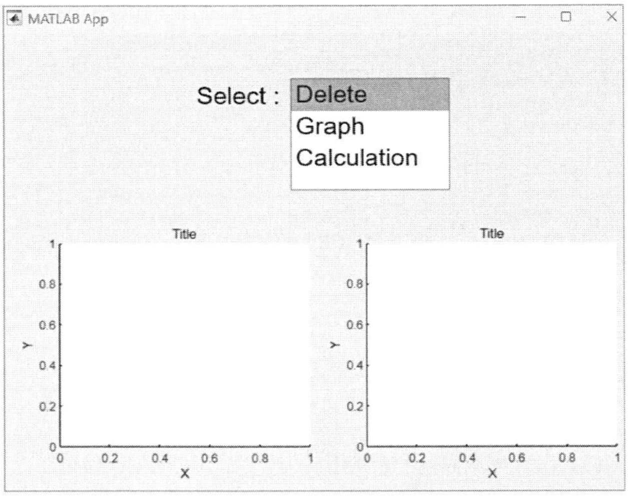

<2단계>

현재 단계에서 [구성요소 브라우저]의 상단을 보면 [그림6]과 같은 내용으로 구성된다.

그림6

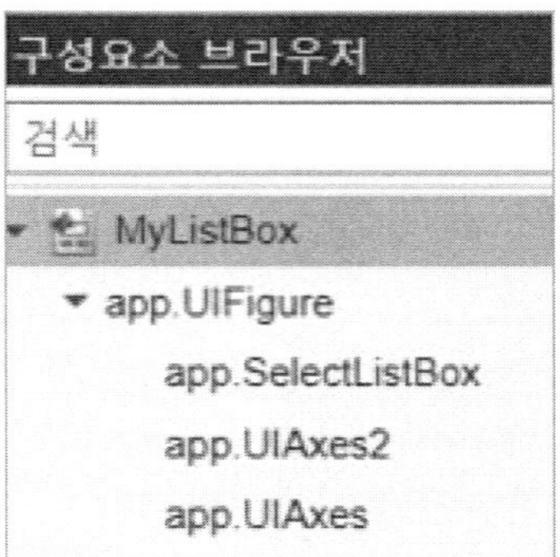

[목록 상자] 구성요소에 대응하는 app.SelectListBox 항목을 [그림6]에서 우클릭하면 박스가 화면 출력된다. 이때 박스 안에 있는

[콜백] > [ValueChangedFcn 콜백 추가]

항목을 선택하면 다음 [그림7]과 같은 SelectListBoxValueChanged 콜백함수가 생성된다.

그림7

```
    % Callbacks that handle component events
    methods (Access = private)

        % Value changed function: SelectListBox
        function SelectListBoxValueChanged(app, event)
            value = app.SelectListBox.Value;

        end
    end
```

[그림7]의 내용으로 자동 생성된 SelectListBoxValueChanged 콜백함수를 다음 [그림8a]-[그림8c]의 내용으로 편집한다.

그림8a

```
        % Value changed function: SelectListBox
        function SelectListBoxValueChanged(app, event)
            value = app.SelectListBox.Value;
            switch  value
                case  'Delete'
                    cla(app.UIAxes); axis(app.UIAxes, 'off');
                    cla(app.UIAxes2);
```

그림8b

```
                case  'Graph'
                    syms x
                    fplot(app.UIAxes, x^2*sin(1/x), [-0.2 0.2]);
                    axis(app.UIAxes, [-0.2 0.2 -0.04 0.07]);
                    p1 = '$ f(x) = ₩left₩{ ₩begin{array}{ll}';
                    p2 = '  x^2 ₩sin ₩frac 1 x  & ₩mbox{if $x ₩ne 0$} ₩₩';
                    p3 =                        '  0  & ₩mbox{if $ x = 0$}';
                    p4 = '  ₩end{array} ₩right. $';
                    strone =[p1 p2 p3 p4];
                    text(app.UIAxes, -0.15,0.04, strone , ...
                        'Interpreter','latex','fontsize',18);
                    title(app.UIAxes,'그래프 출력','fontsize',20);
                    xlabel(app.UIAxes,'$x$','Interpreter','latex', 'fontsize',16);
                    ylab = ylabel(app.UIAxes,'$y$','Interpreter','latex','fontsize',16);
                    set(ylab,'rotation',0);
                    axis(app.UIAxes, 'on')
```

그림8c

```
                case 'Calculation'
                    axis(app.UIAxes2, [0 1 0 1]);
                    title(app.UIAxes2,'$₩mbox{Calculate  } f''(0) $', ...
                        'Interpreter','latex','fontsize',20);
                    q1 = '$  ₩begin{array}{lll}';
                    q2 = '  f''(0)  & =  & ₩lim_{h ₩rightarrow 0}';
                    q3 =                          ' ₩frac {f(0 + h) - f(0)} {h}  ₩₩';
                    q4 = '          & =  & ₩lim_{h ₩rightarrow 0} h ₩sin (1/h) ₩₩';
                    q5 = '          & =  & 0  ₩end{array}  $';
                    strtwo =[q1 q2 q3 q4 q5];
                    text(app.UIAxes2, 0.02,0.6, strtwo, 'Interpreter','latex', ...
                        'fontsize',20);
                    axis(app.UIAxes2, 'off')
            end
        end
    end
```

<3단계>

앞 <2단계>까지의 내용이 완료된 MyListBox.mlapp 앱 파일을 실행하면, 앞에서 보았던 [그림5]와 같은 초기 앱 창이 다시 출력되고 [목록 상자] 박스에서 Graph 항목을 선택하면 다음 [그림9]와 같은 결과가 출력된다.

그림9

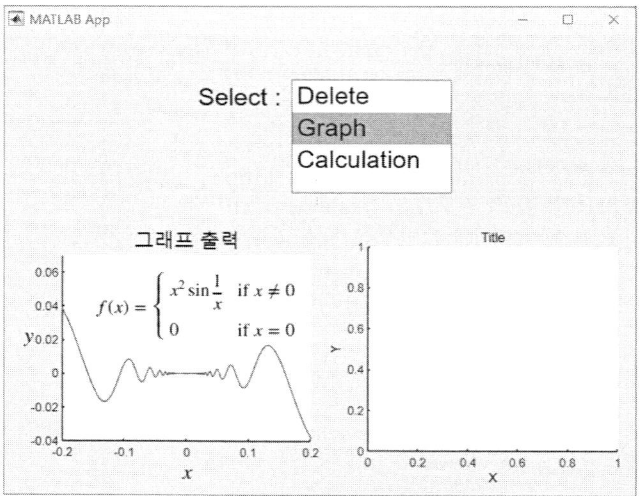

다음으로 [그림9]와 같은 앱 창의 [목록 상자] 박스에서 Calculation 항목을 선택하면 다음 [그림10]과 같은 결과가 출력된다.

그림10

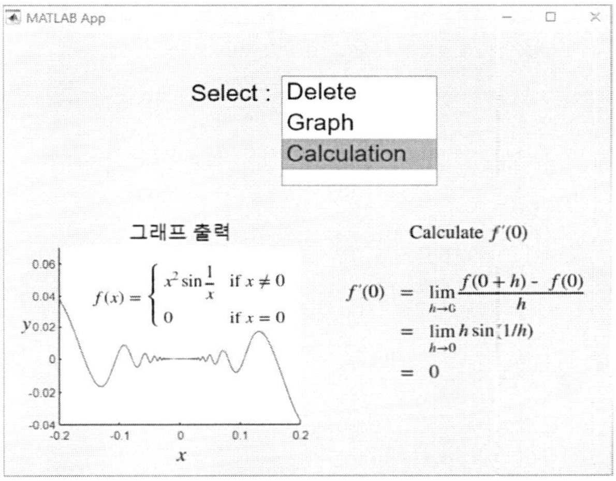

이번에는 [그림10]과 같은 앱 창의 [목록 상자] 박스에서 첫 번째 항목인 Delete를 선택한다. 그 결과로 다음 [그림11]의 출력을 볼 수 있다.

그림11

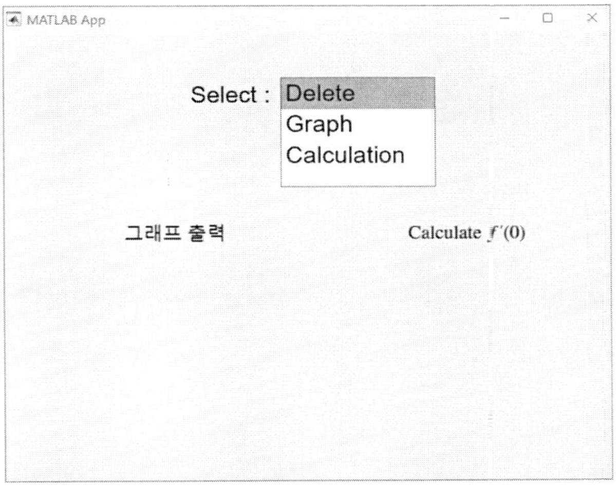

이와 같은 방식으로 [목록 상자]의 세 가지 항목인 Graph, Calculation, Delete을 각각 선택하면 그 항목에 대응하는 앱 창이 출력된다.

<4단계>

앞 <3단계>에서 [그림9], [그림10], [그림11]과 같은 앱 창이 출력되는 이유는 앞 [그림8a]-[그림8c]에 제공된 내용이 실행되기 때문이다. 앱 창에 있는 [목록 상자]에서 Graph, Calculation, Delete 항목 순으로 각각 선택할 때마다 SelectListBoxValueChanged 콜백함수가 작동되고 앞 [그림8a]의 17번째 줄에 위치한

```
value = app.SelectListBox.Value;
```

에 의하여, 선택한 항목에 대응하는 문자열이 저장된 value 변수가 생성된다. 그 다음 실행 과정은 [드롭다운] 구성요소를 설명한 2.10절의 [4단계]부터 [6단계]까지의 내용을 참고하면 된다.

지금까지 <1단계>-<4단계>의 내용으로 [목록 상자] 구성요소 사용 방법에 대하여 알아보았다. 참고로 3.3절에서 [그리드 레이아웃] 구성요소를 설명하고 있고 그 내용 중에 [목록 상자] 구성요소를 활용하고 있다.

CHAPTER 03

컨테이너 구성요소

CHAPTER

03 컨테이너 구성요소

앱 디자이너에서 왼쪽에 위치한 [구성요소 라이브러리]에서 [컨테이너] 영역에 속해있는 [패널], [탭 그룹], [그리드 레이아웃] 구성요소를 3.1절부터 3.3절까지의 내용에서 설명할 것이다.

3.1절 패널(Panel)

이번 절에서는 두 개 이상의 구성요소를 하나의 그룹으로 만드는 [패널] 구성요소 사용 방법을 알아본다. 1장의 내용을 참고하여 [그림1]과 같이 [캔버스]를 만든다.

그림1

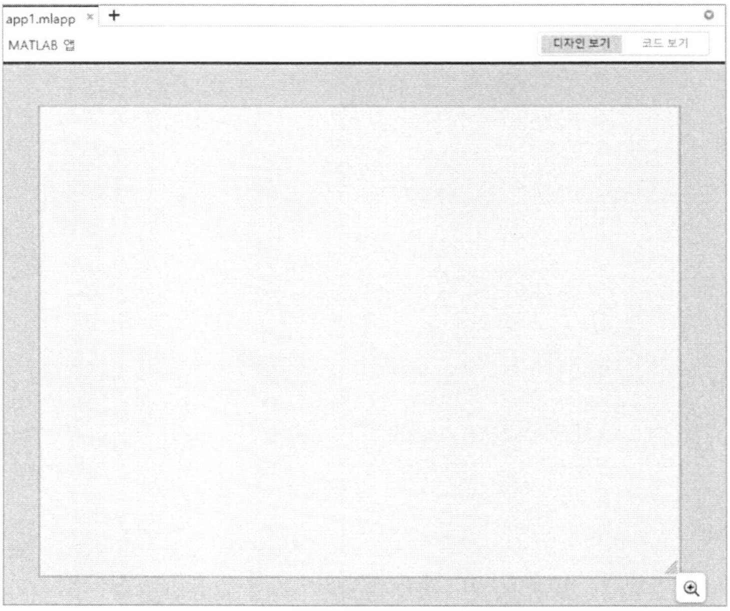

계속해서 다음 <1단계>–<9단계>의 내용을 수행한다.

<1단계>

[구성요소 라이브러리]에서 [일반] 영역에 속해있는 [토글 버튼 그룹], [버튼], [좌표축] 구성요소를 [그림2]와 같이 [캔버스]에 끌어다 놓는다.

그림2

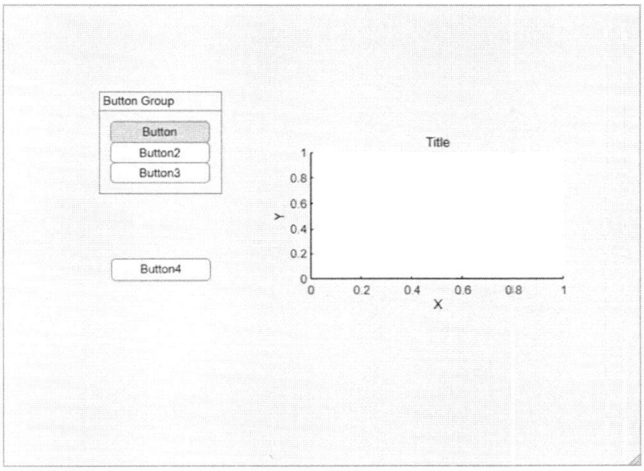

<2단계>

앞 [그림2]와 같은 구성을 완료하고 [구성요소 브라우저]에서 다음 (a)–(f)의 내용으로 설정한다.

(a) [디자인 보기]에서 [토글 버튼 그룹] 구성요소를 전체로 선택한 후에, [구성요소 브라우저]에서 다음과 같이 설정한다.

[토글 버튼 그룹] > [제목] > [Title] : Select
[토글 버튼 그룹] > [글꼴] > [FontSize] : 25

(b) [디자인 보기]에서 [토글 버튼 그룹]의 첫 번째 버튼을 선택한 후에, [구성요소 브라우저]에서 다음과 같이 설정한다.

[토글 버튼] > [텍스트] > [Text] : delete

[토글 버튼] > [글꼴과 색] > [FontSize] : 25

(c) [디자인 보기]에서 [토글 버튼 그룹]의 두 번째 버튼을 선택한 후에, [구성요소 브라우저]에서 다음과 같이 설정한다.

[토글 버튼] > [텍스트] > [Text] : sin(x)
[토글 버튼] > [글꼴과 색] > [FontSize] : 25

(d) [디자인 보기]에서 [토글 버튼 그룹]의 세 번째 버튼을 선택한 후에, [구성요소 브라우저]에서 다음과 같이 설정한다.

[토글 버튼] > [텍스트] > [Text] : exp(−x)
[토글 버튼] > [글꼴과 색] > [FontSize] : 25

(e) [디자인 보기]에서 [토글 버튼 그룹] 아래에 위치한 [버튼] 구성요소를 선택한 후에, [구성요소 브라우저]에서 다음과 같이 설정한다.

[버튼] > [버튼] > [Text] : Push
[버튼] > [글꼴과 색] > [FontSize] : 25

(f) [디자인 보기]에서 [좌표축]을 선택한 후에, [구성요소 브라우저]에서 다음과 같이 설정한다.

[좌표축] > [글꼴] > [FontSize] : 18

앞 (a)−(f)의 내용을 완료하고 캔버스에서 구성요소의 위치와 크기를 조정하면 다음 [그림3]과 같은 결과를 볼 수 있다. 지금까지의 내용을 MyPanel.mlapp 파일명으로 저장한다.

그림3

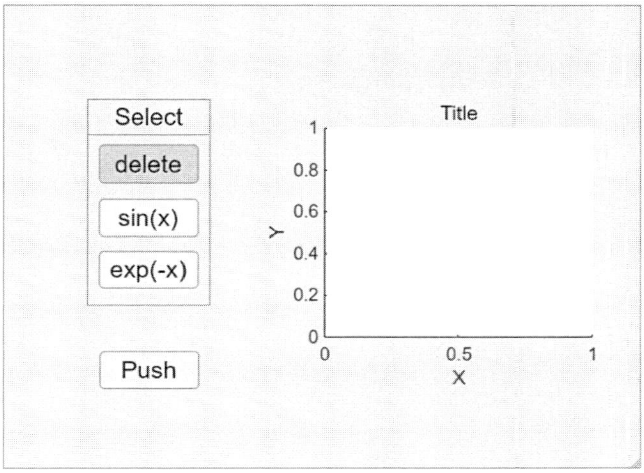

<3단계>

현재 단계에서 [구성요소 브라우저]의 상단을 보면 다음 [그림4]와 같은 내용으로 구성된다.

그림4

계속해서 [토글 버튼 그룹] 구성요소에 대응하는 app.SelectButtonGroup 항목을 [그림4]와 같은 상황에서 우클릭하면 박스가 화면 출력되고

[콜백] > [SelectionChangedFcn 콜백 추가]

항목을 선택한다. 선택 후 생성된 SelectButtonGroupSelectionChanged 콜백함수를 다음 [그림5]의 내용으로 편집한다.

그림5

```
    % Callbacks that handle component events
    methods (Access = private)

        % Selection changed function: SelectButtonGroup
        function SelectButtonGroupSelectionChanged(app, event)
            selectedButton = app.SelectButtonGroup.SelectedObject;
            app.x = 0:pi/100:2*pi;
            switch  selectedButton.Text
                case 'sin(x)'
                    app.fx = sin(app.x);
                case 'exp(-x)'
                    app.fx = exp(-app.x);
            end
        end
    end
```

<4단계>

앞 [그림3]에서 왼쪽 아래에 Push [버튼] 구성요소가 있고 이 [버튼] 구성요소에 대응하는 app.PushButton 항목을 앞 [그림4]와 같은 [구성요소 브라우저]에서 우클릭한다. 그 결과로 박스가 화면 출력되고

[콜백] > [ButtonPushedFcn 콜백 추가]

항목을 선택하여 생성된 PushButtonPushed 콜백함수를 다음 [그림6]의 내용으로 편집한다.

그림6

```
% Button pushed function: PushButton
function PushButtonPushed(app, event)
    selectedButton = app.SelectButtonGroup.SelectedObject;
    switch  selectedButton.Text
        case 'delete'
            title(app.UIAxes,'Title');
            cla(app.UIAxes);
        case 'sin(x)'
            title(app.UIAxes,'$₩sin(x)$ on $[0, 2₩pi$]', ...
                'Interpreter', 'latex','FontSize', 25);
            plot(app.UIAxes, app.x, app.fx);
        case 'exp(-x)'
            title(app.UIAxes,'$e^{-x}$ on $[0, 2₩pi$]', ...
                'Interpreter', 'latex','FontSize', 25);
            plot(app.UIAxes, app.x, app.fx);
    end
end
```

<5단계>

앞 [그림5]의 내용인 SelectButtonGroupSelectionChanged 콜백함수에서 만들어진

app.x와 app.fx

에 저장된 데이터를 PushButtonPushed 콜백함수에서 사용하기 위하여

[코드보기] > [코드 브라우저] > [속성]

항목을 선택하고 에서 오른쪽에 있는 아래 방향의 삼각형을 선택하면 다음 [그림7]과 같은 박스가 출력된다. 이때 [프라이빗 속성]을 클릭 후, 다음 [그림8]의 내용과 같이 속성 x와 fx를 입력한다.

그림7

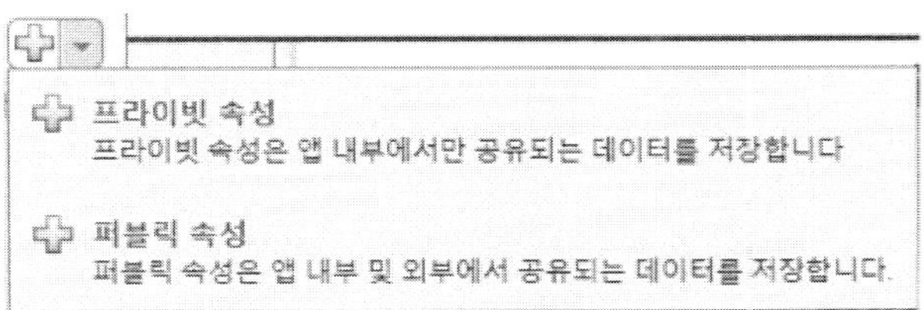

그림8

```
properties (Access = private)
    x   % 정의역 대응
    fx  % 함수값 대응
end
```

<6단계>

(a) 바로 전 <5단계>까지의 내용을 완료한 뒤에 앱 파일(MyPanel.mlapp)을 실행하면 다음 [그림9]와 같은 초기 앱 창이 출력된다.

그림9

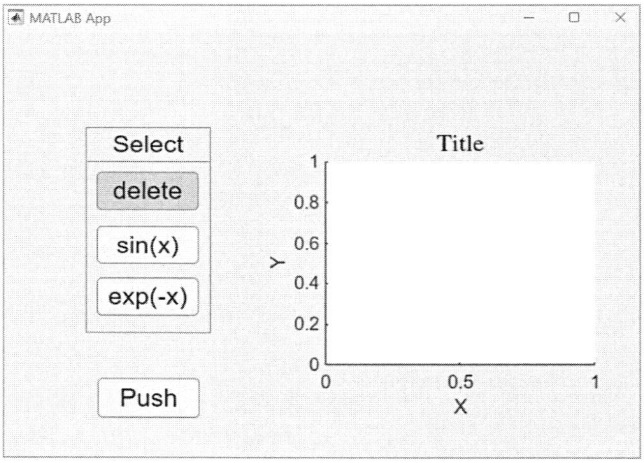

(b) [그림9]에서 [토글 버튼 그룹] 구성요소의 두 번째 토글 버튼인 [sin(x)] 항목을 선택하고 Push [버튼] 구성요소를 선택하면 다음 [그림10]과 같이 정의역 $[0,2\pi]$ 에 대하여 sin(x)의 그래프가 [좌표축]에 출력된다.

그림10

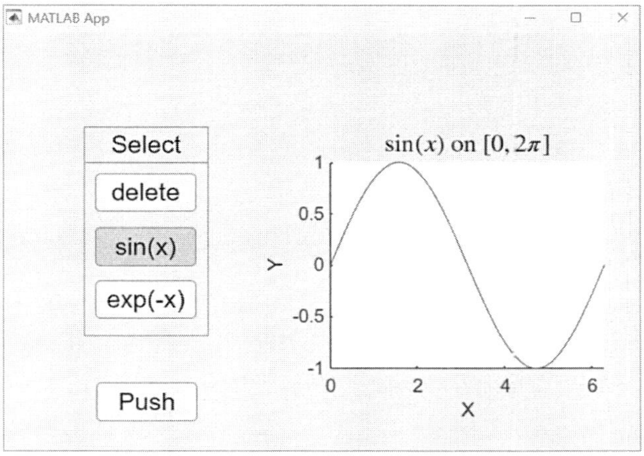

(c) 다음으로 앞 [그림10]에서 [토글 버튼 그룹] 구성요소의 세 번째 토글 버튼인 [exp(−x)] 항목을 선택하고 Push [버튼] 구성요소를 선택하면 다음 [그림11]과 같이 정의역 $[0,2\pi]$ 에 대하여 exp(−x)의 그래프가 [좌표축]에 출력된다.

그림11

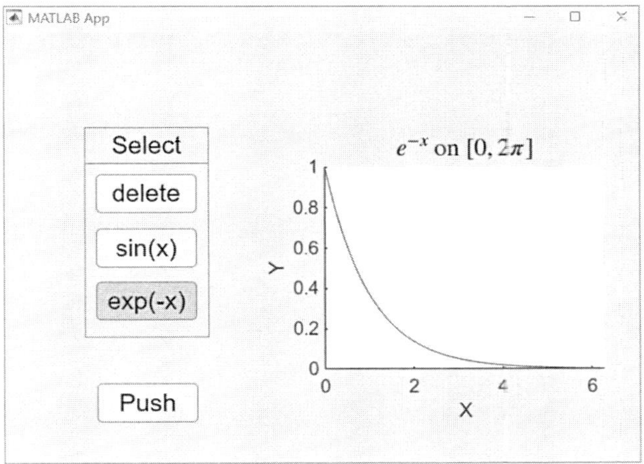

(d) 다음으로 앞 [그림11]에서 [토글 버튼 그룹] 구성요소의 첫 번째 토글 버튼인 [delete] 항목을 선택하고 Push [버튼] 구성요소를 선택하면 앞 [그림9]와 같은 초기 앱 창으로 되돌아간다. 이때 [좌표축]의 그래프가 삭제되고 제목이 변경된 것을 확인할 수 있다.

<7단계>

앞 <6단계>에서 [그림9]-[그림11]의 결과와 같이 진행될 때에 [토글 버튼 그룹]과 Push [버튼] 구성요소를 [패널] 구성요소를 이용하여 하나의 박스로 묶을 수 있다.

(a) [구성요소 라이브러리]에서 [컨테이너] 영역에 있는 [패널] 구성요소를 다음 [그림12]와 같이 [캔버스]의 적당한 위치에 끌어다 놓고, [패널]의 크기를 조정하여 [토글 버튼 그룹]과 Push [버튼] 구성요소의 자리를 확보한다.

(b) [패널]의 박스 안으로 [토글 버튼 그룹]과 Push [버튼] 구성요소를 이동시킨 후에 [패널] 구성요소를 이동시켜서 [좌표축] 옆에 놓는다.

(c) [패널] 구성요소를 전체로 선택한 뒤에, [구성요소 브라우저]에서 다음 [그림13]과 같이 설정한다. 즉

[패널] > [제목] > [Title] : Select and Push
[패널] > [제목] > [TitlePosition] : centertop
[패널] > [글꼴] > [FontSize] : 25

와 같이 설정한다.

그림12

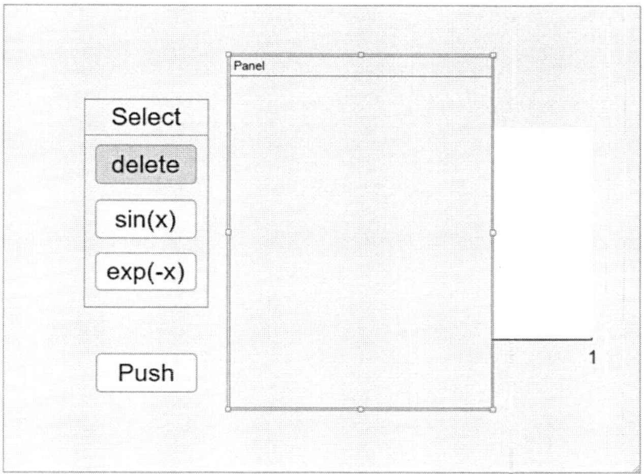

그림13

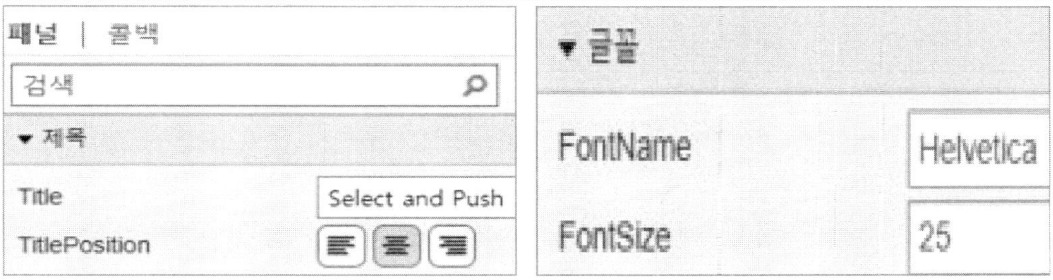

<8단계>

앞 <7단계>까지의 진행을 완료한 뒤에 앱 파일(MyPanel.mlapp)을 실행하면 다음 [그림14]와 같은 초기 앱 창이 출력된다.

그림14

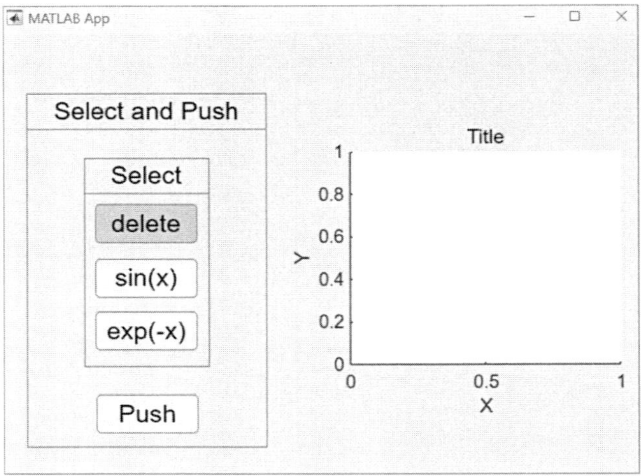

계속해서 [그림14]와 같은 앱 창에서 [패널] 박스 안에 있는 [토글 버튼 그룹]의 항목들과 Push [버튼] 구성요소를 각각 선택한다. 선택의 결과로 앞 <6단계>의 내용인 [그림9]–[그림11]에서 보았던 출력 결과들을 다시 확인할 수 있다.

<9단계>

사실 [토글 버튼 그룹]에 관한 2.9절의 내용을 활용하면 [토글 버튼 그룹]의 항목을 선택하면서 [좌표축]에 그래프 출력이 동시에 가능하다. 즉 앞 [그림9]–[그림11]과 같은 결과를 얻기 위하여 이번 절에서 사용한 Push [버튼] 구성요소를 생략할 수도 있지만, [패널] 구성요소의 사용법을 배우기 위하여 [그림14]와 같은 앱 창을 구성하였다. 한편, [디자인 보기]에서 [패널] 구성요소를 우클릭하면 박스가 출력되고 그 박스 안에 있는

[콜백] > [ButtonDownFcn 콜백 추가]

항목을 선택하여, 앱 창에서 [패널] 구성요소만을 클릭하여도 실행되는 콜백함수를 생성할 수도 있다.

지금까지 <1단계>–<9단계>의 내용으로 [패널] 구성요소 사용 방법에 대하여 알아보았다.

3.2절 탭 그룹

이번 절에서는 [탭 그룹(TabGroup)] 구성요소의 사용 방법을 알아본다. 1장의 내용을 참고하여 [그림1]과 같이 [캔버스]를 만든다.

그림1

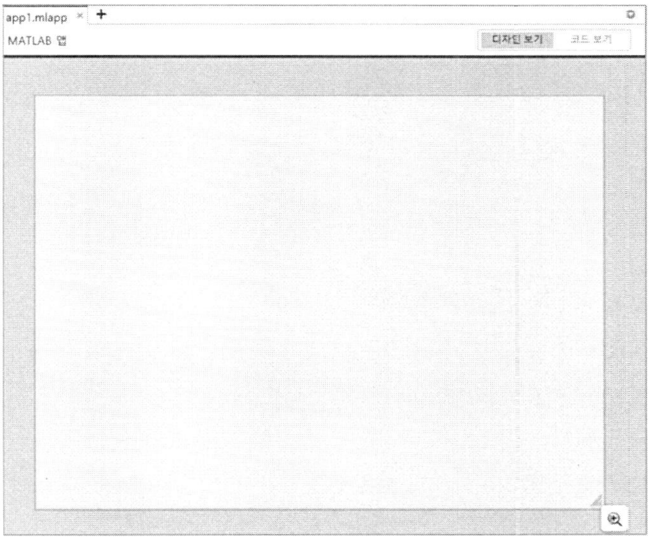

계속해서 다음 <1단계>–<11단계>의 내용을 수행한다.

<1단계>

[구성요소 라이브러리]에서 [컨테이너] 영역에 있는 [탭 그룹] 구성요소를 [캔버스]에 끌어다 놓고

(a) [탭 그룹] 구성요소의 첫 번째 탭을 선택한 뒤에 오른쪽 [구성요소 브라우저]에서

[탭] > [제목과 색] > [Title] : TabOne

(b) [탭 그룹] 구성요소의 두 번째 탭을 선택한 뒤에 오른쪽 [구성요소 브라우저]에서

[탭] > [제목과 색] > [Title] : TabTwo

와 같이 설정한다. 그 결과로서 [탭 그룹] 상단이

와 같은 형식이 된다. 위와 같은 [탭 그룹] 상단에서 플러스(+) 기호를 선택하면 추가적인 탭을 생성할 수 있다.

<2단계>

[탭 그룹] 구성요소의 위치와 크기를 조정한 뒤에 첫 번째 탭인 TabOne 내부에 [일반] 영역에 있는 [드롭다운]과 [버튼] 구성요소를 끌어다 놓고

(a) [드롭다운]을 선택한 뒤에, 오른쪽 [구성요소 브라우저]에서 다음과 같이 설정한다:

[드롭다운] > [레이블] : Select
[드롭다운] > [드롭다운] > [Items] : Delete, sin(x), exp(−x)
[드롭다운] > [글꼴과 색] > [FontSize] : 25

(b) [버튼]을 선택한 뒤에, 오른쪽 [구성요소 브라우저]에서 다음과 같이 설정한다:

[버튼] > [버튼] > [Text] : Push
[버튼] > [글꼴과 색] > [FontSize] : 25

위 <2단계>의 내용을 수행하면, [탭 그룹]의 첫 번째 탭인 TabOne 내부는 다음 [그림2]와 같은 결과를 [디자인 보기]에서 보여준다.

그림2

<3단계>

계속해서 [탭 그룹]의 두 번째 탭인 TabTwo를 선택 후, 그 내부에 [일반] 영역에 있는 [라디오 버튼 그룹]과 [버튼] 구성요소를 끌어다 놓고

(a) [라디오 버튼 그룹] 전체를 선택한 뒤에, 오른쪽 [구성요소 브라우저]에서

[라디오 버튼] > [제목] > [Title] : Choose
[라디오 버튼] > [글꼴] > [FontSize] : 25

로 설정한다.

(b) [캔버스]에 있는 [라디오 버튼 그룹]의 서브 항목들을 위에서 아래 방향으로 각각 선택하면서, 오른쪽 [구성요소 브라우저]의

[라디오 버튼] > [버튼] > [Text]

항목 값을 Delete, sin(x), exp(−x) 순으로 각각 설정한다. 이때 [FontSize] 항목의 값을 모두 25로 설정한다.

(c) 두 번째 탭 하단에 위치한 [버튼]을 선택한 뒤에, 오른쪽 [구성요소 브라우저]에서 다음과 같이 설정한다:

[버튼] > [버튼] > [Text] : Done
[버튼] > [글꼴과 색] > [FontSize] : 25

위의 내용을 완료하면, [탭 그룹]의 두 번째 탭인 TabTwo 내부는 다음 [그림3]과 같은 결과를 [디자인 보기]에서 보여준다.

그림3

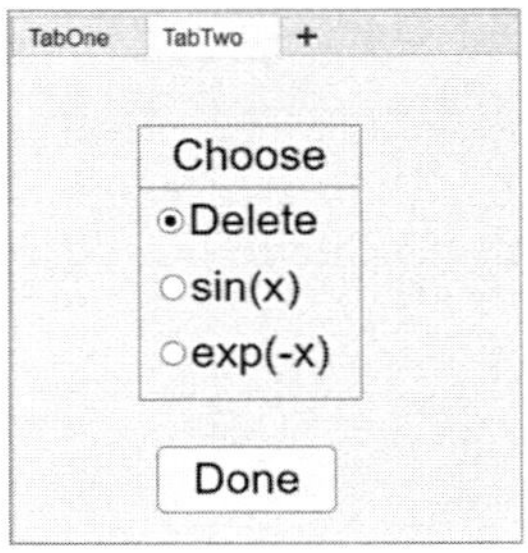

<4단계>

계속해서 [탭 그룹] 구성요소 옆 오른쪽 위치에 다음 [그림4]와 같은 배치로, [일반] 영역에 있는 [좌표축] 구성요소를 끌어다 놓고 MyTabGroup.mlapp 파일명으로 저장한다.

그림4

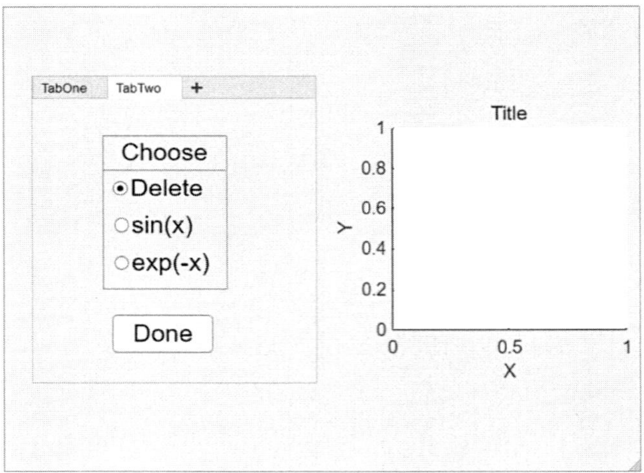

두 번째 탭인 TabTwo가 선택된 [그림4]와 같은 [캔버스]에서 [탭 그룹]의 첫 번째 탭인 TabOne를 선택하면 다음 [그림5]와 같은 결과를 볼 수 있다.

그림5

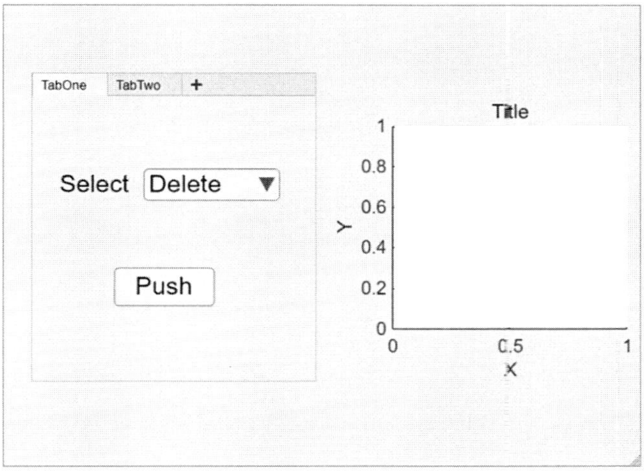

<5단계>

앞 [그림5]와 같이 [탭 그룹]의 첫 번째 탭인 TabOne이 선택된 상황에서 [드롭다운]의 서브 항목 중에 하나를 선택하고 Push [버튼]을 선택하면 대응하는 결과가 오른쪽 [좌표축]에 나타나도록 만들어 본다. 현재 단계에서 [구성요소 브라우저]의 상단을 보면 다음 [그림6]과 같은 내용으로 구성된다.

그림6

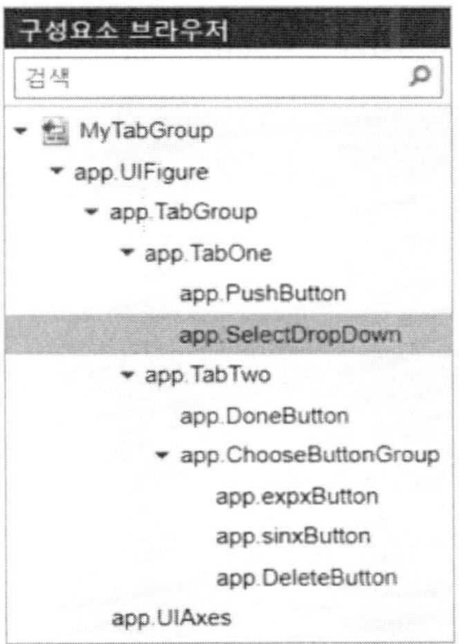

첫 번째 탭에 위치한 [드롭다운] 구성요소에 대응하는 app.SelectDropDown 항목을 [그림6]과 같은 [구성요소 브라우저]에서 우클릭하면 박스가 화면 출력된다. 이때 박스 안에 있는

[콜백] > [ValueChangedFcn 콜백 추가]

항목을 선택하여 SelectDropDownValueChanged 콜백함수가 생성되면 다음 [그림7]의 내용으로 편집한다.

그림7

```
        % Value changed function: SelectDropDown
        function SelectDropDownValueChanged(app, event)
            value = app.SelectDropDown.Value;
            app.x = 0:pi/100:2*pi;
            switch  value
                case 'Delete'
                    cla(app.UIAxes);
                    title(app.UIAxes,'');
                case 'sin(x)'
                    app.gx = sin(app.x);
                case 'exp(-x)'
                    app.gx = exp(-app.x);
            end
        end
```

<6단계>

첫 번째 탭인 TabOne가 선택되어 있는 앞 [그림5]에서 Push [버튼] 구성요소에 대응하는 app.PushButton 항목을 앞 [그림6]과 같은 [구성요소 브라우저]에서 우클릭하면 박스가 화면 출력되고

[콜백] > [ButtonPushedFcn 콜백 추가]

항목을 선택하여 생성된 PushButtonPushed 콜백함수를 다음 [그림8]의 내용으로 편집한다.

그림8

```
% Button pushed function: PushButton
function PushButtonPushed(app, event)
    plot(app.UIAxes,app.x, app.gx);
    title(app.UIAxes,'From TabOne');
end
```

<7단계>

다음으로 SelectDropDownValueChanged 콜백함수에서 만들어진

app.x와 app.gx

에 저장된 데이터를 PushButtonPushed 콜백함수에서 사용하기 위하여

[코드보기] > [코드 브라우저] > [속성]

항목을 선택하고 에서 오른쪽에 있는 아래 방향의 삼각형을 선택하면 다음 [그림9]와 같은 박스가 출력된다. 이때 [프라이빗 속성]을 클릭 후, [그림10]의 내용과 같이 속성 x와 gx를 입력한다.

그림9

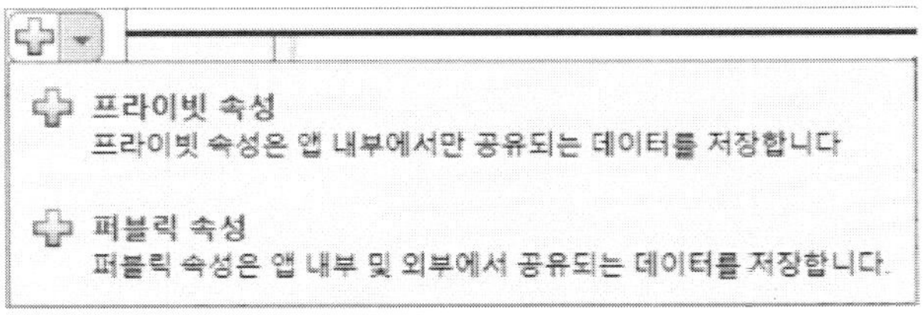

그림10

```
properties (Access = private)
    x  % 정의역 대응
    gx % 함수값 대응
end
```

<8단계>

지금까지의 내용을 완료하고 MyTabGroup.mlapp 앱 파일을 실행하면 다음 [그림 11]과 같은 초기 앱 창이 출력된다. 다음으로 [드롭다운]에서 sin(x)를 선택하고 Push [버튼]을 선택하면 다음 [그림12]와 같이 제목이 'From TabOne'이고 sin(x)의 그래프가 [좌표축]에 그려진 앱 창이 출력된다.

그림11

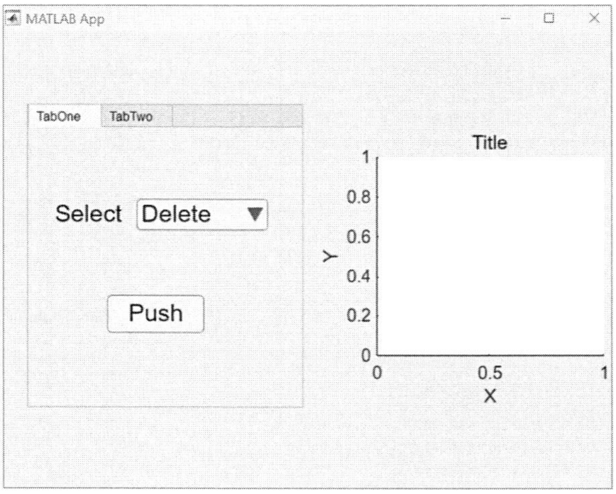

그림12

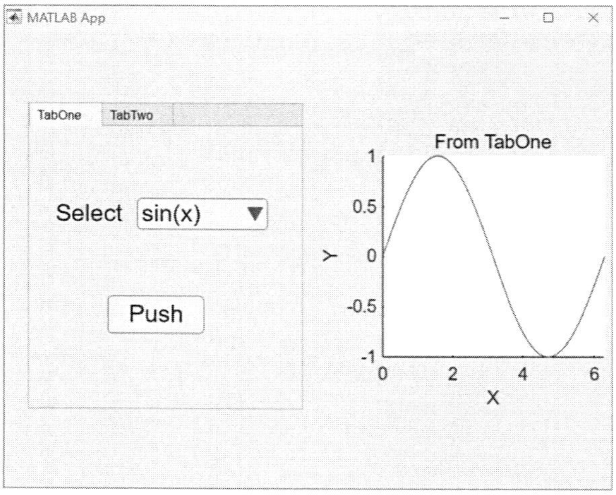

이번에는 [드롭다운]에서 exp(−x)를 선택하고 Push [버튼]을 선택하면 [그림13]과 같이 exp(−x)의 그래프가 [좌표축]에 그려진 앱 창이 출력된다.

그림13

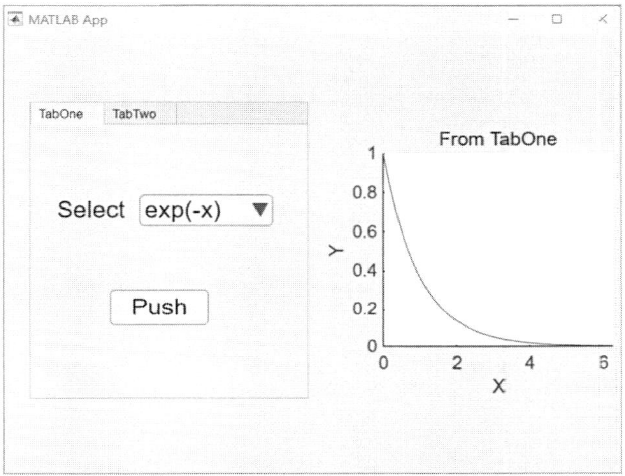

앞 [그림13]과 같은 앱 창에서 [드롭다운]의 첫 번째 항목인 Delete를 선택하면 바로 [그림14]와 같이 [좌표축]에 있던 그래프와 제목이 삭제된 앱 창이 출력된다.

그림14

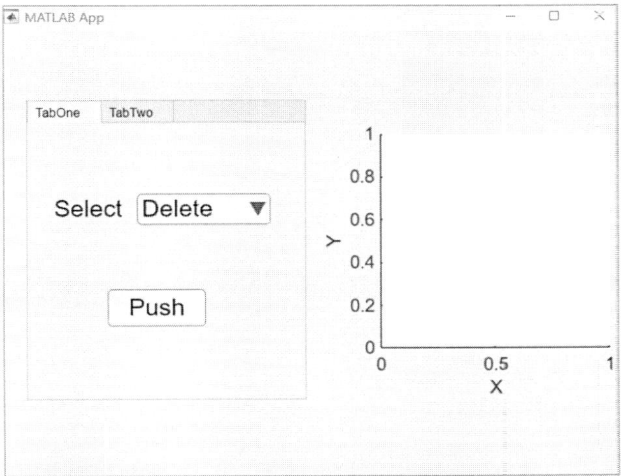

<9단계>

앞 [그림4]와 같이 [탭 그룹]의 두 번째 탭인 TabTwo가 선택된 상황에서 [라디오 버튼 그룹]의 서브 항목 중에 하나를 선택하고 Done [버튼]을 선택하면 대응하는 결과가 오른쪽 [좌표축]에 나타나도록 만들어 본다. 앞 [그림6]과 같은 [구성요소 브라우저]에서 [라디오 버튼 그룹] 구성요소에 대응하는 app.ChooseButtonGroup 항목을 우클릭하면 박스가 화면 출력된다. 이때 박스 안에 있는

[콜백] > [SelectionChangedFcn 콜백 추가]

항목을 선택하여 ChooseButtonGroupSelectionChanged 콜백함수가 생성되면 다음 [그림15]의 내용으로 편집한다.

그림15

```
        % Selection changed function: ChooseButtonGroup
        function ChooseButtonGroupSelectionChanged(app, event)
            selectedButton = app.ChooseButtonGroup.SelectedObject;
            app.x = 0:pi/100:2*pi;
            switch  selectedButton.Text
                case 'Delete'
                    cla(app.UIAxes);
                    title(app.UIAxes,'');
                case 'sin(x)'
                    app.gx = sin(app.x);
                case 'exp(-x)'
                    app.gx = exp(-app.x);
            end
        end
```

<10단계>

앞 [그림4]는 [디자인 보기]에서 [탭 그룹]의 두 번째 탭인 TabTwo가 선택된 상황이다. [그림4]에서 Done [버튼] 구성요소에 대응하는 app.DoneButton 항목을 [그림6]과 같은 [구성요소 브라우저]에서 우클릭하면 박스가 화면 출력되고

[콜백] > [ButtonPushedFcn 콜백 추가]

항목을 선택하여 생성된 DoneButtonPushed 콜백함수를 다음 [그림16]의 내용으로 편집한다.

그림16

```
        % Button pushed function: DoneButton
        function DoneButtonPushed(app, event)
            plot(app.UIAxes,app.x, app.gx);
            title(app.UIAxes,'From TabTwo');
        end
```

<11단계>

앞 <10단계>까지의 내용을 모두 완료하고 MyTabGroup.mlapp 앱 파일을 실행하면 앞에서 보았던 [그림11]과 같은 초기 앱 창이 다시 출력된다. 이번에는 [탭 그룹]에서 두 번째 탭인 TabTwo를 선택한다. 다음으로 [라디오 버튼 그룹]에서 sin(x)를 선택하고 Done [버튼]을 선택하면 다음 [그림17]과 같이 제목이 'From TabTwo'이고 sin(x)의 그래프가 [좌표축]에 그려진 앱 창이 출력된다.

그림17

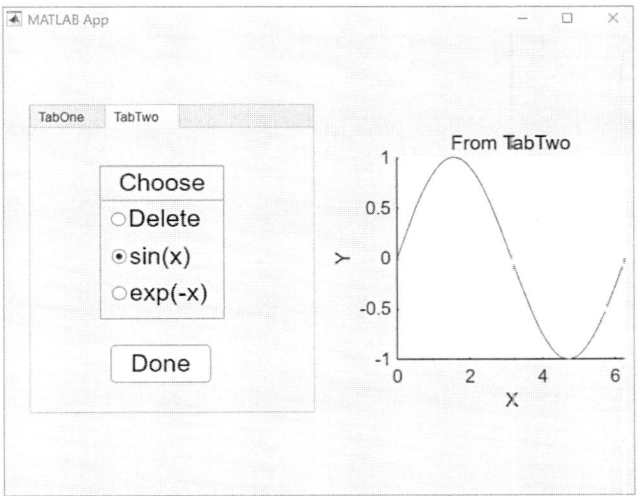

이번에는 [라디오 버튼 그룹]에서 exp(−x)를 선택하고 Done [버튼]을 선택하면 [그림

18]과 같이 exp(−x)의 그래프가 [좌표축]에 그려진 앱 창이 출력된다.

그림18

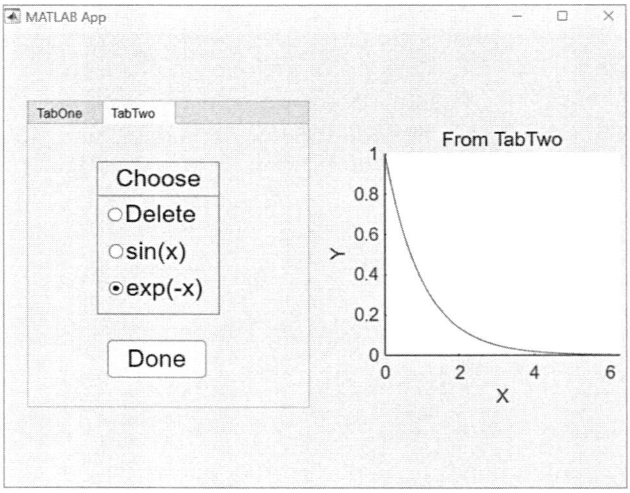

앞 [그림18]과 같은 앱 창에서 [라디오 버튼 그룹]의 첫 번째 항목인 Delete를 선택하면 다음 [그림19]와 같이 [좌표축]에 있던 그래프와 제목이 삭제된 앱 창이 바로 출력된다.

그림19

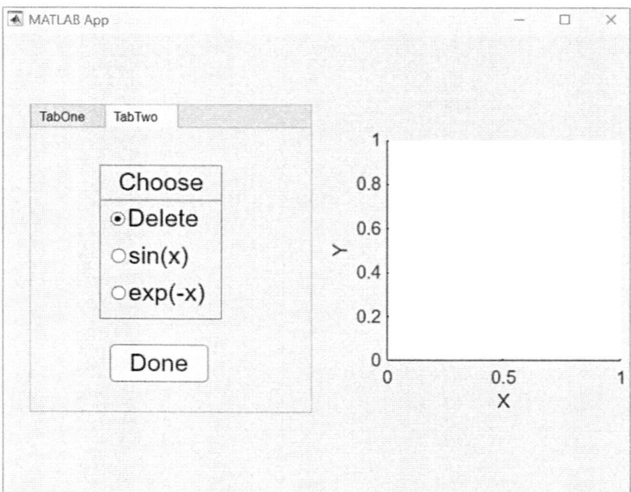

지금까지 <1단계>–<11단계>의 내용으로 [탭 그룹] 구성요소 사용 방법에 대하여 설명하였다. 한편 이번 절의 설명 과정 중에 이용한 [드롭다운] 구성요소의 사용법은 2.10절의 내용을 참고하고 [라디오 버튼 그룹] 구성요소의 사용법은 2.8절의 내용을 참고한다.

3.3절 그리드 레이아웃(Grid Layout)

이번 절에서는 [그리드 레이아웃] 구성요소의 사용 방법을 알아볼 것이다. 다음 [그림1]과 같은 앱 창을 만들려는 상황이라고 가정한다.

그림1

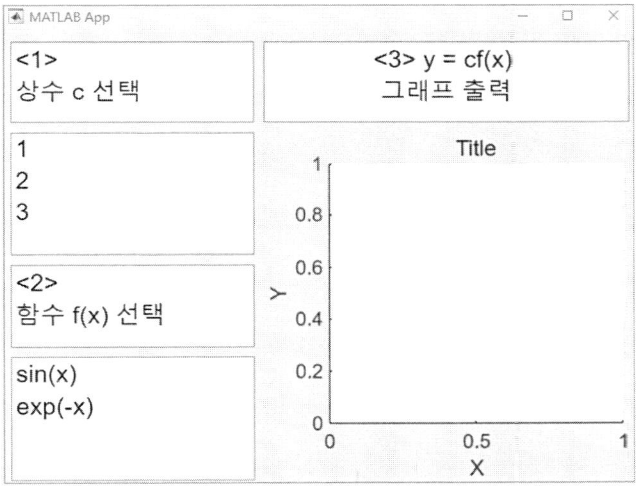

구성요소들을 [캔버스]로 이동시키기 전에, [그리드 레이아웃] 구성요소를 이용하여 [캔버스]를 [그림1]과 같은 구성으로 앱 창을 미리 분할할 수 있다. 분할한 뒤에 필요한 구성요소들을 [캔버스]로 이동시켜서 [그림1]과 같은 앱 창을 만들면 된다. 먼저 1장의 내용을 참고하여 [그림2]와 같이 [캔버스]를 만든다.

그림2

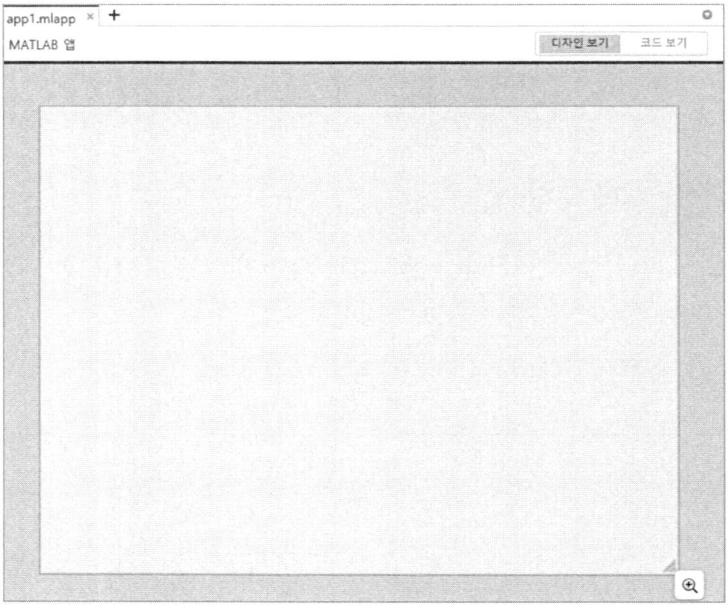

현재 상황을 MyGridLayout.mlapp 파일명으로 저장한다. 계속해서 다음 <1단계>–<6단계>의 내용을 수행한다.

<1단계>

[구성요소 라이브러리]에서 [컨테이너] 영역에 있는 [그리드 레이아웃] 구성요소를 [캔버스]에 끌어다 놓으면 [캔버스]는 [그림3a]와 같은 8×3 크기의 행렬 형식으로 나누어져 있는 것으로 보일 것이고, 오른쪽 [구성요소 브라우저] 영역에서는 [그림3b]와 [그림3c]의 내용을 확인할 수 있다.

그림3a

그림3b

그림3c

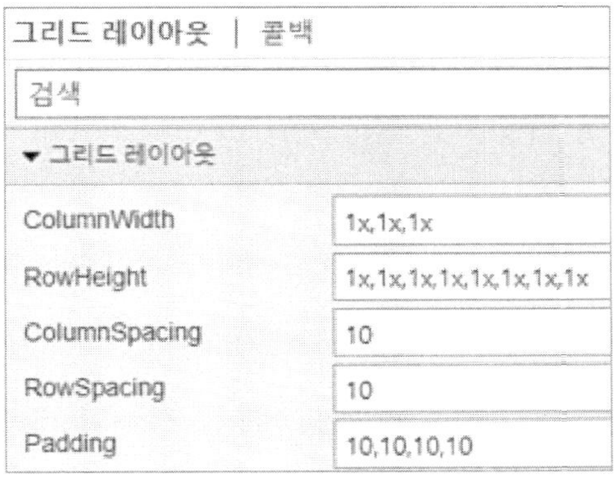

앞 [그림3c]의 내용에서 ColumnWidth, RowHeight 항목의 값을

ColumnWidth: 2x, 3x

RowHeight: 2x, 3x, 2x, 3x

와 같이 설정하면 앞 [그림3c]는 다음 [그림4a]와 같은 내용이 되고 [캔버스]는 [그림4b]와 같이 **4×2** 크기의 행렬 형식으로 나누어진다.

그림4a

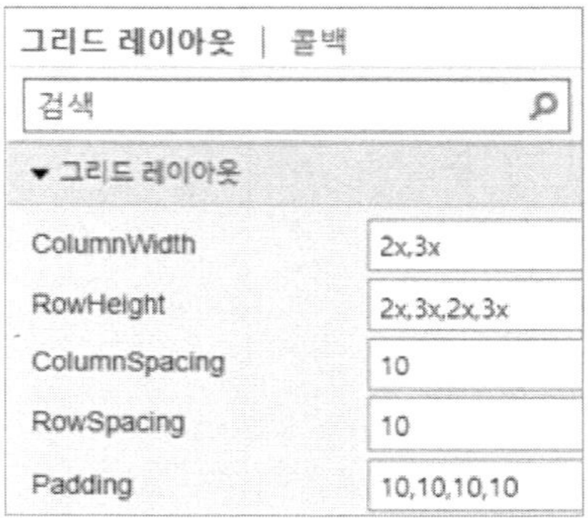

자세히 설명하면 ColumnWidth 항목의 값으로 1번째 열과 2번째 열의 가변 너비를 2대 3의 비율로 설정하였다. RowHeight 항목의 값으로 1번째 행과 2번째 행의 가변 높이를 2대 3의 비율로 설정하였고 마찬가지로 3번째 행과 4번째 행의 가변 높이도 2대 3의 비율로 설정하였다. 참고로 앞 [그림3c]에서 ColumnSpacing 항목의 값이 10인 의미는 [그림4b]에서 1열과 2열 사이의 간격이 10 픽셀(pixels) 떨어져 있는 것이고, RowSpacing 항목의 값이 10인 의미는 [그림4b]에서 행과 행 사이의 간격이 10 픽셀(pixels) 떨어져 있는 것을 의미한다. 참고로 Padding 항목이

[left bottom right top]

의 형식을 가지면,

(i) left: 왼쪽 테두리선과 첫 번째 열과의 거리

(ii) bottom: 아래쪽의 테두리선과 마지막 행과의 거리

(iii) right: 오른쪽 테두리선과 마지막 열과의 거리

(iv) top: 위쪽 테두리선과 첫 번째 행과의 거리

를 의미한다. 그러므로 [그림4a]와 같이 Padding 항목의 값이 [10, 10, 10, 10]인 경우는 앞 (i), (ii), (iii), (iv)에 대응하는 거리가 모두 10 픽셀로 설정된 것이고 그 결과로 [그림4b]와 같은 형식을 갖게 된다.

그림4b

<2단계>

[구성요소 라이브러리]에서 [일반] 영역에 있는 [텍스트 영역] 구성요소를 캔버스의 1행 1열, 3행 1열, 1행 2열 위치에 끌어다 놓고 다음 [그림5]와 같은 내용으로 각각 입력한다. 이때 키보드에 있는 Ctrl 키를 선택한 상태에서 [텍스트 영역] 구성요소를 이동시키면 [텍스트 영역] 구성요소의 내부에서 왼쪽에 있는 [레이블]이 생략된 상태로 [텍스트 영역]이 이동된다.

그림5

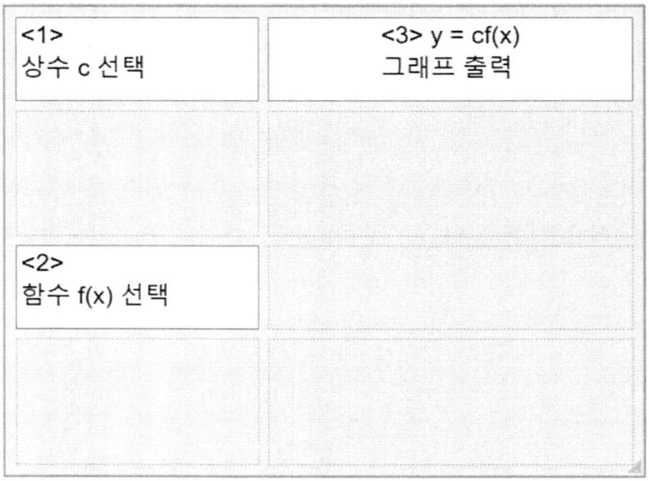

앞 [그림5]에서 1행 2열 위치에 있는 [텍스트 영역]의 HorizontalAlignment 항목의 값으로

와 같이 가운데에 있는 center를 선택하여

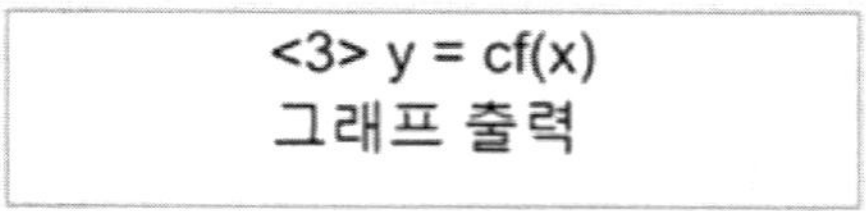

와 같이 입력 내용이 중앙에 정렬되도록 한다.

<3단계>

[구성요소 라이브러리]에서 [일반] 영역에 있는 [목록 상자] 구성요소를 캔버스의 2행 1열, 4행 1열 위치에 끌어다 놓고 다음 [그림6]와 같은 내용으로 각각 입력한다. 자세히 설명하면 [디자인 보기]에서 2행 1열 위치에 있는 [목록 상자] 구성요소를 선택한 후에, 오른쪽 [구성요소 브라우저]에서 다음과 같이 설정한다.

[목록 상자] > [목록 상자] > [Items] : 1, 2, 3

[목록 상자] > [글꼴과 색] > [Fontsize] : 25

또한 [디자인 보기]에서 4행 1열 위치에 있는 [목록 상자] 구성요소를 선택한 후에, 오른쪽 [구성요소 브라우저]에서 다음과 같이 설정한다.

[목록 상자] > [목록 상자] > [Items] : sin(x), exp(−x)

[목록 상자] > [글꼴과 색] > [Fontsize] : 25

이러한 설정으로 [그림6]의 결과를 얻을 수 있다.

그림6

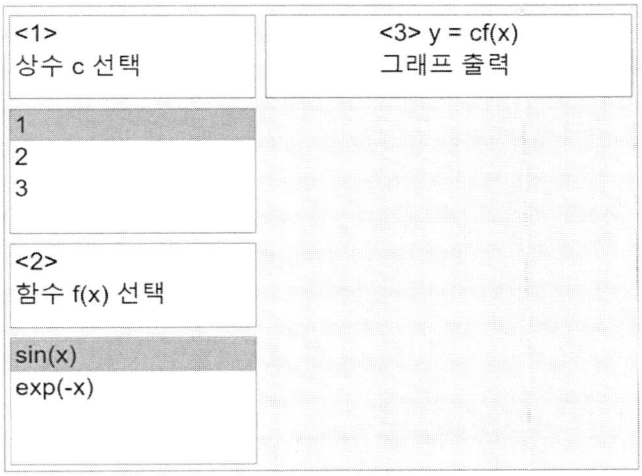

한편, 키보드에 있는 Ctrl 키를 선택한 상태에서 [목록 상자] 구성요소를 이동시키면 [레이블]이 생략된 상태로 [목록 상자]가 이동된다. [그림6]의 상황에서 실행 버튼을 클릭하면 앱 창의 초기 화면이 다음 [그림7]과 같이 출력된다. 즉 각각의 [목록 상자]에서 첫 번째 항목이 자동으로 선택되어 초기 화면이 출력된다.

그림7

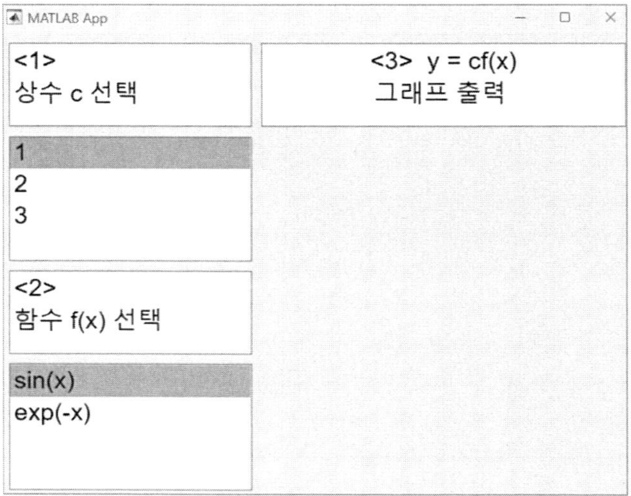

만약에 [그림7]과 같은 앱 창의 초기 화면에서 각각의 [목록 상자]의 첫 번째 항목이 자동으로 선택되지 않도록 하려면 [구성요소 브라우저]에서

[목록 상자] > [목록 상자] > [Value]

항목의 값을 다음 [그림8]과 같이 지정하지 않으면 된다.

그림8

2행 1열 위치의 [목록 상자]에서	4행 1열 위치의 [목록 상자]에서
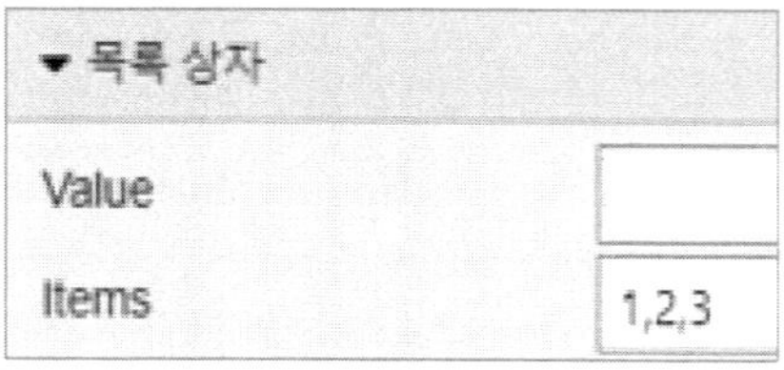	

[그림8]과 같이 설정하고 실행한 뒤에 앱 창의 초기 화면을 보면, 앞 [그림7]에서 첫 번째 항목이 자동으로 선택되었던 것이 다음 [그림9]의 결과와 같이 각각의 [목록 상자]의 첫 번째 항목이 자동으로 선택되지 않는다.

그림9

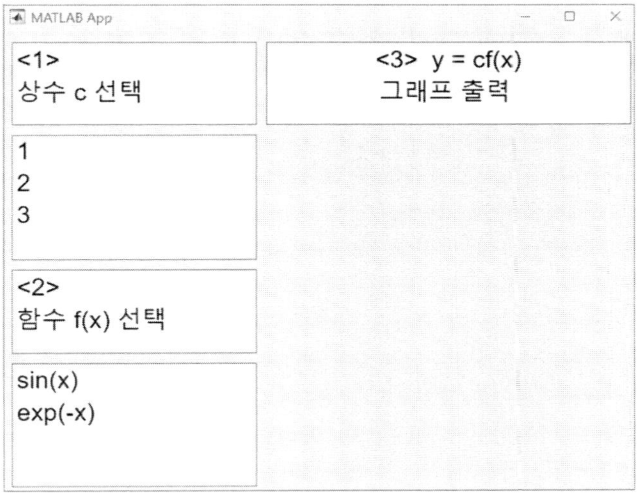

<4단계>

이번에는 [구성요소 라이브러리]에서 [일반] 영역에 있는 [좌표축] 구성요소를 캔버스로 끌어다 놓고 [그림10]과 같이 2행 2열, 3행 2열, 4행 2열의 영역을 모두 다 사용하도록 그 크기를 조정한다.

그림10

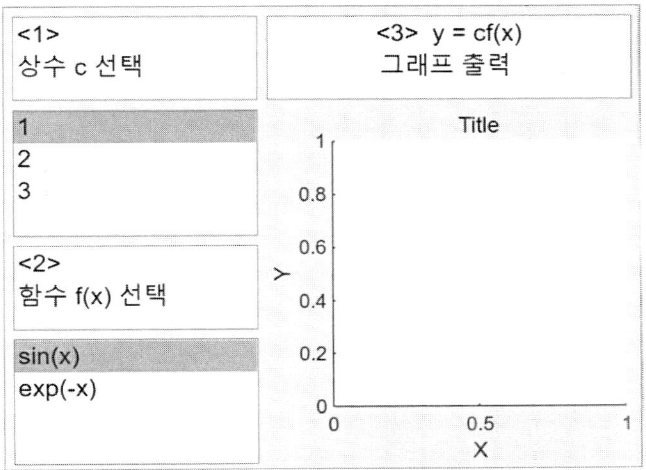

<5단계>

현재 단계에서 [구성요소 브라우저]의 상단을 보면 [그림11]과 같은 내용으로 구성된다.

그림11

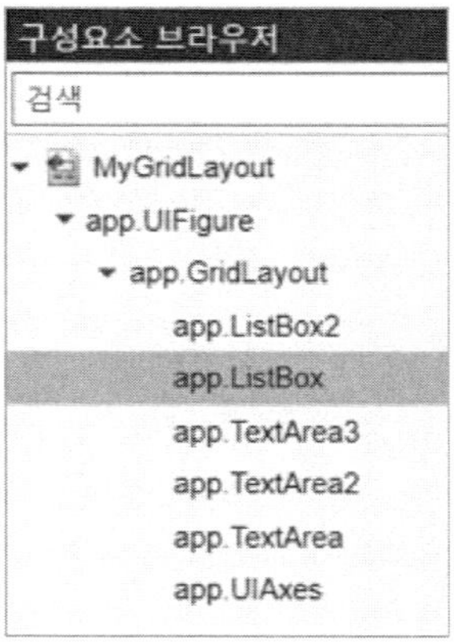

(i) 첫 번째로 2행1열에 위치한 [목록 상자] 구성요소에 대응하는 app.ListBox 항목을 [그림11]과 같은 상황에서 우클릭하면 박스가 화면 출력된다. 이때 박스 안에 있는

[콜백] > [ValueChangedFcn 콜백 추가]

항목을 선택하면 ListBoxValueChanged 콜백함수가 생성되고 [그림12]의 내용으로 편집한다.

그림12

```
        % Value changed function: ListBox
        function ListBoxValueChanged(app, event)
            value = app.ListBox.Value;
            switch  value
                case '1'
                    app.c = '1';
                case '2'
                    app.c = '2';
                case '3'
                    app.c = '3';
            end
        end
    end
```

(ii) 두 번째로 4행1열에 위치한 [목록 상자] 구성요소에 대응하는 app.ListBox2 항목을 앞 [그림11]과 같은 상황에서 우클릭하면 박스가 화면 출력된다. 이때 박스 안에 있는

[콜백] > [ValueChangedFcn 콜백 추가]

항목을 선택하면 ListBox2ValueChanged 콜백함수가 생성되고 [그림13]의 내용으로 편집한다.

그림13

```
% Value changed function: ListBox2
function ListBox2ValueChanged(app, event)
    value = app.ListBox2.Value;
    switch  value
        case 'sin(x)'
            app.fx = 'sin(x)';
        case 'exp(-x)'
            app.fx = 'exp(-x)';
    end
end
```

(iii) 세 번째로 [좌표축]에 대응하는 객체인 app.UIAxes를 [그림11]에서 우클릭하면 박스가 화면에 출력되고 그 박스 안에 있는

[콜백] > [ButtonDownFcn 콜백 추가]

항목을 선택하여 UIAxesButtonDown 콜백함수가 생성되면 [그림14]의 내용으로 편집한다.

그림14

```
        % Button down function: UIAxes
        function UIAxesButtonDown(app, event)
            x = 0:pi/100:2*pi;
            y = eval(app.c)*eval(app.fx);
            plot(app.UIAxes, x, y);
            mysel = ['= ' app.c app.fx];
            app.TextArea_3.Value = { 'y  = cf(x) ' ; mysel };
            axis(app.UIAxes, [0 2*pi -3.5 3.5]);
            grid(app.UIAxes,"on");
            title(app.UIAxes,'cf(x) 그래프');
        end
```

(iv) 네 번째로 ListBoxValueChanged 콜백함수에서 생성된 app.c와 ListBox2ValueChanged 콜백함수에서 생성된 app.fx에 저장된 데이터를 UIAxesButtonDown 콜백함수에서 사용하기 위하여 속성(properties) fx와 c를 추가한다. 속성 추가 절차는 [코드 보기] 선택 후, 왼쪽에 있는 [코드 브라우저]에서 프라이빗 속성을 선택한다. 즉

[코드 브라우저] > [속성] > 

의 위치에서 녹색의 플러스 기호 옆에 있는 아래 방향의 삼각형을 선택하여 [그림 15]와 같은 박스가 출력되면 프라이빗 속성을 선택한다. 선택한 뒤에 다음 [그림 16]과 같이 속성 fx와 c를 입력한다.

그림15

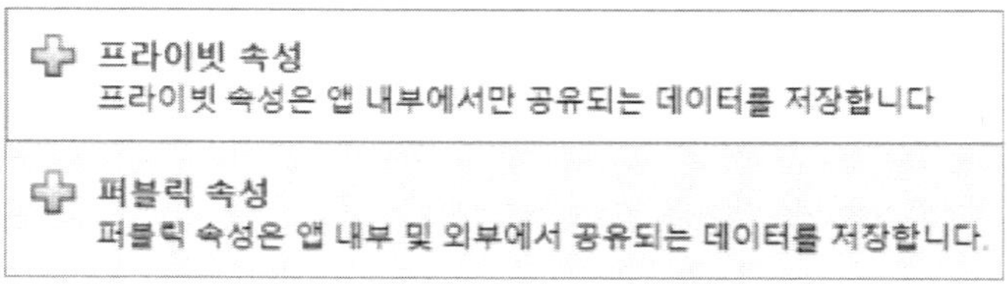

그림16

```
properties (Access = private)
    fx % 함수 f(x)
    c  % 상수
end
```

<6단계>

지금까지의 내용을 완료하고 MyGridLayout.mlapp 앱 파일을 실행하면 다음 [그림17]과 같은 초기 앱 창이 출력된다.

그림17

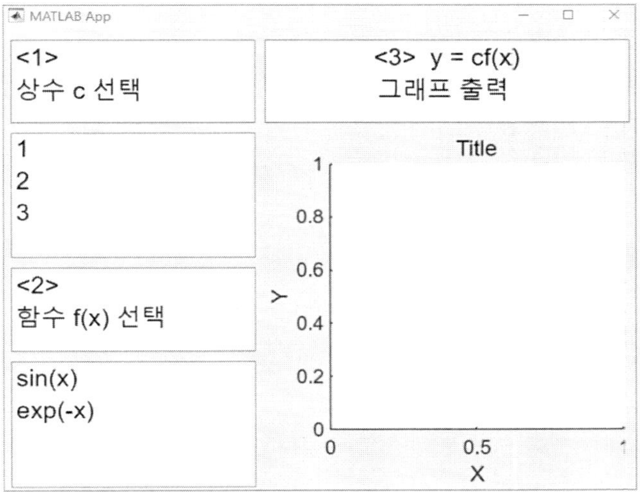

다음으로 [그림17]과 같은 앱 창에서 2행1열에 있는 [목록 상자]에서 3을 선택하고 4행1열에 있는 [목록 상자]에서 sin(x)를 선택한 후에, 오른쪽에 있는 [좌표축]을 클릭하면 다음 [그림18]과 같이 y=3sin(x)에 대응하는 그래프가 [좌표축]에 출력된다. 또한 선택한 상수 c와 함수 f(x)가 1행2열 위치에 있는 [텍스트 영역]에 표시된다.

그림18

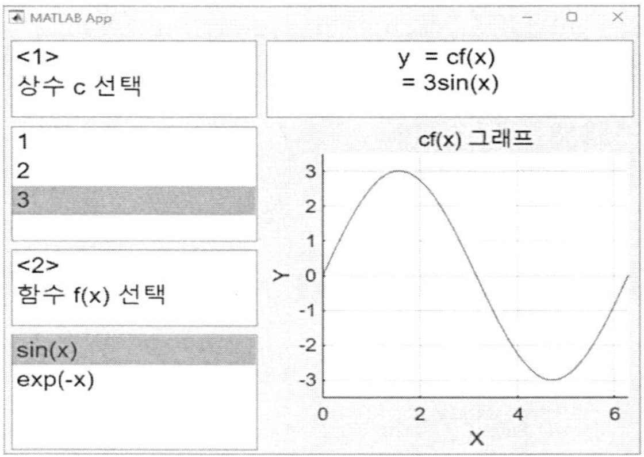

이번에는 [그림18]과 같은 앱 창에서 c의 값으로 2를 선택하고 f(x)를 exp(−x)를 선택한 뒤에 오른쪽에 있는 [좌표축]을 클릭하면 다음 [그림19]와 같이 y=2exp(−x)에 대응하는 그래프가 [좌표축]에 출력된다. 또한 선택한 상수 c=2와 함수 f(x)=exp(−x)가 1행 2열 위치에 있는 [텍스트 영역]에 표시된다. 비슷한 방식으로 다른 상수 c의 값과 함수 f(x)에 대응하는 그래프를 [좌표축]에 출력할 수 있다.

그림19

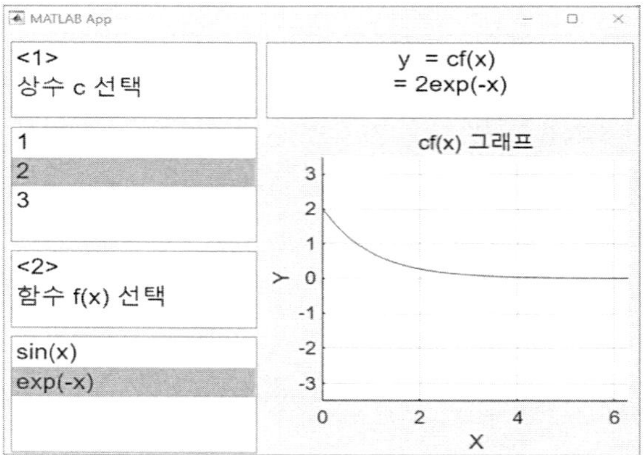

지금까지 <1단계>−<6단계>의 내용으로 [그리드 레이아웃] 구성요소 사용 방법에 대하여 알아보았다. 이번 절에서 이용한 [목록 상자]와 관련된 내용은 2.14절을 참고하면 된다.

CHAPTER 04

FIGURE 툴 구성요소

CHAPTER

04 FIGURE 툴 구성요소

앱 디자이너에서 왼쪽에 위치한 [구성요소 라이브러리]에서 [Figure 툴] 영역에 속해 있는 [도구 모음], [메뉴 모음], [상황별 메뉴] 구성요소를 4.1절부터 4.3절까지의 내용에서 설명할 것이다.

4.1절 도구 모음

이번 절에서는 [FIGURE 툴] 영역에 있는 [도구 모음] 구성요소 사용 방법을 알아본다. 1장의 내용을 참고하여 [그림1]과 같이 [캔버스]를 만든다.

그림1

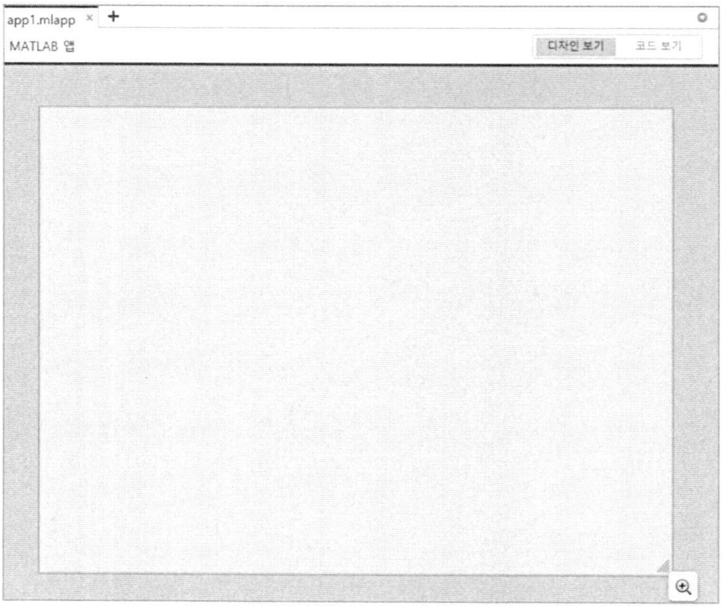

계속해서 다음 <1단계>–<4단계>의 내용을 수행한다.

<1단계>

[구성요소 라이브러리]에서 [FIGURE 툴] 영역에 위치한 [도구 모음] 구성요소를 [캔버스]로 끌어다 놓으면 [그림2a]와 같이 된다. [그림2a]에서 왼쪽 상단 영역을 확대하면 [그림2b]와 같다. 현재 시점에서 [그림2a]에 있는 파일을 MyToolbar.mlapp 파일명으로 저장한다.

그림2a

그림2b

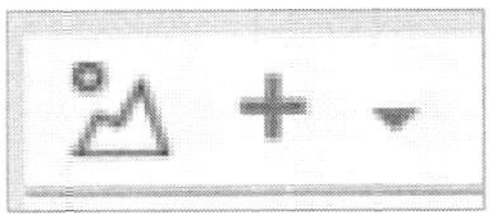

[그림2b]에서 첫 번째 항목을 클릭하고 [구성요소 브라우저]에서 상단을 보면 [그림3]과 같이 app.PushTool 항목이 선택된 것을 확인할 수 있다. 이런 대응 관계는 [그림2b]의 첫 번째 항목이 푸시 버튼(push button)임을 알려준다.

그림3

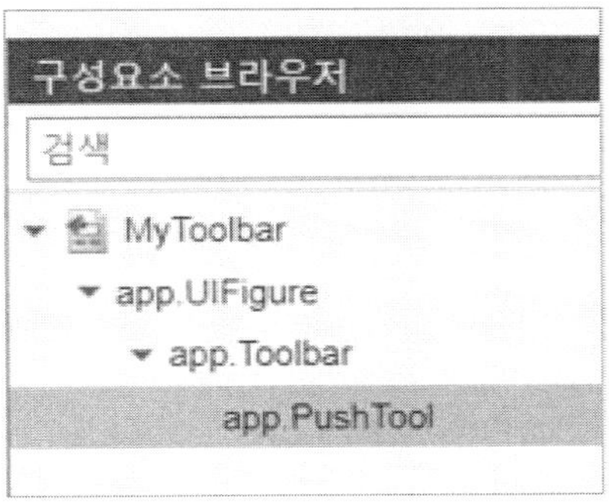

앞 [그림2b]에서 더하기 기호(+)를 선택하면 푸시 버튼이 툴바(tool bar)에 추가된다. 또한 앞 [그림2b]에서 더하기 기호 바로 옆에 위치한 아래 방향의 화살표를 선택하면 [그림4]와 같이 박스가 출력된다. 이 박스에서 [토글 툴 추가] 항목을 선택하면 토글 버튼이 툴바에 추가된다.

그림4

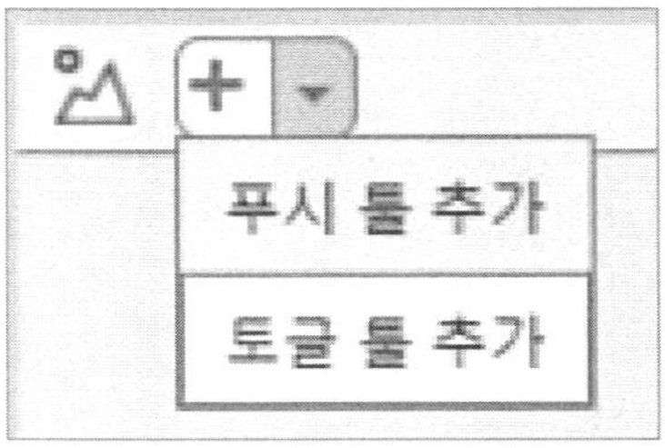

앞 [그림2b]의 상황에서 [푸시 툴 추가]와 [토글 툴 추가] 항목을 각각 선택하여 다음 [그림5]와 같이 푸시 버튼 두 개와 토글 버튼 하나를 만든다.

그림5

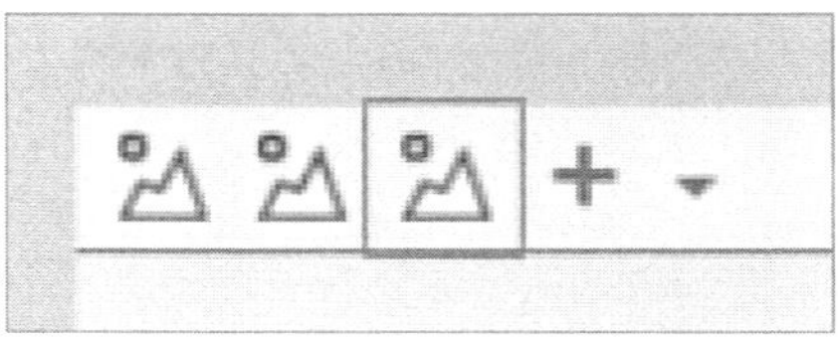

다음으로 [구성요소 라이브러리]에서 [일반]에 위치한 [좌표축] 구성요소를 [캔버스]로 끌어다 놓고 크기와 위치를 조정한다. 지금까지의 내용을 완료 후에 [캔버스]를 보면 [그림6]의 모습을 갖게 된다.

그림6

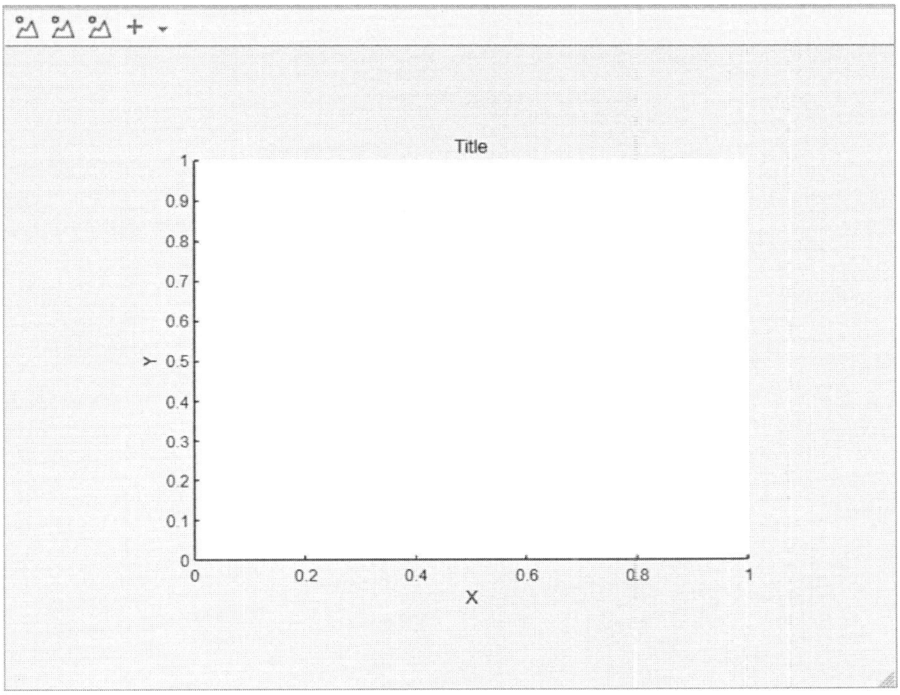

<2단계>

매틀랩이 제공하는 세 개의 파일

(i) plotpicker−mesh.gif

(ii) plotpicker−surf.gif (iii) plotpicker−plot3.png

을 복사하여 [현재 폴더]에 다음 [그림7]과 같이 옮겨다 놓는다. 매틀랩을 설치할 때에 자동으로 지정되는 폴더명을 변경하지 않았다면 아래의 폴더 위치에서 위의 (i)−(iii) 파일을 찾아 복사할 수 있다:

₩R202**₩toolbox₩matlab₩icons₩

위에서 R202**는 매틀랩 버전을 의미한다.

그림7

앞 [그림5]에서 첫 번째 항목인 푸시 버튼, 두 번째 항목인 푸시 버튼, 세 번째 항목인 토글 버튼을 각각 선택한 뒤에, 오른쪽 [구성요소 브라우저] 영역의

[푸시 툴] > [푸시 툴] > [Icon]

항목에서 [찾아보기]를 클릭하고

(i) plotpicker-mesh.gif
(ii) plotpicker-surf.gif (iii) plotpicker-plot3.png

파일을 각각 순서대로 선택한다. 그 결과로 앞 [그림5]의 내용이 다음 [그림8]과 같은 형식으로 변경된다.

그림8

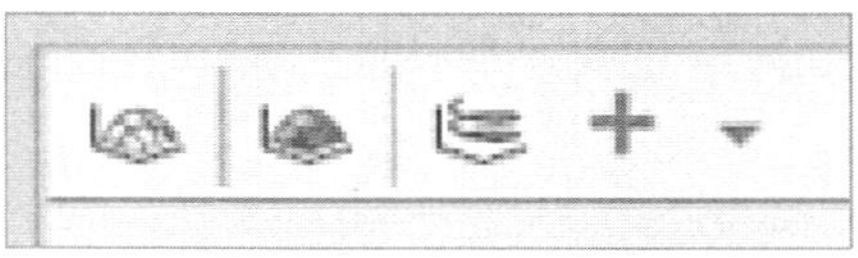

<3단계>

앞 [그림8]에서 첫 번째 항목인 푸시 버튼을 선택하고 [구성요소 브라우저] 상단을 보면 [그림9]와 같은 내용을 볼 수 있다.

그림9

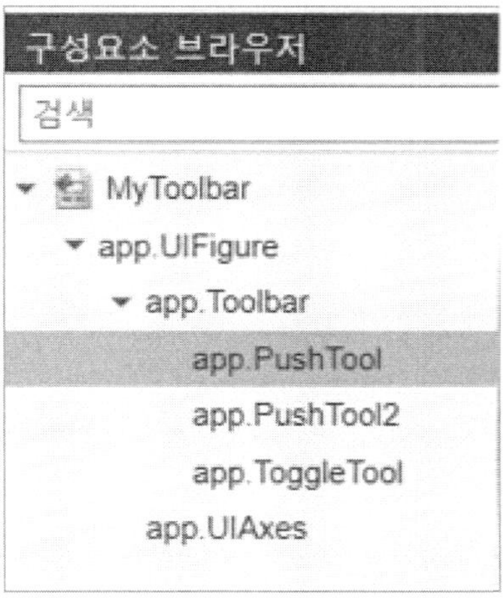

첫 번째로 [그림9]와 같은 상황에서 app.PushTool 항목을 우클릭한 뒤에, 팝업된 박스에서

[콜백] > [Clicked 콜백 추가]

항목을 선택한다. 선택하면 PushToolClicked 콜백 함수가 생성되고 [그림10]의 내용으로 편집한다.

그림10

```
        % Callback function: PushTool
        function PushToolClicked(app, event)
            [X, Y]=meshgrid(-4:0.35:4);
            Z=(1 - X.^3).*sin(Y);
            mesh(app.UIAxes, X, Y, Z);
            title(app.UIAxes,'z=(1-x^3)*sin(y)');
        end
```

두 번째로 앞 [그림9]와 같은 상황에서 app.PushTool2 항목을 우클릭한 뒤에, 팝업된 박스에서

[콜백] > [Clicked 콜백 추가]

항목을 선택한다. 선택하면 PushTool2Clicked 콜백 함수가 생성되고 다음 [그림11]의 내용으로 편집한다. 앞 [그림10]과 [그림11]의 내용에서 차이점은 [그림10]의 20번째 줄에 있는 mesh 명령어를 surf 명령어로 변경한 것이다.

그림11

```
        % Callback function: PushTool2
        function PushTool2Clicked(app, event)
            [X, Y]=meshgrid(-4:0.35:4);
            Z=(1 - X.^3).*sin(Y);
            surf(app.UIAxes, X, Y, Z);
            title(app.UIAxes,'z=(1-x^3)*sin(y)');
        end
```

세 번째로 [그림9]와 같은 상황에서 app.ToggleTool 항목을 우클릭한 뒤에, 팝업된 박스에서

[콜백] > [On 콜백 추가]

항목을 선택한다. 선택하면 ToggleToolOn 콜백 함수가 생성되고 다음 [그림12]의 내용으로 편집한다.

그림12

```
        % On callback: ToggleTool
        function ToggleToolOn(app, event)
            t=1:pi/20:10*pi;
            x=exp(-t/25).*cos(t);
            y=exp(-t/25).*sin(t);
            z = 2*t;
            plot3(app.UIAxes, x, y, z)
            title(app.UIAxes,'용수철 모양');
        end
```

네 번째로 [그림9]와 같은 상황에서 app.ToggleTool 항목을 우클릭한 뒤에, 팝업된 박스에서

[콜백] > [Off 콜백 추가]

항목을 선택한다. 선택하면 ToggleToolOff 콜백 함수가 생성되고 다음 [그림13]의 내용으로 편집한다.

그림13

```
% Off callback: ToggleTool
function ToggleToolOff(app, event)
    cla(app.UIAxes);
    title(app.UIAxes,'');
end
```

<4단계>

지금까지의 내용이 완료된 MyToolbar.mlapp 파일을 실행하면 다음 [그림14]와 같은 초기 앱 창이 출력된다.

그림14

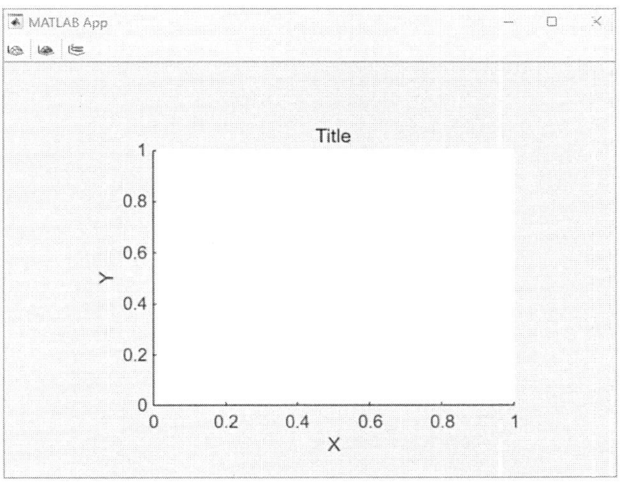

[그림14]와 같은 앱 창에서 왼쪽 상단에 있는 첫 번째 항목인 푸시 버튼(mesh 아이콘)을 클릭하면 다음 [그림15]의 결과가 출력된다.

그림15

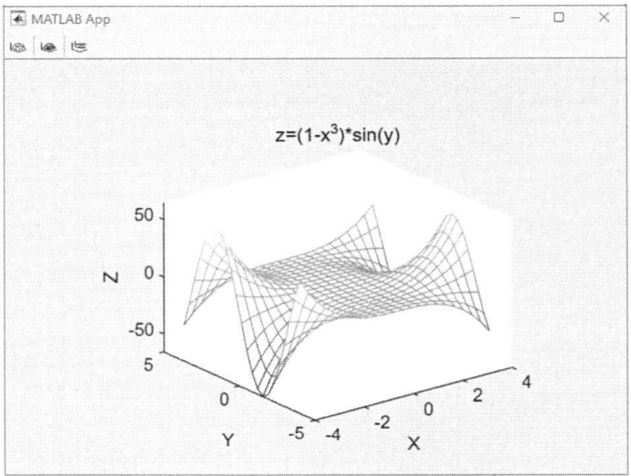

이번에는 [그림15]와 같은 앱 창에서 왼쪽 상단에 있는 두 번째 항목인 푸시 버튼(surf 아이콘)을 클릭하면 다음 [그림16]의 결과가 출력된다.

그림16

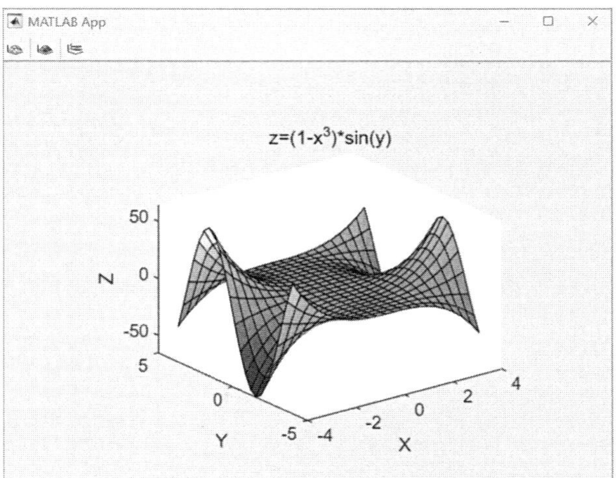

다음으로 [그림16]과 같은 앱 창에서 왼쪽 상단에 있는 세 번째 항목인 토글 버튼(plot3 아이콘)을 클릭하면 [그림17]의 결과가 출력된다.

그림17

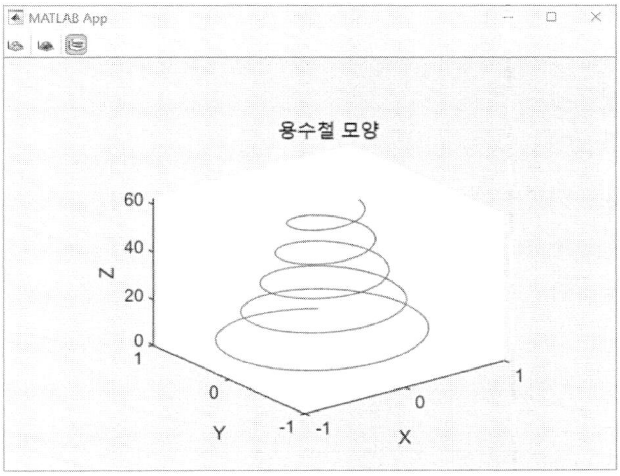

앞 [그림17]에서 세 번째 항목인 토글 버튼은 선택되어있는 상태인데 이 토글 버튼을 한 번 더 클릭하면 [그림18]의 결과가 출력된다. 이때 토글 버튼이 해제된 상태를 확인한다.

그림18

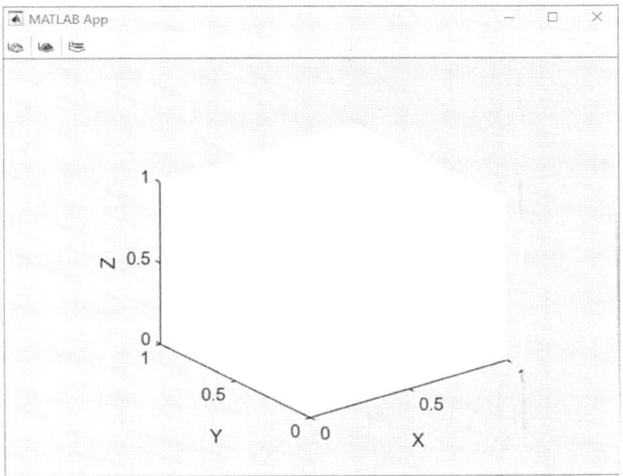

이후로 [그림18]과 같은 앱 창에서 왼쪽 상단에 위치한 두 개의 푸시 버튼과 하나의 토글 버튼 중에 하나를 클릭하면 앞에서 설명된 출력 결과를 다시 확인할 수 있다.

지금까지 <1단계>–<4단계>의 내용으로 [FIGURE 툴]의 [도구 모음] 구성요소의 사용 방법에 대하여 알아보았다.

4.2절 · 메뉴 모음

이번 절에서는 [FIGURE 툴] 영역에 있는 [메뉴 모음] 구성요소 사용 방법을 알아본다. 1장의 내용을 참고하여 [그림1]과 같이 [캔버스]를 만든다.

그림1

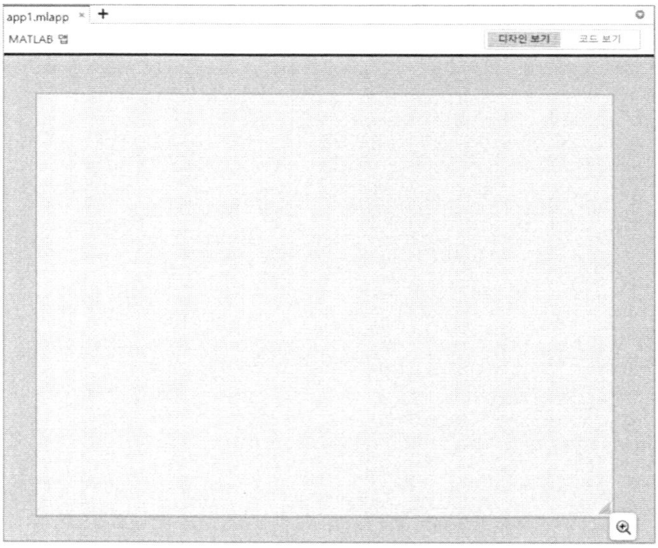

계속해서 다음 <1단계>–<8단계>의 내용을 수행한다.

<1단계>

[구성요소 라이브러리]에서 [FIGURE 툴]에 위치한 [메뉴 모음] 구성요소를 [캔버스]로 끌어다 놓으면 [그림2a]와 같이 된다. [그림2a]에서 왼쪽 상단 영역을 확대하면 [그

림2b]와 같다. 현재 시점에서 [그림2a]에 있는 파일을 MyMenu.mlapp 파일명으로 저장한다.

그림2a

그림2b

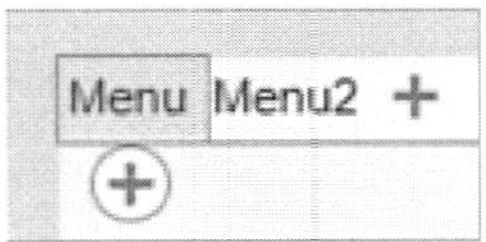

[그림2b]에서와 같이 첫 번째 항목 아래에 ⊕ 기호가 안 보이면 첫 번째 항목을 클릭한다. 이제 첫 번째 항목 아래 위치에서 원 안에 더하기 표시가 있는 기호(=⊕)가 나타날 것이다. 이 기호 위에 커서를 가져가면 [그림3a]와 같이 '아래에 메뉴 추가(Enter)' 메시지가 나타난다. 이 메시지대로 ⊕ 기호를 클릭하면 [그림3b]와 같이 서브 항목이 생성된다.

그림3a

그림3b

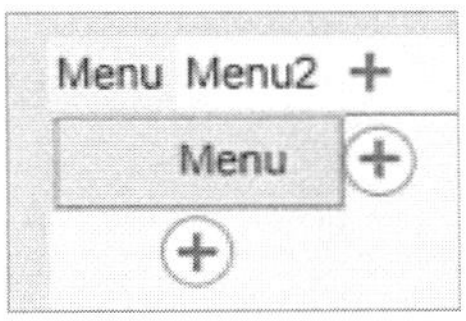

현 시점에서 [구성요소 브라우저]의 상단을 보면 다음 [그림4a]의 내용을 확인할 수 있다.

그림4a

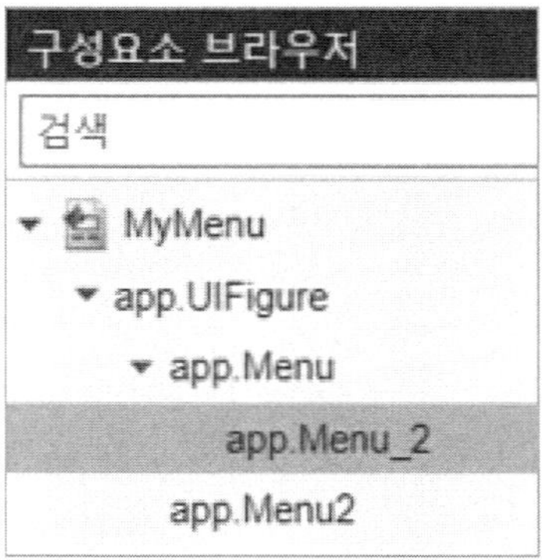

앞 [그림4a]에서 app.Menu 항목을 클릭한 후에 Text 항목의 값을 'Graph'로 입력한다. 즉, [구성요소 브라우저]에서

[Menu] > [메뉴] > [Text] : Graph

와 같이 입력한다. 다음으로 앞 [그림4a]에서 app.Menu_2 항목을 클릭한 후에 Text 항목의 값을 'Output'으로 입력한다. 즉, [구성요소 브라우저]에서

[Menu] > [메뉴] > [Text] : Output

으로 입력한다. 위의 내용을 완료하면 앞 [그림3b]는 다음 [그림4b]의 결과를 보여준다.

그림4b

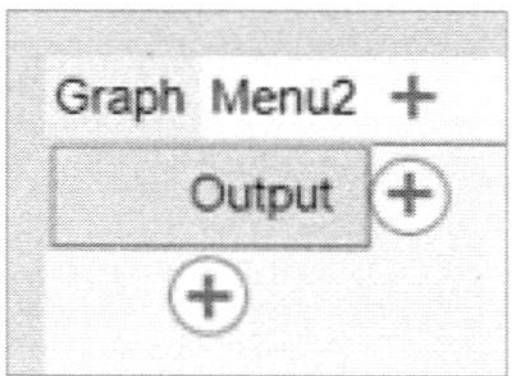

[그림4b]에서 [Output] 항목 아래의 ⊕ 기호를 선택하고 오른쪽 [구성요소 브라우저] 영역에서 [Text] 항목의 값으로 'Grid'로 입력한다. 결과로 다음 [그림4c]의 형식을 볼 수 있다.

그림4c

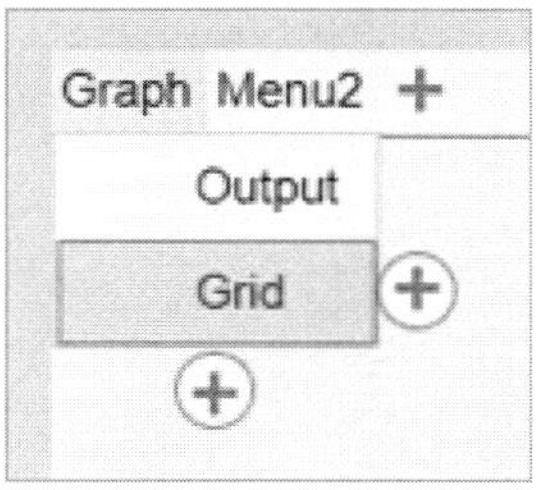

[그림4c]에서 [Output] 항목을 선택하면 오른쪽에 있는 ⊕ 기호가 나타날 것이고 이 기호를 선택한다. 선택 후 [Output] 항목에 대한 두 개의 서브 항목으로, 다음 [그림5a]와 같이 [Output] 항목의 첫 번째 서브 항목 'TwoDim'과 두 번째 서브 항목 'ThreeDim'을 생성한다.

그림5a

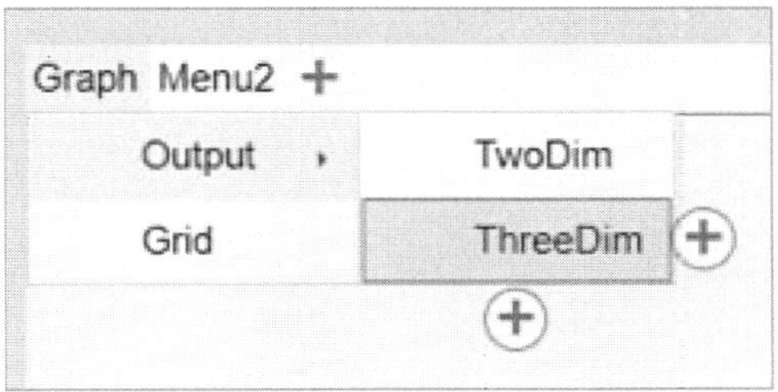

비슷한 방법으로 'Grid' 항목을 클릭한 후에 오른쪽에 있는 ⊕ 기호를 선택하여 첫 번째 서브 항목 'On'을 생성한다. 계속해서 첫 번째 서브 항목 'On' 아래의 ⊕ 기호를 선택하여 'Grid' 항목의 두 번째 서브 항목 'Off'를 다음 [그림5b]와 같이 생성한다.

그림5b

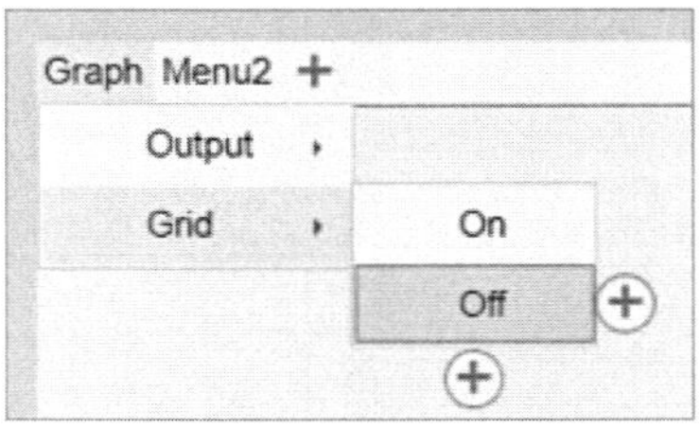

<2단계>

[구성요소 라이브러리]에서 [일반]에 위치한 [좌표축] 구성요소를 [캔버스]로 두 번 끌어다 놓고, 다음 [그림6]과 같이 제목, 크기와 위치를 조정한다. 자세히 설명하면 왼쪽에 있는 [좌표축]에는 2차원의 그래프가 출력될 것이므로 제목을 '2 Dim'으로 정하고 오른쪽에 있는 [좌표축]에는 3차원의 그래프가 출력될 것이므로 제목을 '3 Dim'으로 정한다. [그림6]에서 왼쪽에 있는 [좌표축]은 [구성요소 브라우저]에서 app.UIAxes에 대응되고 오른쪽에 있는 [좌표축]은 [구성요소 브라우저]에서 app.UIAxes2에 대응된다. 또한 각각의 [좌표축] 구성요소에 대한 [FontSize] 항목의 값을 18로 설정한다. 즉, [디자인 보기]에서 [좌표축]을 각각 선택하고 [구성요소 브라우저]에서

[좌표축] > [글꼴] > [FontSize] : 18

와 같이 설정한다.

그림6

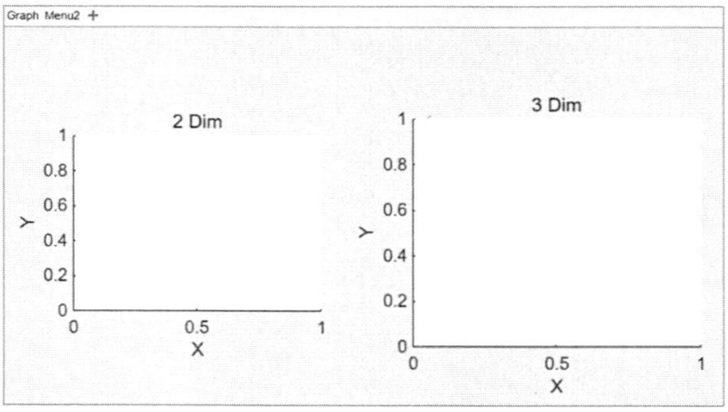

<3단계>

나중에 앱이 실행되면 선택된 좌표축에 그리드 선을 그리기 위하여 필요한 속성 MyDim을 다음과 같이 생성한다. 즉

[코드보기] > [코드 브라우저] > [속성]

항목을 선택하고 에서 오른쪽에 있는 아래 방향의 삼각형을 선택하면 [그림7]과 같은 박스가 출력된다. 이때 [프라이빗 속성]을 클릭 후, [그림8]의 내용과 같이 속성 MyDim을 입력한다.

그림7

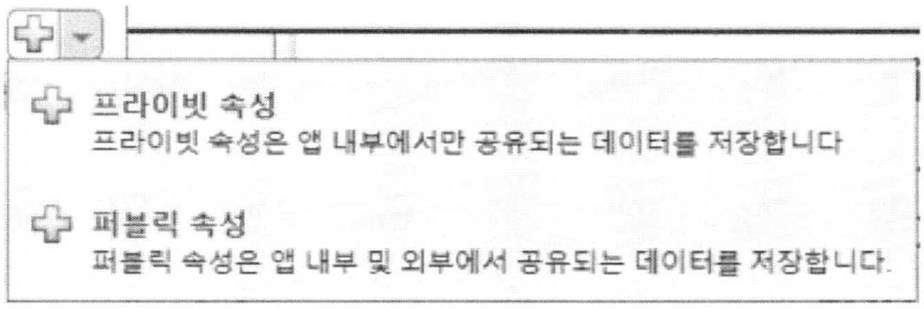

그림8

```
properties (Access = private)
    MyDim % dimension
end
```

<4단계>

첫 번째로 앞 [그림5b]에서 'Output' 항목을 클릭하고 첫 번째 서브 항목인 'TwoDim'을 우클릭 후에 팝업된 박스에서

[콜백] > [MenuSelectedFcn 콜백 추가]

항목을 선택한다. 생성된 TwoDimMenuSelected 콜백 함수를 다음 [그림9]과 같이 편집한다.

그림9

```
% Menu selected function: TwoDimMenu
function TwoDimMenuSelected(app, event)
    app.MyDim = 2;
    axis(app.UIAxes2, 'off');
    cla(app.UIAxes2); title(app.UIAxes2,'');
    ys = @(x) sin(x); yc = @(x) cos(x);
    fplot(app.UIAxes, ys, [0 2*pi], '-', 'LineWidth', 2);
    hold(app.UIAxes,"on");
    fplot(app.UIAxes, yc, [0 2*pi], ':', 'LineWidth', 2);
    axis(app.UIAxes, [0 2*pi -1.5 2]);
    title(app.UIAxes, 'sin(x): 실선, cos(x): 점선');
    axis(app.UIAxes, 'on');
end
```

두 번째로 앞 [그림5a]에서 'ThreeDim' 항목을 우클릭 후에 팝업된 박스에서

[콜백] > [MenuSelectedFcn 콜백 추가]

항목을 선택한다. 생성된 ThreeDimMenuSelected 콜백 함수를 다음 [그림10]과 같이 편집한다.

그림10

```
% Menu selected function: ThreeDimMenu
function ThreeDimMenuSelected(app, event)
    app.MyDim = 3;
    axis(app.UIAxes, 'off');
    cla(app.UIAxes); title(app.UIAxes,'');
    f = @(x,y,z) x.^3+4*y+z.^3+2*x.*y.*z-2;
    fimplicit3(app.UIAxes2,f);
    title(app.UIAxes2,'x^3+4y+z^3+2xyz=2');
    axis(app.UIAxes2, 'on');
end
```

세 번째로 [그림5b]에서 'Grid' 항목을 클릭하고 첫 번째 서브 항목인 'On'을 우클릭 후에 팝업된 박스에서

[콜백] > [MenuSelectedFcn 콜백 추가]

항목을 선택한다. 생성된 OnMenuSelected 콜백 함수를 다음 [그림11]과 같이 편집한다.

그림11

```
        % Menu selected function: OnMenu
        function OnMenuSelected(app, event)
            switch app.MyDim
                case 2
                    grid(app.UIAxes,"on");
                case 3
                    grid(app.UIAxes2,"on");
            end
        end
```

네 번째로 [그림5b]에서 'Grid' 항목을 클릭하고 두 번째 서브 항목인 'Off'을 우클릭 후에 팝업된 박스에서

[콜백] > [MenuSelectedFcn 콜백 추가]

항목을 선택한다. 생성된 OffMenuSelected 콜백 함수를 다음 [그림12]와 같이 편집한다.

그림12

```
        % Menu selected function: OffMenu
        function OffMenuSelected(app, event)
            switch app.MyDim
                case 2
                    grid(app.UIAxes,"off");
                case 3
                    grid(app.UIAxes2,"off");
            end
        end
```

<5단계>

지금까지의 내용이 완료된 MyMenu.mlapp 파일을 실행하면 다음 [그림13]과 같은 초기 앱 창이 출력된다. 첫 번째로 이 창에서 상단 [메뉴바]에 있는 [Graph] 항목을 클릭하고 첫 번째 서브 항목인 [Output]에 커서를 갖다 놓은 뒤에 첫 번째 서브 항목 [TwoDim]를 선택하면 다음 [그림14]와 같은 결과가 출력된다.

그림13

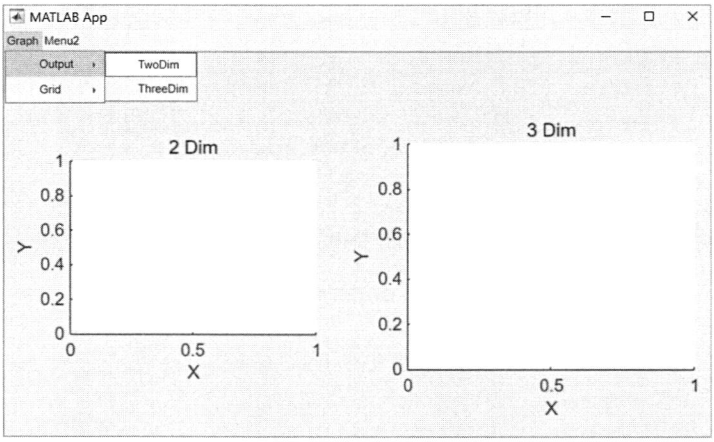

그림14

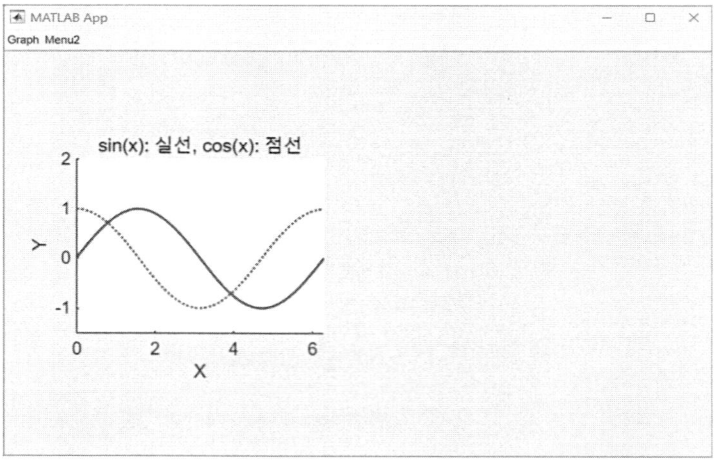

두 번째로 [그림14]와 같은 앱 창에서 상단 [메뉴바]에 있는 [Graph] 항목을 클릭하고 두 번째 서브 항목인 [Grid]에 커서를 갖다 놓은 뒤에 첫 번째 서브 항목 [On]을 선택하면 다음 [그림15]와 같이 격자선이 좌표축에 함께 출력된다.

그림15

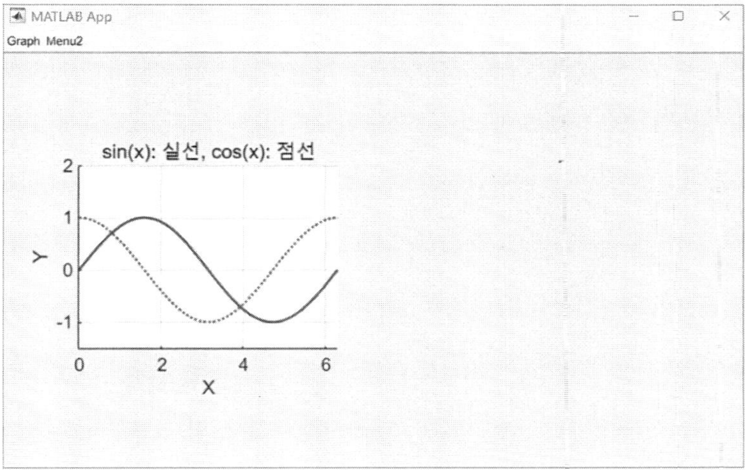

세 번째로 [그림15]와 같이 격자선이 있는 앱 창에서 상단 [메뉴바]에 있는

[Graph] > [Grid] > [Off]

항목을 [그림16]의 상황에서 선택하면 격자선이 없는 앱 창인 앞 [그림14]의 결과를 다시 보여준다.

그림16

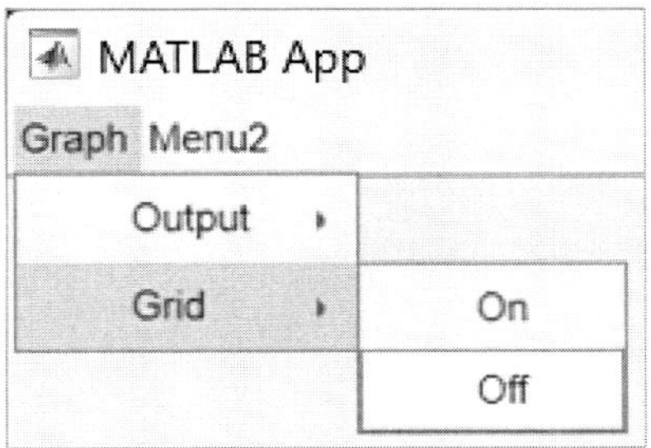

<6단계>

첫 번째로 앞 [그림15]에서 상단 [메뉴바]에 있는 [Graph] 항목을 클릭하고 첫 번째 서브 항목인 [Output]에 커서를 갖다 놓은 뒤에 두 번째 서브 항목 [ThreeDim]를 선택

하면 다음 [그림17]과 같은 결과가 출력된다.

그림17

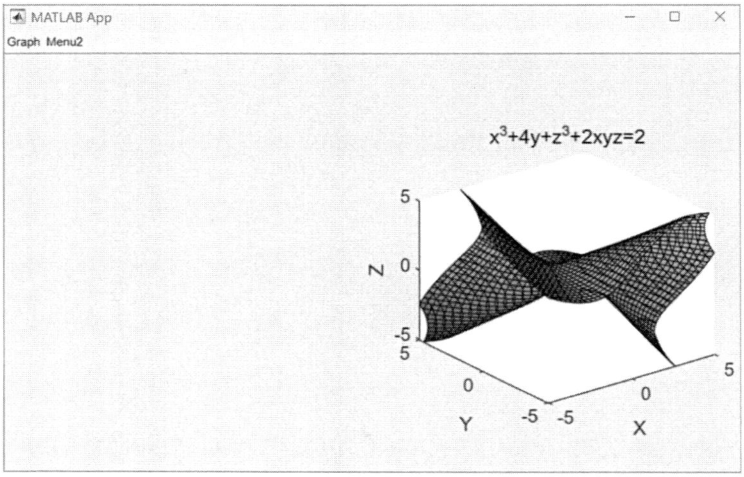

두 번째로 [그림17]과 같은 앱 창에서 상단 [메뉴바]에 있는 [Graph] 항목을 클릭하고 두 번째 서브 항목인 [Grid]에 커서를 갖다 놓은 뒤에 첫 번째 서브 항목 [On]을 선택하면 다음 [그림18]과 같이 격자선이 좌표축에 함께 출력된다.

그림18

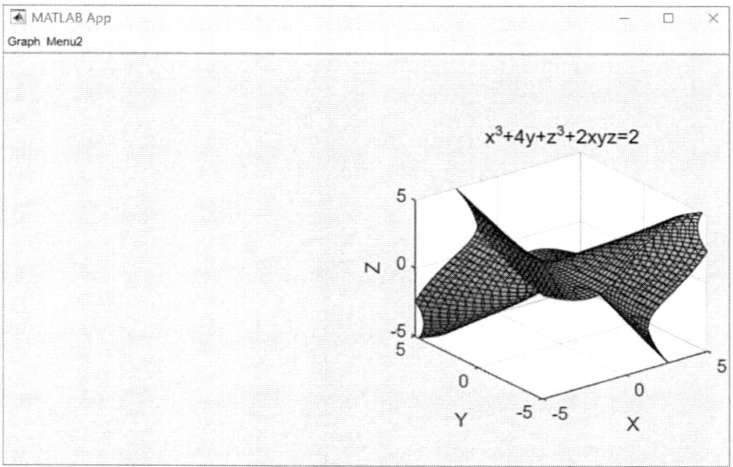

세 번째로 [그림18]와 같이 격자선이 있는 앱 창에서 상단 [데뉴바]에 있는

[Graph] > [Grid] > [Off]

항목을 선택하면 격자선이 없는 앱 창인 앞 [그림17]의 결과로 되돌아간다.

<7단계>

[그림14]과 [그림17]에 주어진 [좌표축]에 격자선을 출력하거나 또는 격자선을 제거할 때 [바로 가기 키]를 이용하는 방법을 알아본다. 다음 [그림19a]와 같이 [디자인 보기]에서 [On] 항목을 클릭한 후에 오른쪽 [구성요소 브라우저] 영역에서 [그림19b]와 같이 [Accelerator] 항목의 값을 N으로 설정한다.

그림19a

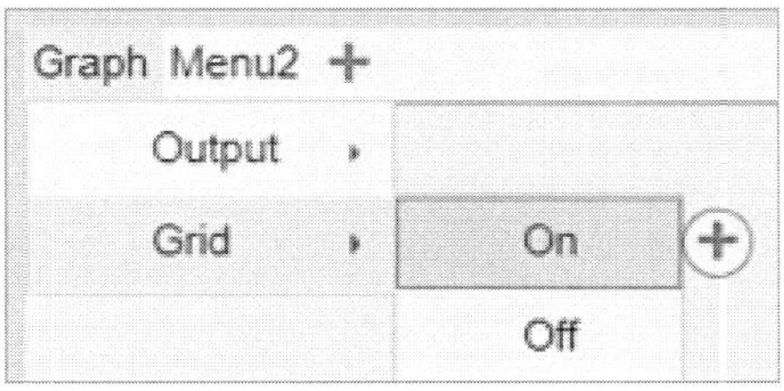

그림19b

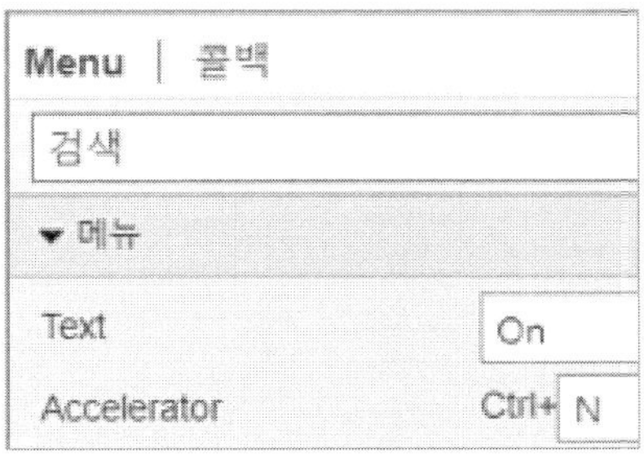

비슷한 방식으로 [그림20a]와 같이 [디자인 보기]에서 [Off] 항목을 클릭한 후에 오른쪽 [구성요소 브라우저] 영역에서 [그림20b]와 같이 Accelerator 항목의 값을 F로 설정한다.

그림20a

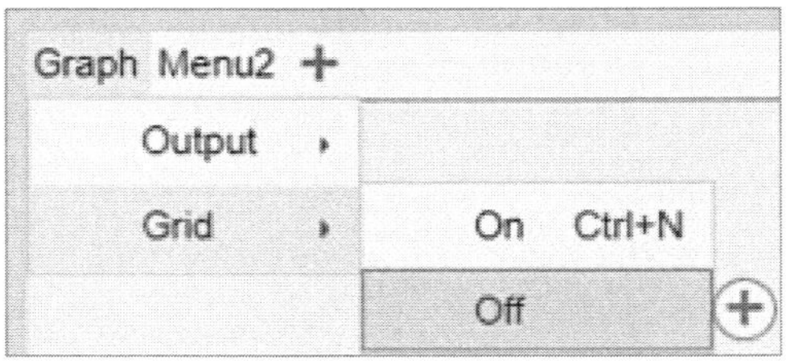

그림20b

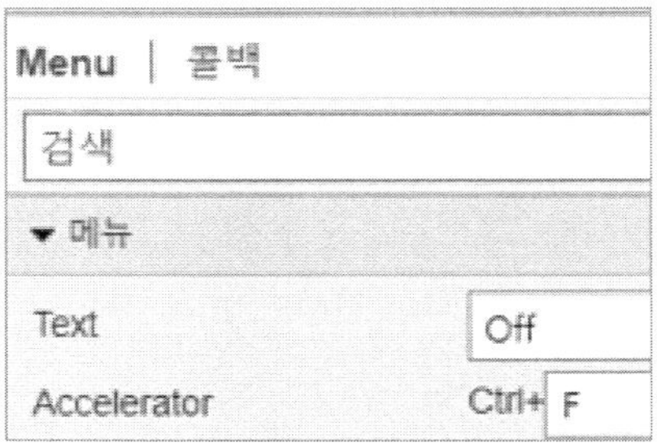

지금까지의 내용을 완료하고 MyMenu.mlapp 앱 파일을 실행한다. 출력된 앱 창의 상단 메뉴바를 살펴보면 다음 [그림21]에서 확인할 수 있듯이 다음과 같은 [바로 가기 키]가 설정되었다:

격자선 출력: Ctrl+N
격자선 삭제: Ctrl+F

그림21

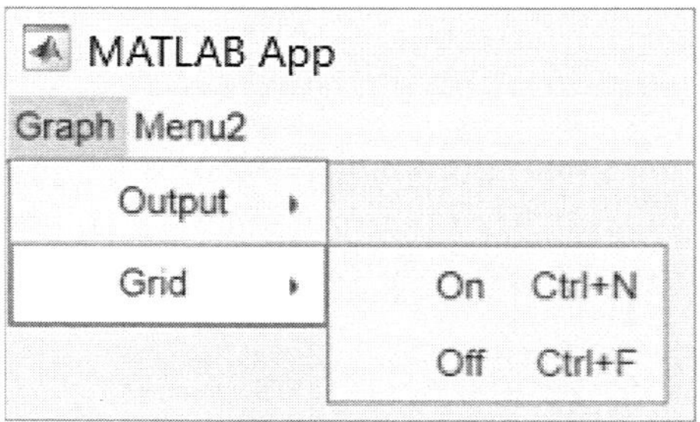

이후로 앞 [그림14]과 [그림17]과 같이 격자선이 없는 앱 창에서 [좌표축]에 격자선을 출력하고자 하면 대응하는 [바로 가기 키]인

Ctrl + N

을 키보드에서 입력하면 된다. 또한 앞 [그림15]와 [그림18]과 같이 격자선이 출력된 앱 창에서 [좌표축]의 격자선을 제거하고자 하면 대응하는 [바토 가기 키]인

Ctrl + F

을 키보드에서 입력하면 된다.

<8단계>

[디자인 보기]에서 [캔버스]의 왼쪽 상단을 보면 [그림22a]와 같이 현재까지 작성한 [Graph] 메뉴 옆에 [Menu2] 메뉴를 볼 수 있는데 필요한 경우 [Graph] 메뉴의 서브 내용을 작성하듯이 [Menu2] 메뉴를 편집할 수 있다.

그림22a

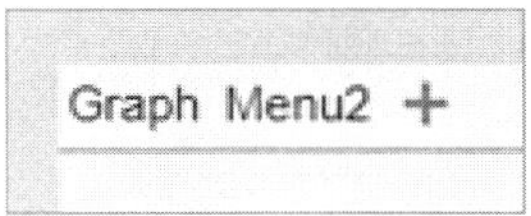

이번 절에서는 [Menu2] 메뉴를 우클릭 후에 팝업된 박스에서 [삭제] 항목을 선택하여 [Menu2] 메뉴를 [그림22b]와 같이 삭제한다. 나중에 다른 메뉴가 필요하면 [그림22b]와 같은 상황에서 오른쪽에 위치한 더하기 기호(+)를 클릭하면 메뉴가 새롭게 생성된다.

그림22b

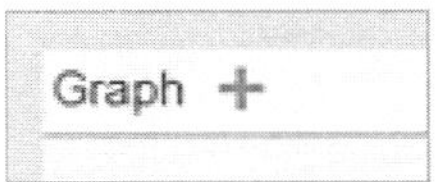

여기까지의 내용을 완료하면 최종적인 앱 창의 초기 화면은 다음 [그림23]과 같이 될 것이다.

그림23

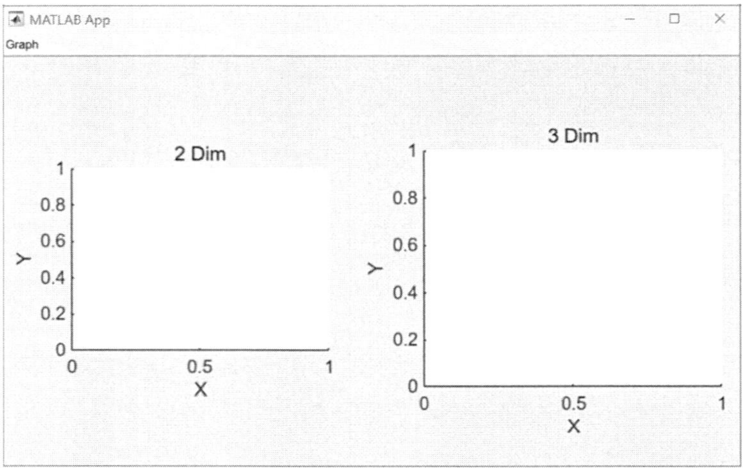

[그림23]과 같은 초기 화면에서 <5단계>–<7단계>의 내용을 따르면 동일한 결과를 다시 확인할 수 있다. 지금까지 <1단계>–<8단계>의 내용으로 [FIGURE 툴]의 [메뉴 모음] 구성요소 사용 방법에 대하여 알아보았다.

4.3절 상황별 메뉴(Context Menu)

이번 절에서는 [FIGURE 툴]에 있는 [상황별 메뉴] 구성요소의 사용 방법을 알아본다. [상황별 메뉴]는 어떤 그래픽 객체 또는 UI 구성요소를 마우스 오른쪽 버튼으로 클릭(우클릭)할 때 화면에 팝업되는 메뉴이다. 1장의 내용을 참고하여 [그림1]과 같이 [캔버스]를 만든다.

그림1

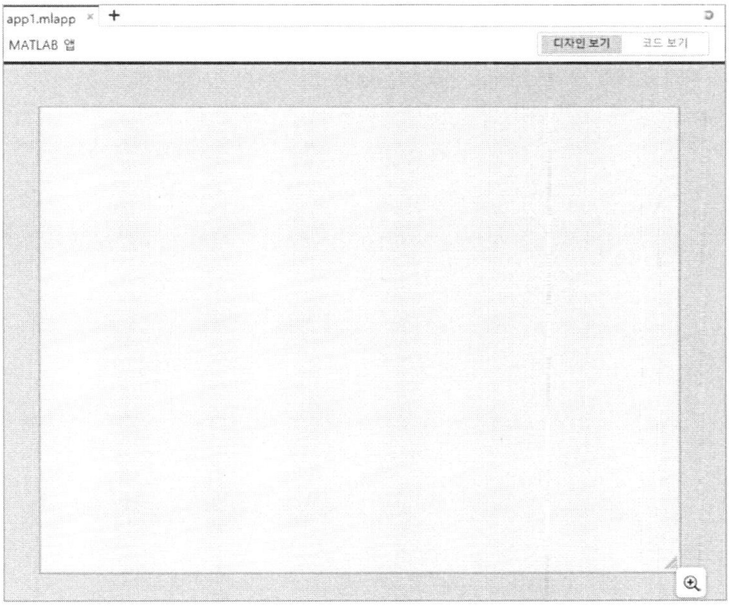

계속해서 다음 <1단계>-<6단계>의 내용을 수행한다.

<1단계>

[구성요소 라이브러리]에서 [일반]에 위치한 [좌표축] 구성요소를 [캔버스]로 두 번 끌어다 놓고 [그림2]와 같이 제목, 크기와 위치를 조정한다. [그림2]와 같이 두 개의 [좌표축]을 위치시키기 위해서는 [캔버스]의 크기 조정이 필요할 수 있다. 이때 왼쪽에 있는 [좌표축]의 제목을 '2 Dim'로 정하고 오른쪽에 있는 [좌표축]의 제목을 3 Dim'으로 정한다. 또한 두 [좌표축]의 [Fontsize]의 값을 18로 입력한다. 즉, 첫 번째로 [디자인 보기]에서 왼쪽 [좌표축]을 클릭한 후에 오른쪽의 [구성요소 브라우저] 영역에서 다음과 같이 설정한다:

[좌표축] > [레이블] > [Title String] : 2 Dim
[좌표축] > [글꼴] > [FontSize] : 18

두 번째로 [디자인 보기]에서 오른쪽 [좌표축]을 클릭한 후에 오른쪽의 [구성요소 브라우

저] 영역에서 다음과 같이 설정한다:

[좌표축] > [레이블] > [Title String] : 3 Dim
[좌표축] > [글꼴] > [FontSize] : 18

그림2

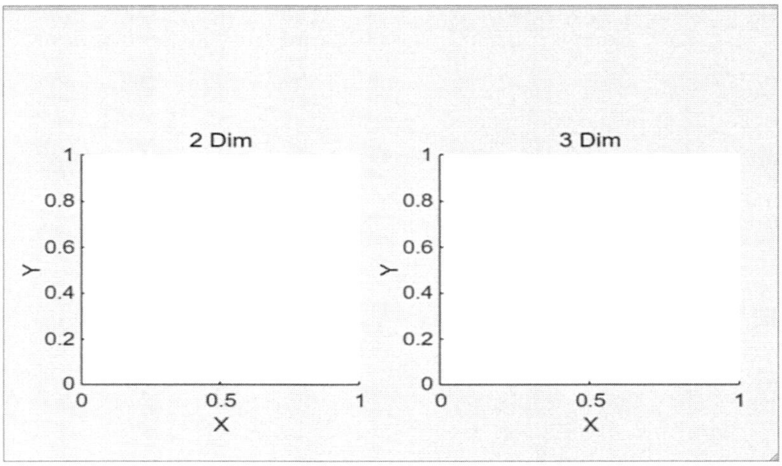

<2단계>

앞 [그림2]의 상황에서 [구성요소 라이브러리]의 [일반]에 위치한 [레이블] 구성요소를 [캔버스] 상단 중앙에 끌어다 놓고 [레이블]을 더블 클릭한 후에 '좌표축 내부에서 우클릭'을 입력하고 폰트 크기를 24로 설정한다. 즉 [디자인 보기]에서 [레이블]을 선택하고 [구성요소 브라우저] 영역에서

[레이블] > [텍스트] > [Text] : 좌표축 내부에서 우클릭
[레이블] > [글꼴과 색] > [FontSize] : 24

와 같이 입력한다. 다음으로 [구성요소 라이브러리]의 [일반]에 위치한 [버튼] 구성요소를 [캔버스] 상단 오른쪽 위치에 끌어다 놓고 [버튼] 구성요소를 더블 클릭한 후에 '초기화면'을 입력하고 폰트 크기를 20으로 설정한다. 즉 [디자인 보기]에서 [버튼] 구성요소를 선택하고 [구성요소 브라우저] 영역에서

[버튼] > [버튼] > [Text] : 초기 화면

[버튼] > [글꼴과 색] > [FontSize] : 20

와 같이 입력한다. 지금까지의 내용을 완료하고 MyContextMenu.mlapp 파일명으로 저장한다. 결과로 [그림3]의 형식을 가질 것이다.

그림3

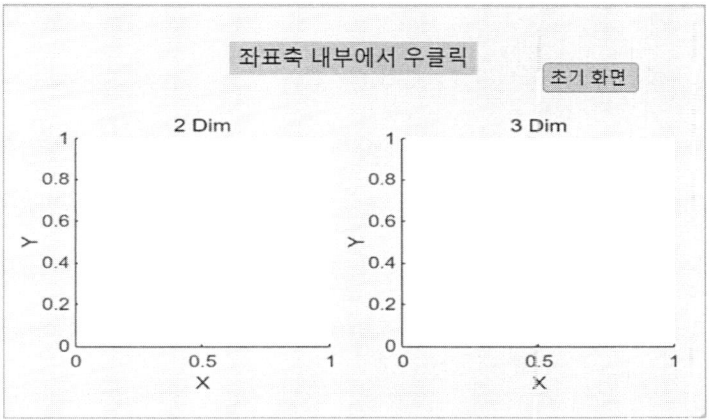

<3단계>

[구성요소 라이브러리]에서 [FIGURE 툴]에 위치한 [상황별 메뉴] 구성요소를 [캔버스]에 있는 왼쪽 [좌표축]에 끌어다 놓으면 [그림4a]와 같은 [상황별 메뉴]가 [캔버스] 하단에 생성된다. 즉 나중에 앱 파일을 생성한 뒤에 왼쪽 [좌표축]을 우클릭하면 팝업되는 [상황별 메뉴]를 [그림4a]에서 생성할 수 있다. 이때 [그림4a]의 왼쪽 영역을 확대하면 [그림4b]와 같다.

그림4a

그림4b

앞 [그림4a] 또는 [그림4b]에 제공된 박스(Menu와 Menu2 항목이 있는)를 더블 클릭하면 [상황별 메뉴] 편집기가 다음 [그림5a]와 같이 생성된다.

그림5a

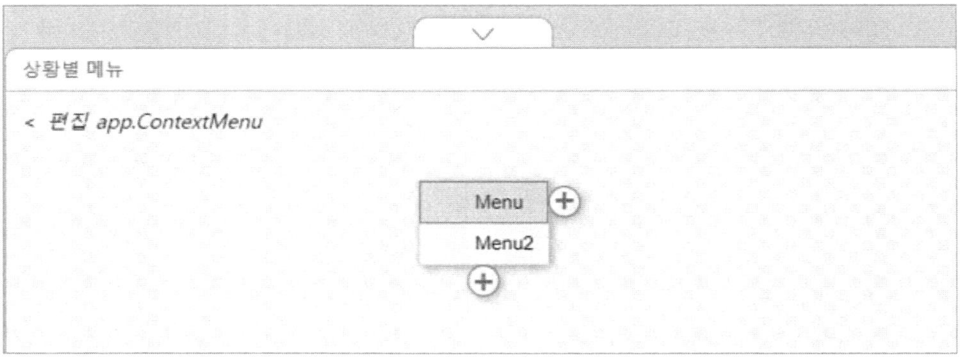

한편 4.2절에서 [메뉴 모음] 구성요소를 설명하였다. 이 설명 내용에 따라서 서브 항목을 생성하는 방식을 적용하면 [그림5a]를 다음 [그림5b]와 [그림5c]의 내용으로 만들 수 있다. 즉 먼저 [그림5a]에서 Menu 항목을 더블 클릭하여 TwoDim 항목으로 편집하고, 오른쪽에 위치한 원 안의 더하기 기호(=⊕)를 선택하여 [그림5b]와 같이 Graph 서브 항목을 만든다. 다음으로 [그림5a]에서 Menu2 항목을 더블 클릭하여 Grid On/Off 항목으로 편집하고, 오른쪽에 위치한 원 안의 더하기 기호(=⊕)를 선택하여 [그림5c]와 같이 두 개의 서브 항목인 On과 Off를 만든다.

[그림5b]

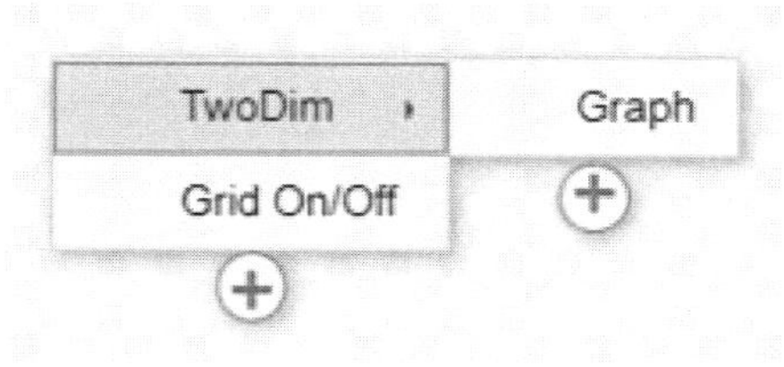

그림5c

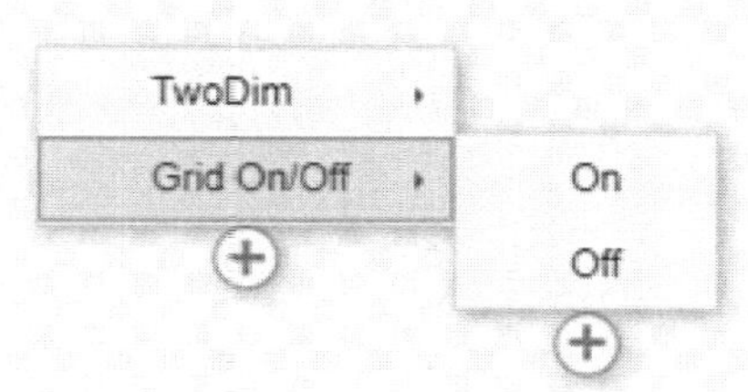

<4단계>

이번 단계는 앞 <3단계>의 내용과 비슷하다. [구성요소 라이브러리]에서 [FIGURE 툴]에 위치한 [상황별 메뉴] 구성요소를 [캔버스]에 있는 오른쪽 [좌표축] 구성요소에 끌어다 놓으면 [그림6a]와 같이 첫 번째 [상황별 메뉴] 바로 옆에 추가로 [상황별 메뉴]가 [캔버스] 하단에 새롭게 생성된다. 즉 나중에 앱 파일을 생성한 뒤에 오른쪽 [좌표축]을 우클릭하면 팝업되는 [상황별 메뉴]를 [그림6a]의 두 번째 박스에서 생성할 수 있다. 이때 [그림6a]에서 두 개의 상황별 메뉴를 확대하면 다음 [그림6b]와 같다.

그림6a

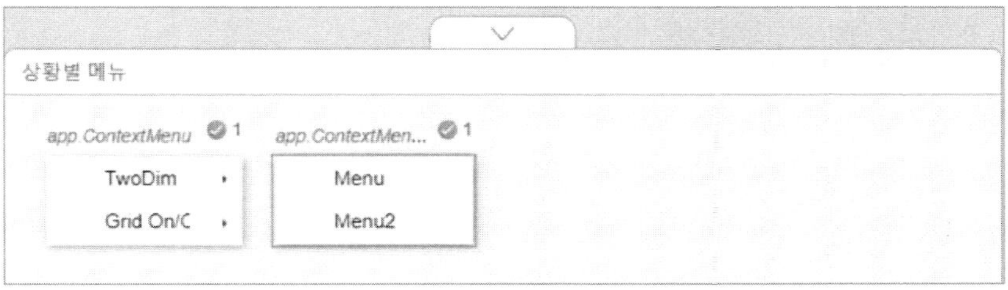

그림6b

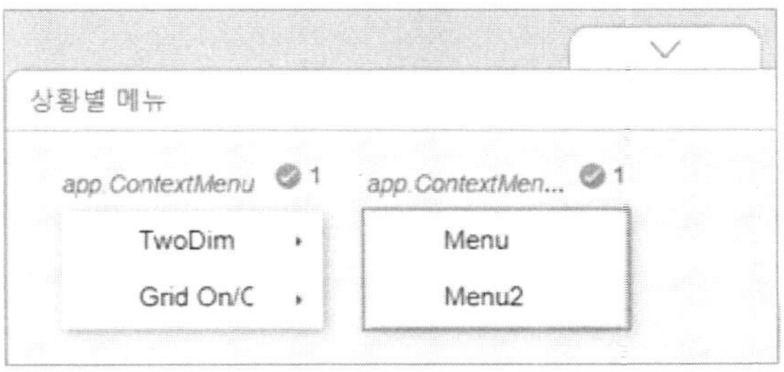

앞 [그림6a] 또는 [그림6b]에 제공된 두 번째 상황별 메뉴 박스(Menu와 Menu2 항목이 있는)를 더블 클릭하면 두 번째 상황별 메뉴에 대한 편집기가 [그림7a]와 같이 생성된다.

그림7a

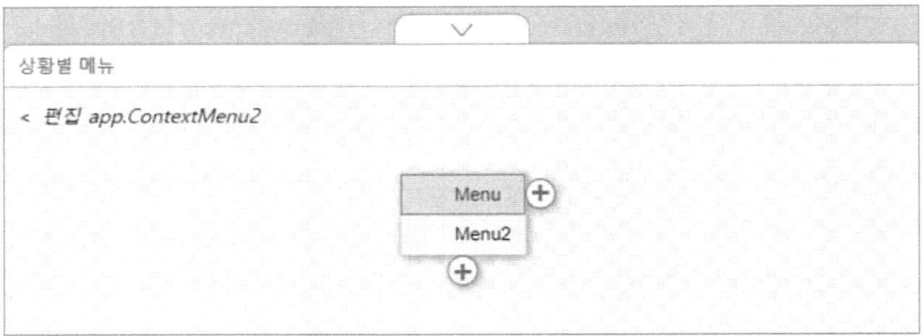

앞 <3단계>에서와 같이 [그림7a]를 [그림7b]와 [그림7c]의 내용으로 만들 수 있다. 즉 먼저 [그림7a]에서 Menu 항목을 더블 클릭하여 ThreeDim 항목으로 편집하고, 오른쪽에 위치한 원 안의 더하기 기호(=⊕)를 선택하여 [그림7b]와 같이 Graph 서브 항목을 만든다. 다음으로 [그림7a]에서 Menu2 항목을 더블 클릭하여 Grid On/Off 항목으로 편집하고, 오른쪽에 위치한 원 안의 더하기 기호(=⊕)를 선택하여 [그림7c]와 같이 두 개의 서브 항목인 On과 Off를 만든다.

그림7b

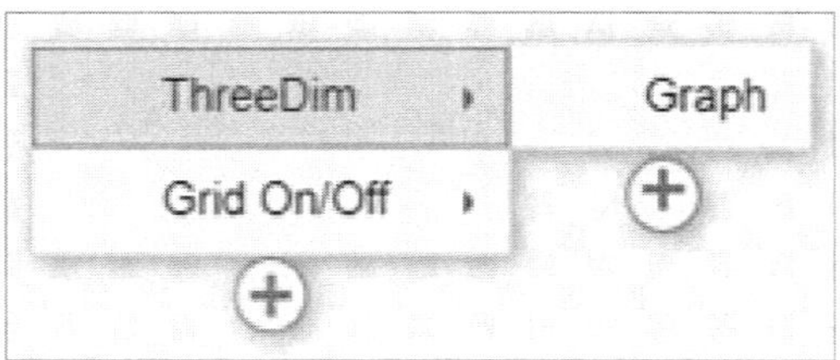

그림7c

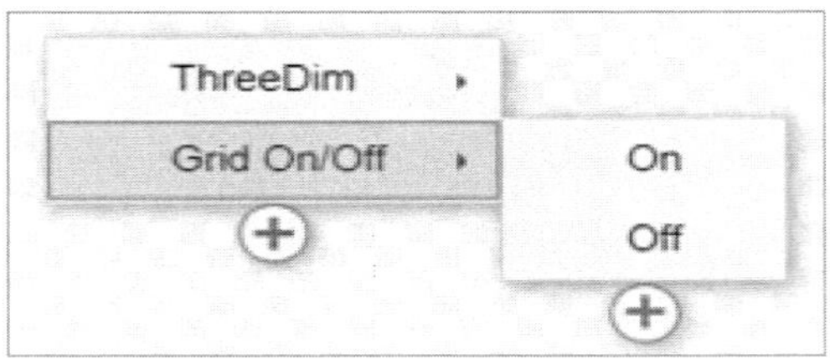

<5단계>

첫 번째로 앞 [그림5b]에서 TwoDim 항목을 클릭하고 첫 번째 서브 항목인 Graph을 우클릭 후에 팝업된 박스에서

[콜백] > [MenuSelectedFcn 콜백 추가]

항목을 선택한다. 생성된 GraphMenuSelected 콜백 함수를 다음 [그림8]과 같이 편집한다.

그림8

```
% Menu selected function: GraphMenu
function GraphMenuSelected(app, event)
    g = @(x,y) 2*(x.^2 + y.^2).^2 - 25*(x.^2 - y.^2);
    fimplicit(app.UIAxes, g, [-5 5 -2 2], '-', 'linewidth', 2);
    title(app.UIAxes2, '3 Dim');
    cla(app.UIAxes2);
end
```

두 번째로 [그림5c]에서 Grid 항목의 첫 번째 서브 항목인 On을 우클릭 후에 팝업된 박스에서

[콜백] > [MenuSelectedFcn 콜백 추가]

항목을 선택한다. 생성된 OnMenuSelected 콜백 함수를 다음 [그림9]와 같이 편집한다.

그림9

```
% Menu selected function: OnMenu
function OnMenuSelected(app, event)
    grid(app.UIAxes, 'on');
end
```

세 번째로 [그림5c]에서 Grid 항목의 두 번째 서브 항목인 Off를 우클릭 후에 팝업된 박스에서

[콜백] > [MenuSelectedFcn 콜백 추가]

항목을 선택한다. 생성된 OffMenuSelected 콜백 함수를 다음 [그림10]과 같이 편집한다.

그림10

```
% Menu selected function: OffMenu
function OffMenuSelected(app, event)
    grid(app.UIAxes, 'off');
end
```

네 번째로 [그림7b]에서 ThreeDim 항목의 서브 항목인 Graph을 우클릭 후에 팝업된 박스에서

[콜백] > [MenuSelectedFcn 콜백 추가]

항목을 선택한다. 생성된 GraphMenu_2Selected 콜백 함수를 다음 [그림11]과 같이 편집한다.

그림11

```
% Menu selected function: GraphMenu_2
function GraphMenu_2Selected(app, event)
    [X, Y]=meshgrid(-4:0.35:4);
    Z=(1 - X.^3).*sin(Y);
    surf(app.UIAxes2, X, Y, Z);
    title(app.UIAxes,'2 Dim');
    cla(app.UIAxes);
end
```

다섯 번째로 [그림7c]에서 Grid 항목의 첫 번째 서브 항목인 On을 우클릭 후에 팝업된 박스에서

[콜백] > [MenuSelectedFcn 콜백 추가]

항목을 선택한다. 생성된 OnMenu_2Selected 콜백 함수를 다음 [그림12]와 같이 편집한다.

그림12

```
% Menu selected function: OnMenu_2
function OnMenu_2Selected(app, event)
    grid(app.UIAxes2, 'on');
end
```

여섯 번째로 [그림7c]에서 Grid 항목의 두 번째 서브 항목인 Off를 우클릭 후에 팝업된 박스에서

[콜백] > [MenuSelectedFcn 콜백 추가]

항목을 선택한다. 생성된 OffMenu_2Selected 콜백 함수를 다음 [그림13]과 같이 편집한다.

그림13

```
% Menu selected function: OffMenu_2
function OffMenu_2Selected(app, event)
    grid(app.UIAxes2, 'off');
end
```

마지막으로 앞 [그림3]과 같이 [디자인 보기]에서 오른쪽 위에 있는 [버튼] 구성요소인

초기 화면

를 우클릭 후에 팝업된 박스에서

[콜백] > [ButtonPushedFcn 콜백 추가]

항목을 선택한다. 생성된 ButtonPushed 콜백 함수를 다음 [그림14]와 같이 편집한다.

그림14

```
        % Button pushed function: Button
        function ButtonPushed(app, event)
            cla(app.UIAxes); cla(app.UIAxes2);
            grid(app.UIAxes,"off"); grid(app.UIAxes2,"off");
            view(app.UIAxes2,0,90);
        end
```

<6단계>

지금까지의 내용이 완료된 MyCotextMenu.mlapp 파일을 실행하면 다음 [그림15]와 같은 초기 앱 창이 출력된다. 첫 번째로 이 창에서 마우스를 왼쪽 좌표축 내부로 이동한 뒤에 우클릭을 하면 [그림16a]와 같이 첫 번째 상황별 메뉴인 팝업 박스가 생성된다.

그림15

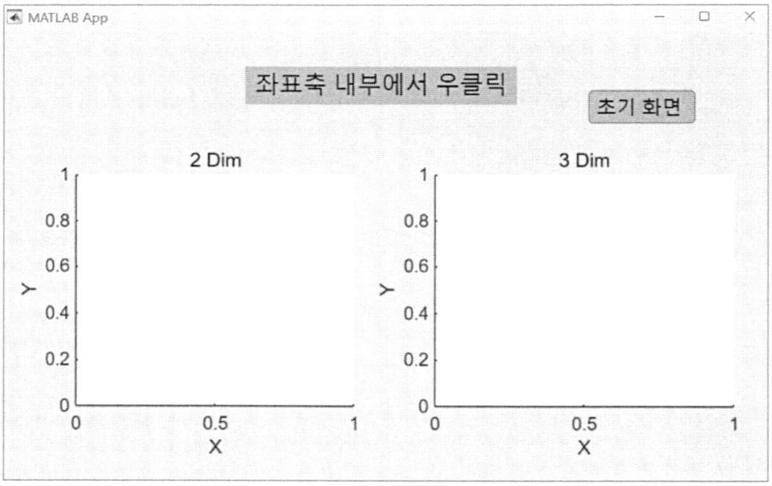

그림16a

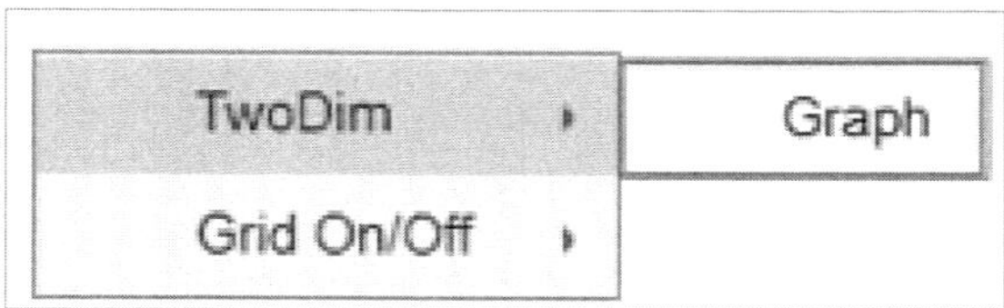

이 박스에서 서브 항목인 Graph를 선택하면 앞 [그림8]에 제공된 콜백 함수의 내용이 실행되어 [그림16b]와 같이 무한대 기호 모양의 2차원 곡선이 왼쪽 좌표축에 출력된다. 무한대 모양의 곡선이 있는 왼쪽 좌표축에서 다시 우클릭하여 [그림16c]와 같이 상황별 메뉴가 팝업되게 하고 이번에는 On 서브 항목을 선택한다.

그림16b

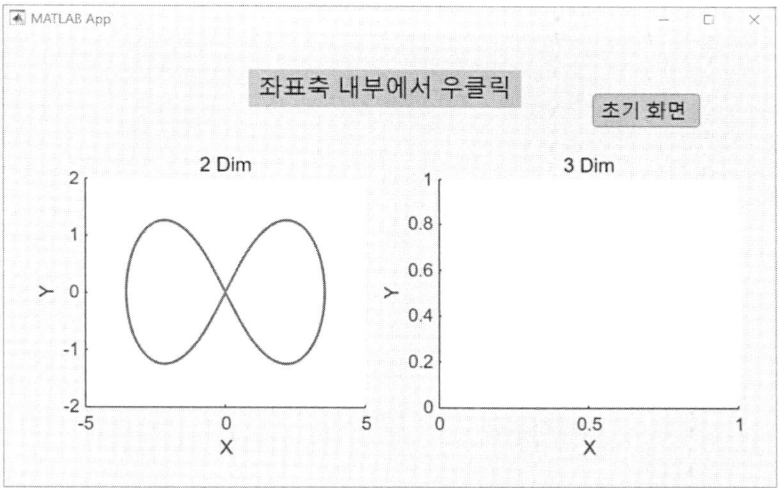

그림16c

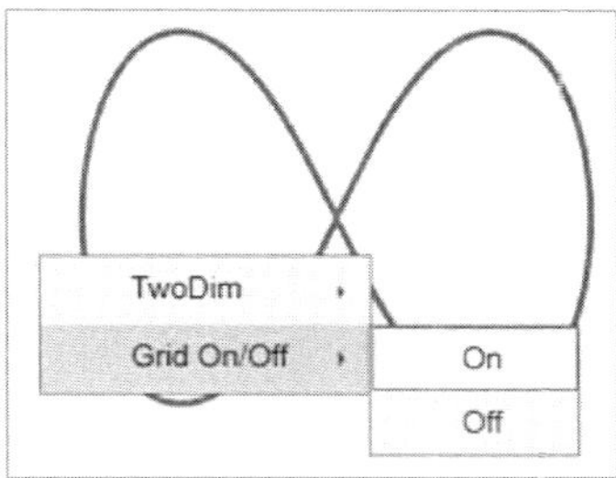

그 선택의 결과로 앞 [그림9]의 콜백 함수 내용이 실행되어 [그림16d]와 같이 왼쪽 좌표축에 격자선이 그려진다. 격자선이 출력된 상황에서 만약에 Off 서브 항목을 선택하면 앞 [그림10]의 콜백 함수 내용에 의하여 격자선이 삭제된다.

그림16d

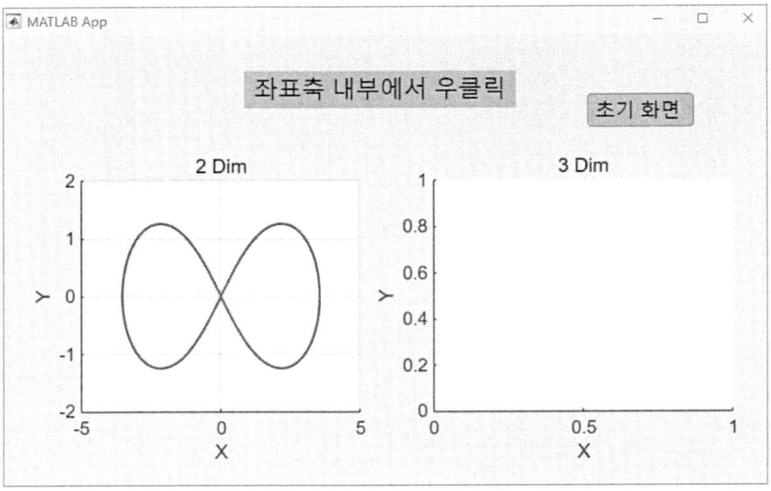

다음으로 [그림16d]와 같은 앱 창에서 마우스를 오른쪽 좌표축 내부로 이동한 뒤에 우클릭을 하면 [그림17a]와 같이 두 번째 상황별 메뉴인 팝업 박스가 생성된다.

그림17a

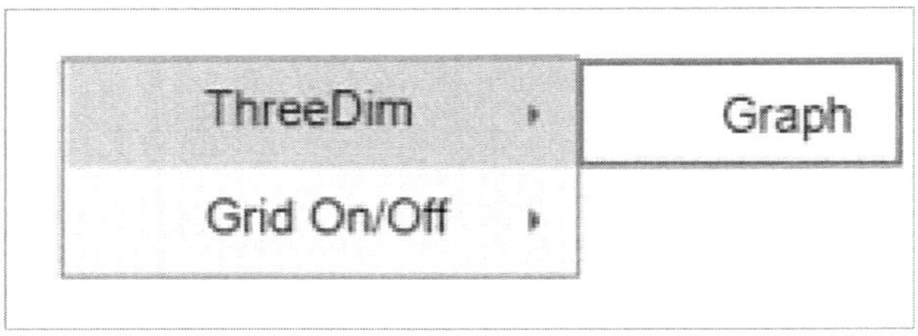

이 박스에서 서브 항목인 Graph를 선택하면 앞 [그림11]의 콜백 함수 내용이 실행되어 다음 [그림17b]와 같이 3차원 곡면이 오른쪽 좌표축에 출력된다. 3차원 곡면이 출력된 [그림17b]의 상황일 때 오른쪽 좌표축에서 다시 우클릭하여 [그림17c]와 같이 상황별 메뉴가 팝업되게 하고 이번에는 On 서브 항목을 선택한다.

그림17b

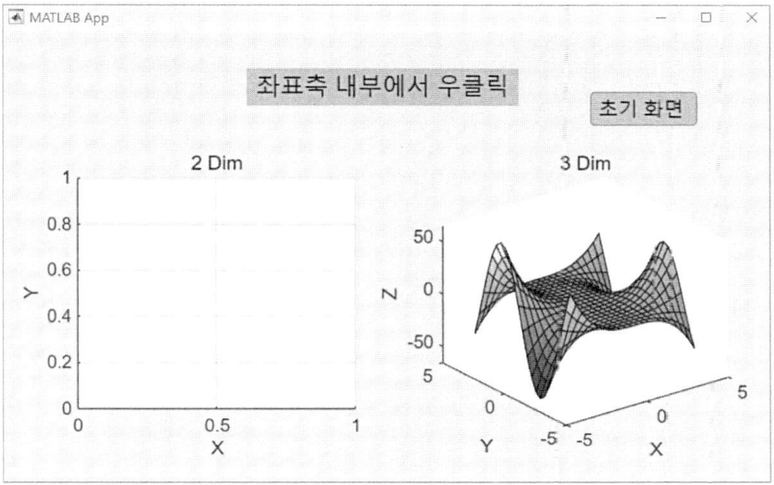

그림17c

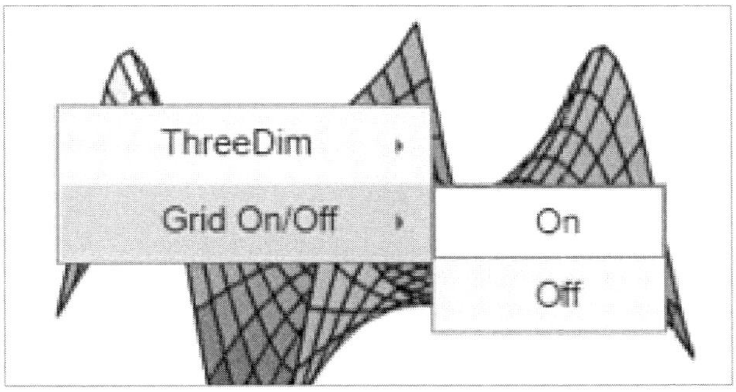

그 선택의 결과로 앞 [그림12]의 콜백 함수 내용이 실행되어 [그림17d]와 같이 오른쪽 좌표축에 격자선이 그려진다. 격자선이 출력된 상황에서 만약에 Off 서브 항목을 선택하면 앞 [그림13]의 콜백 함수 내용에 의하여 오른쪽 좌표축의 격자선이 삭제된다.

그림17d

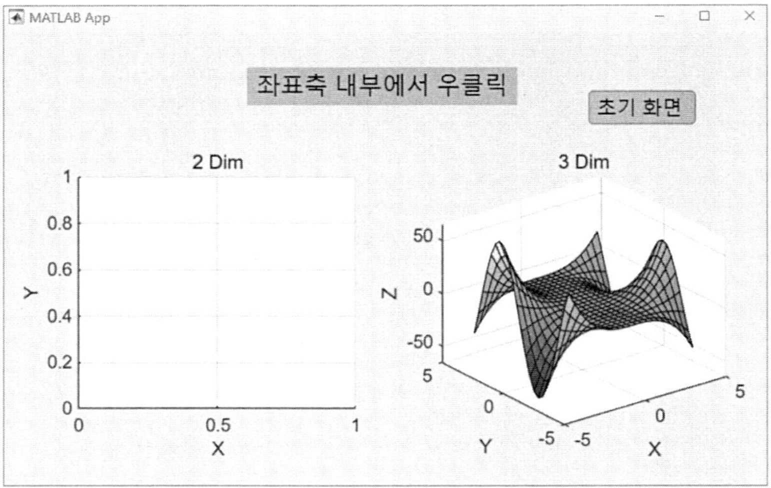

[그림17d]와 같은 앱 창에서 오른쪽 위에 위치한 [버튼] 구성요소인

초기 화면

을 클릭하면 앞 [그림15]와 같은 초기 앱 창의 형식으로 다시 돌아간다.

지금까지 <1단계>–<6단계>의 내용으로 [FIGURE 툴]의 [상황별 메뉴] 구성요소 사용 방법에 대하여 알아보았다.

CHAPTER 05

계측 구성요소

CHAPTER

05 계측 구성요소

앱 디자이너의 [구성요소 라이브러리]에서 [계측] 영역에 속해있는 [계기판], [노브], [스위치], [램프] 구성요소를 5.1절부터 5.5절까지의 내용에서 설명할 것이다.

5.1절 계기판, 계기판(90도), 계기판(반원형), 계기판(선형)

이번 절에서는 [구성요소 라이브러리]의 [계측] 영역에 있는 [계기판(Gauge)] 구성요소의 사용 방법을 알아본다. 앱 창에서 계기판 모양의 구성요소를 사용할 수 있고 그 모양의 종류로 네 가지가 있다. 네 가지 종류는 [그림1]과 같이

(i) 원형(circular) 모양의 [계기판],
(ii) 90도(ninetydegree) 모양의 [계기판(90도)],
(iii) 반원(semicircular) 모양의 [계기판(반원형)],
(iv) 선형(linear) 모양의 [계기판(선형)]

로 분류될 수 있다.

그림1

(i)	(ii)	(iii)	(iv)
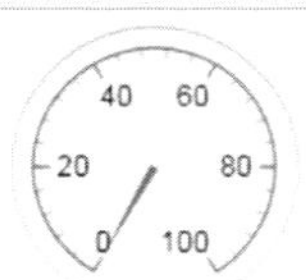	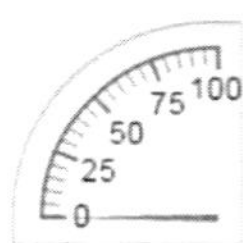	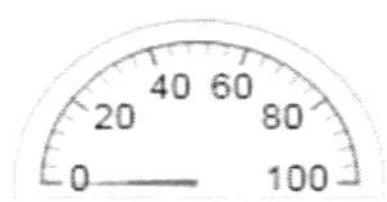	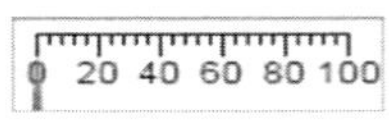

이번 절에서는 위의 네 가지 계기판 중에 대표로서 첫 번째의 원형(circular) 모양의 [계기판] 구성요소의 사용 방법을 알아볼 것이다. 모양에서 차이가 있을 뿐, 원형 모양이 아닌 다른 세 가지의 [계기판] 구성요소의 사용 방법은 이번 절에서 설명하는 원형 모양의

[계기판] 구성요소의 사용 방법과 유사하다.

1장의 내용을 참고하여 [그림2]와 같이 [캔버스]를 만든다.

그림2

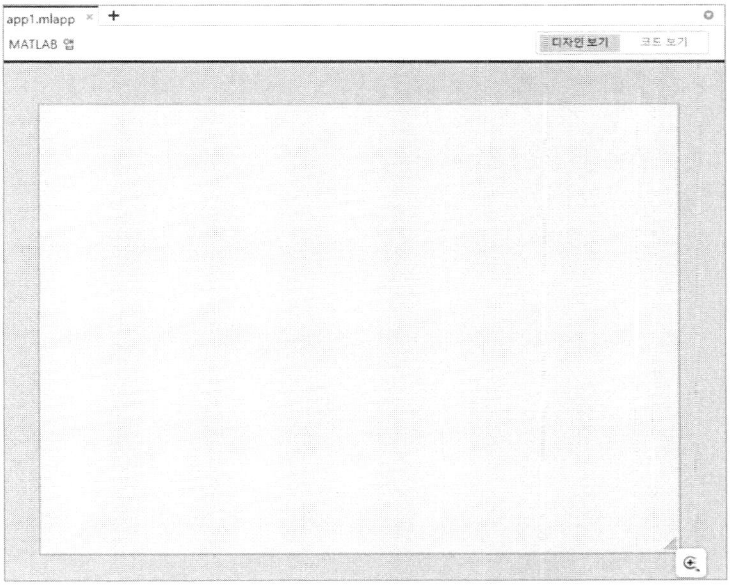

계속해서 다음 <1단계>-<3단계>의 내용을 수행한다.

<1단계>

첫 번째로 [구성요소 라이브러리]에서 [일반]에 위치한 [좌표축] 구성요소를 다음 [그림3]과 같이 [캔버스]의 오른쪽 위치에 끌어다 놓고 제목과 폰트 크기를 오른쪽의 [구성요소 브라우저] 영역에서 다음과 같이 설정한다:

[좌표축] > [레이블] > [Title String] : K*sin(x)

[좌표축] > [글꼴] > [FontSize] : 18

두 번째로 [구성요소 라이브러리]에서 [일반]에 위치한 [편집 필드(숫자)] 구성요소를 [그림3]과 같이 [캔버스]의 왼쪽 상단에 끌어다 놓고 레이블 제목과 폰트 크기를 오른쪽

의 [구성요소 브라우저] 영역에서 다음과 같이 설정한다:

[편집 필드] > [레이블] : K값 입력 =
[편집 필드] > [글꼴과 색] > [FontSize] : 25

세 번째로 [구성요소 라이브러리]에서 [계측]에 위치한 [계기판] 구성요소를 [그림3]과 같이 [좌표축]의 옆에 끌어다 놓고 레이블 제목과 폰트 크기를 오른쪽의 [구성요소 브라우저] 영역에서 다음과 같이 설정한다:

[계기판] > [레이블] : K
[계기판] > [글꼴과 색] > [FontSize] : 16

그림3

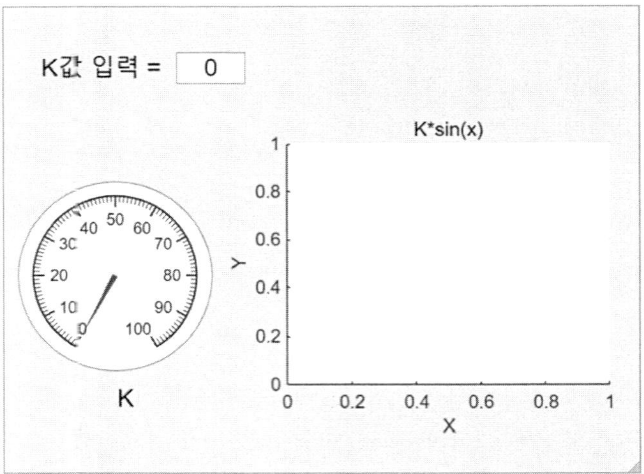

지금까지의 내용을 완료하고 구성요소들의 크기와 위치를 [그림3]과 같이 조정한 뒤에 MyGauge.mlapp 파일명으로 저장한다.

<2단계>

앞 [그림3]에서 왼쪽 위에 있는 [편집 필드(숫자)] 구성요소를 우클릭하면 팝업 박스가 화면에 출력된다. 이 팝업 박스에서

[콜백] > [ValueChangedFcn 콜백 추가]

항목을 선택한다. 생성된 KEditFieldValueChanged 콜백 함수를 [그림4]의 내용으로 편집한다.

그림4

```
        % Value changed function: KEditField
        function KEditFieldValueChanged(app, event)
            Kvalue = app.KEditField.Value;
            app.KGauge.Value = Kvalue;
            x = 0:pi/100:2*pi;
            plot(app.UIAxes, x, Kvalue*sin(x));
        end
```

한편, [구성요소 브라우저] 상단을 보면 다음 [그림5]의 내용을 볼 수 있는데 이것으로부터 앞 [그림3]에서

(i) [계기판] 구성요소는 app.KGauge,

(ii) [편집 필드(숫자)] 구성요소는 app.KEditField,

(iii) [좌표축] 구성요소는 app.UIAxes

항목에 대응하는 것을 확인할 수 있다.

그림5

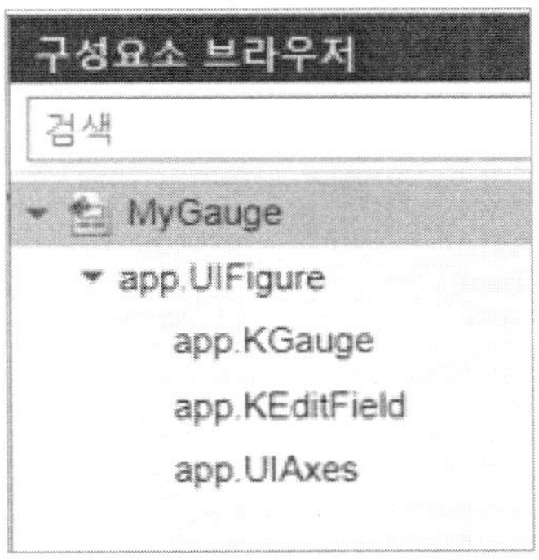

<3단계>

지금까지의 내용이 완료된 MyGauge.mlapp 파일을 실행하면 다음 [그림6]과 같은 초기 앱 창을 보여준다. 다음으로 [그림6]에서 K값으로 30을 입력하고 Enter 키를 선택하면(또는 30을 입력하고 [편집 필드(숫자)] 구성요소 영역 밖을 클릭하면) 다음 [그림7]의 결과가 출력된다. 즉 계기판의 바늘이 30을 가리키고 좌표축에는 $30\sin(x)$에 대응하는 그래프가 출력된다.

그림6

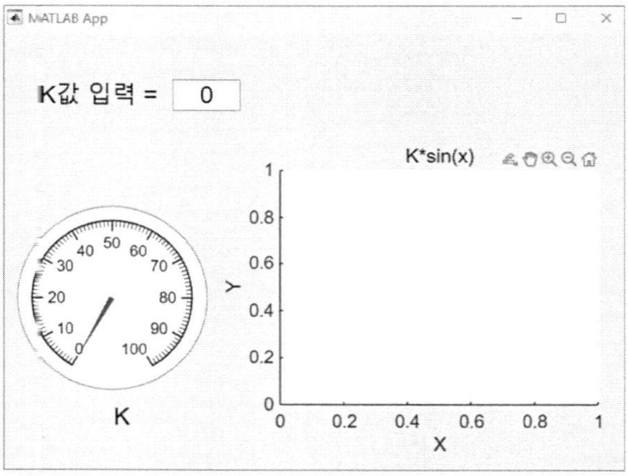

그림7

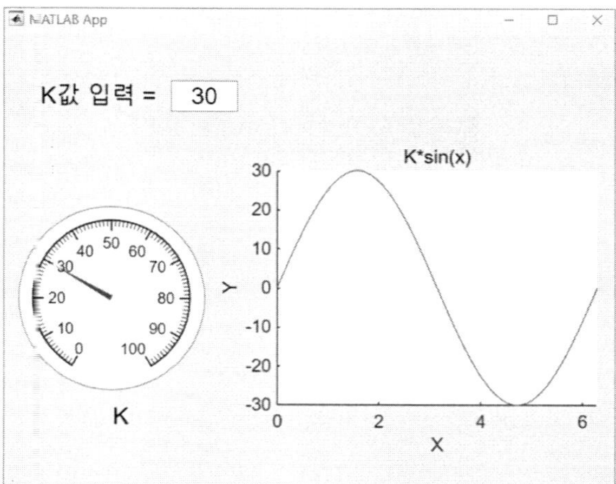

[그림7]과 같은 앱 창의 결과가 얻어지는 이유는 앞 [그림4]에서 제공된 콜백 함수 내용 때문이다. [그림4]의 내용을 다음 (a)-(c)에서 자세히 설명하여 본다. 즉 [그림4]의 내용에 의하면

(a) 18번째 줄에 있는

```
Kvalue = app.KEditField.Value;
```

에 의하여 입력된 30이 Kvalue 변수에 저장된다.

(b) 19번째 줄에 있는

```
app.KGauge.Value = Kvalue;
```

에 의하여 앞 [그림7]과 같이 앱 창에 있는 [계기판]의 눈금이 30을 가리키게 된다.

(c) 20번째와 21번째 줄에 있는

```
x = 0:pi/100:2*pi;
plot(app.UIAxes, x, Kvalue*sin(x));
```

에 의하여 [그림7]과 같이 앱 창에 있는 [좌표축]에 $30\sin(x)$ 수식에 대응하는 그래프가 출력되었다.

참고로 [디자인 보기]에서 [캔버스]에 있는 [계기판]을 우클릭하면 팝업 박스가 생성되고

[상황별 메뉴] > [새 상황별 메뉴 추가]

항목을 선택하여 [계기판]에 상황별 메뉴를 만들 수도 있다.

지금까지 앞 <1단계>-<3단계>의 내용으로 [계측]의 [계기판] 구성요소 사용 방법에 대하여 알아보았다. 이번 절의 앞에서도 설명하였듯이 [그림6] 또는 [그림7]과 같이 앱 창에서 원형의 [계기판] 구성요소를 사용하는 것 대신에 다른 모양의 [계기판] 구성요소인

(a) 90도(ninetydegree) 모양의 [계기판(90도)],
(b) 반원(semicircular) 모양의 [계기판(반원형)],
(c) 선형(linear) 모양의 [계기판(선형)]

을 사용할 수 있는데 이번 절의 내용을 같은 방식으로 적용하면 된다.

5.2절 노브

이번 절에서는 [구성요소 라이브러리]의 [계측]에 있는 [노브(Knob)] 구성요소의 사용 방법을 알아본다. 앱 창에서 노브 모양의 구성요소를 사용할 수 있고 그 모양의 종류로 두 가지가 있다. 두 가지 종류는 다음 [그림1]과 같이

(i) 회전 형식의 [노브],
(ii) 네 개의 항목이 있는 [노브(이산)],

로 분류될 수 있다.

그림1

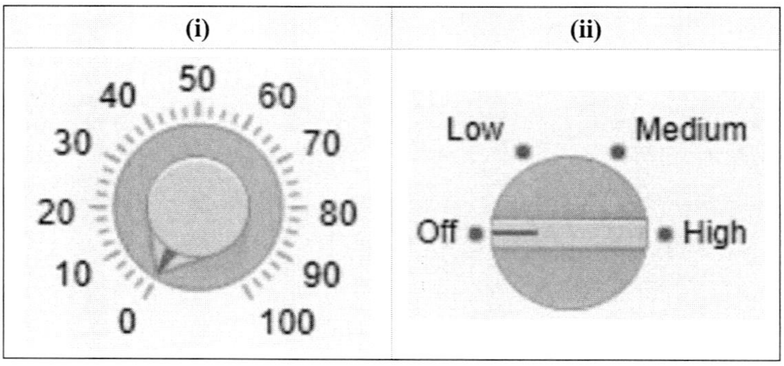

모양에서 차이가 있을 뿐, 앞 5.1절에서 설명한 [계기판] 구성요소의 사용 방법과 유사하다. 우선 이번 절에서는 회전 형식의 [노브] 구성요소를 알아보고 다음 절에서 [노브(이산)] 구성요소의 사용 방법을 설명할 것이다.

1장의 내용을 참고하여 [그림2]와 같이 [캔버스]를 만든다.

그림2

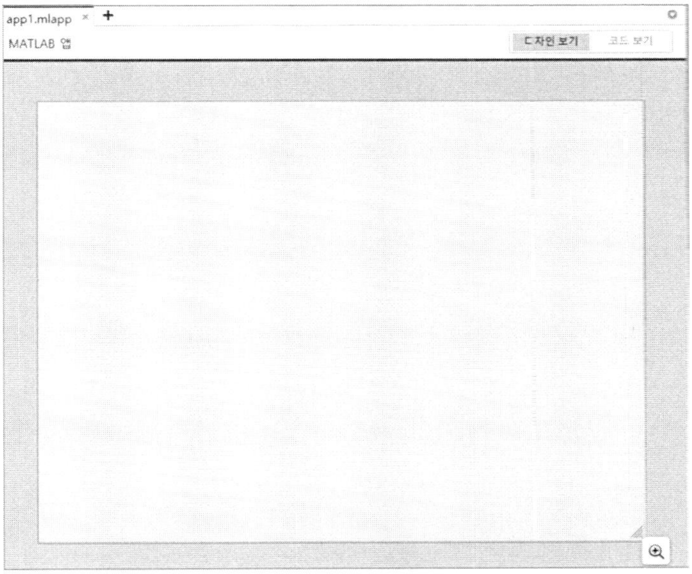

계속해서 다음 <1단계>–<3단계>의 내용을 수행한다.

<1단계>

첫 번째로 [구성요소 라이브러리]에서 [일반]에 위치한 [좌표축] 구성요소를 [그림3]과 같이 [캔버스]의 왼쪽 위치에 끌어다 놓고 제목과 폰트 크기를 오른쪽의 [구성요소 브라우저] 영역에서 다음과 같이 설정한다:

[좌표축] > [레이블] > [Title String] : Ksin(x)

[좌표축] > [글꼴] > [FontSize] : 18

그림3

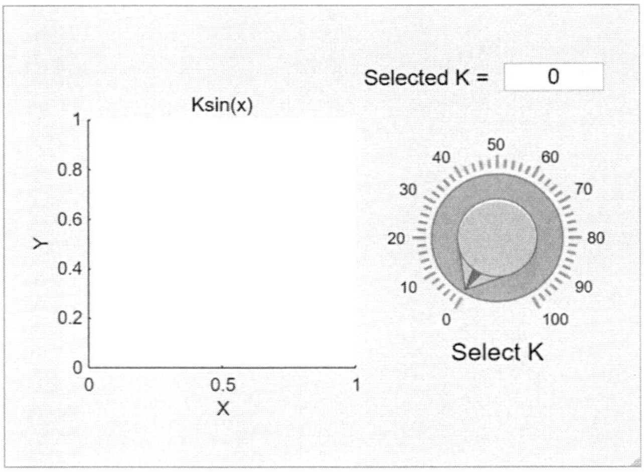

두 번째로 [구성요소 라이브러리]에서 [계측]에 위치한 [노브] 구성요소를 [그림3]과 같이 [좌표축]의 옆에 끌어다 놓고 레이블 제목과 폰트 크기를 오른쪽의 [구성요소 브라우저] 영역에서 다음과 같이 설정한다:

[노브] > [레이블] : Select K
[노브] > [글꼴] > [FontSize] : 16

세 번째로 [노브] 구성요소 안에 있는 [레이블]을 선택하고 폰트 크기를 오른쪽의 [구성요소 브라우저] 영역에서 다음과 같이 설정한다:

[레이블] > [글꼴과 색] > [FontSize] : 25

네 번째로 [구성요소 라이브러리]에서 [일반]에 위치한 [편집 필드(숫자)] 구성요소를 [그림3]과 같이 [캔버스]의 오른쪽 상단에 끌어다 놓고 레이블, 폰트 크기, Editable 항목을 오른쪽의 [구성요소 브라우저] 영역에서 다음과 같이 설정한다:

[편집 필드] > [레이블] : Selected K =
[편집 필드] > [글꼴과 색] > [FontSize] : 22
[편집 필드] > [상호 작용] > [Editable] : [그림4]과 같이 선택 해제

그림4

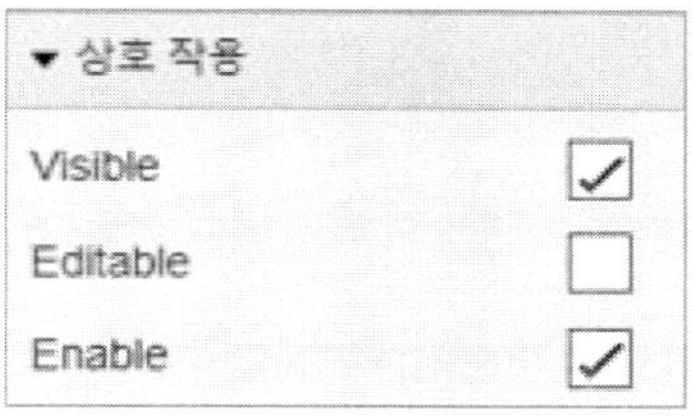

지금까지의 내용을 완료하고 구성요소들의 크기와 위치를 앞 [그림3]과 같이 조정한 뒤에 MyKnob.mlapp 파일명으로 저장한다.

<2단계>

앞 [그림3]에서 오른쪽에 있는 [노브] 구성요소를 우클릭하면 팝업 박스가 화면에 출력된다. 이 팝업 박스에서

[콜백] > [ValueChangedFcn 콜백 추가]

항목을 선택한다. 생성된 SelectKKnobValueChanged 콜백 함수를 다음 [그림5]와 같이 편집한다.

그림5

```
        % Value changed function: SelectKKnob
        function SelectKKnobValueChanged(app, event)
            Kvalue = app.SelectKKnob.Value;
            app.SelectedKEditField.Value = Kvalue;
            x = 0:pi/100:2*pi;
            plot(app.UIAxes, x, Kvalue*sin(x));
        end
```

한편, [구성요소 브라우저] 상단을 보면 다음 [그림6]의 내용을 볼 수 있는데 이것으로부터 앞 [그림3]에서

(i) [노브] 구성요소는 app.SelectKKnob,

(ii) [편집 필드(숫자)] 구성요소는 app.SelectedKEditField.

(iii) [좌표축] 구성요소는 app.UIAxes

항목에 대응하는 것을 확인할 수 있다.

그림6

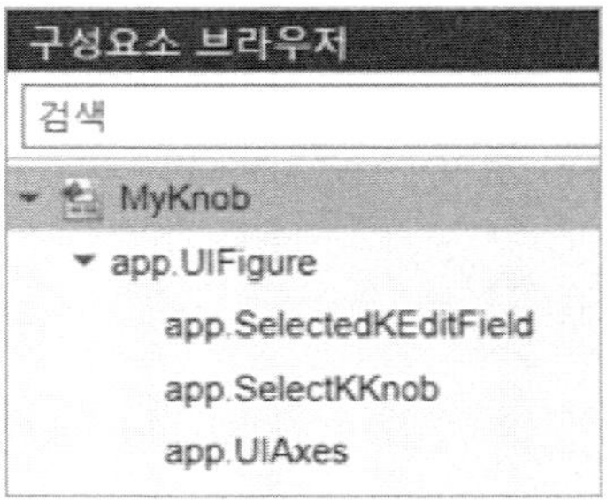

<3단계>

지금까지의 내용이 완료된 MyKnob.mlapp 파일을 실행하면 다음 [그림7]과 같은 초기 앱 창을 보여준다. 다음으로 [그림7]과 같은 앱 창에서 [노브] 구성요소의 바늘을 회전시켜서 70의 위치로 직접 이동시키거나 또는 노브 회전판에서 70의 위치를 클릭하면 다음 [그림8]의 결과가 출력된다. 즉 [편집 필드(숫자)] 구성요소의 값이 70으로 설정되고 좌표축에는 $70\sin(x)$ 에 대응하는 그래프가 출력된다.

그림7

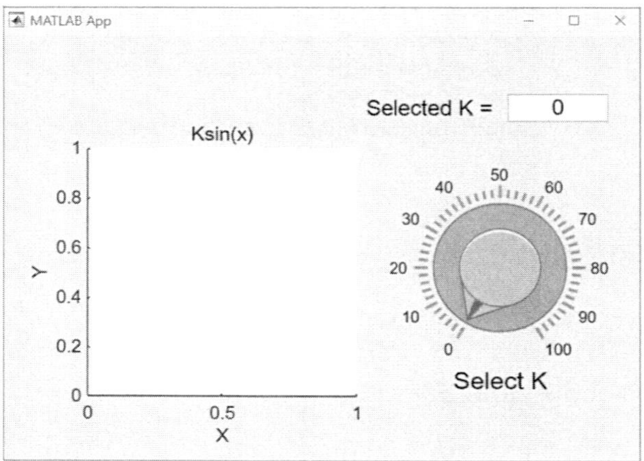

그림8

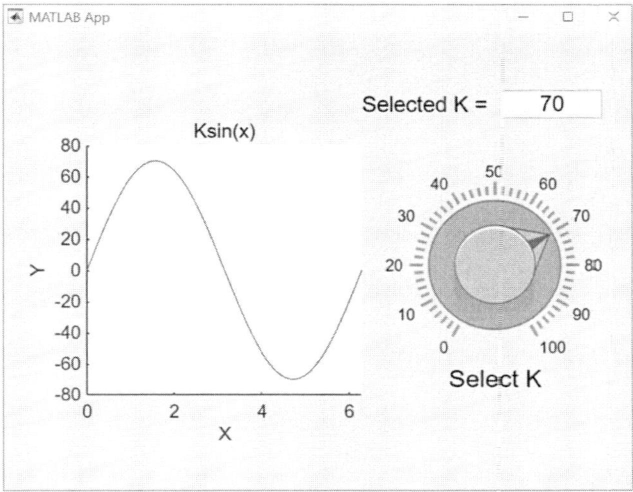

[그림8]과 같은 결과가 얻어지는 이유를 앞 [그림5]에서 제공된 콜백 함수 내용에 의하여 다음 (a)–(c)와 같이 설명할 수 있다. 즉 앞 [그림5]의 내용에 의하면

(a) 18번째 줄에 있는

```
Kvalue = app.SelectKKnob.Value;
```

에 의하여 [노브]에서 선택된 70이 Kvalue 변수에 저장된다.

(b) 19번째 줄에 있는

```
app.SelectedKEditField.Value = Kvalue;
```

에 의하여 [그림8]과 같이 앱 창에 있는 [편집 필드(숫자)] 구성요소의 값이 70으로 설정되고 있다. 이때 [편집 필드(숫자)]의 박스 안에 있는 70은 앱 창에서 편집될 수 없다. 그 이유는 [구성요소 브라우저] 영역에서 [상호 작용]의 [Editable] 항목의 선택을 앞 [그림4]와 같이 해제하였기 때문이다.

(c) 20번째와 21번째 줄에 있는

```
x = 0:pi/100:2*pi;
plot(app.UIAxes, x, Kvalue*sin(x));
```

에 의하여 [그림8]과 같이 앱 창에 있는 [좌표축]에 **70 sin (x)** 수식에 대응하는 그래프가 출력되었다.

지금까지 <1단계>-<3단계>의 내용으로 [계측]의 [노브] 구성요소 사용 방법에 대하여 알아보았다.

5.3절 · 노브(이산)

이번 절에서는 [구성요소 라이브러리]의 [계측]에 있는 [노브(이산)] 또는 [Discrete Knob] 구성요소의 사용 방법을 알아본다. 앱 창에서 [노브(이산)] 구성요소를 사용할 수 있고 그 모양은 [그림1]과 같다.

그림1

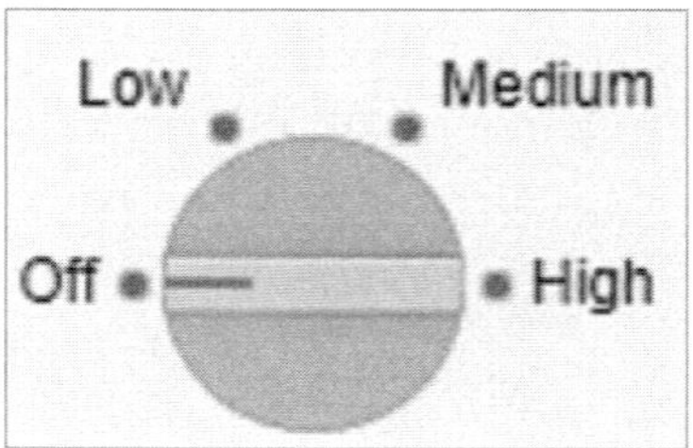

1장의 내용을 참고하여 [그림2]와 같이 [캔버스]를 만든다.

그림2

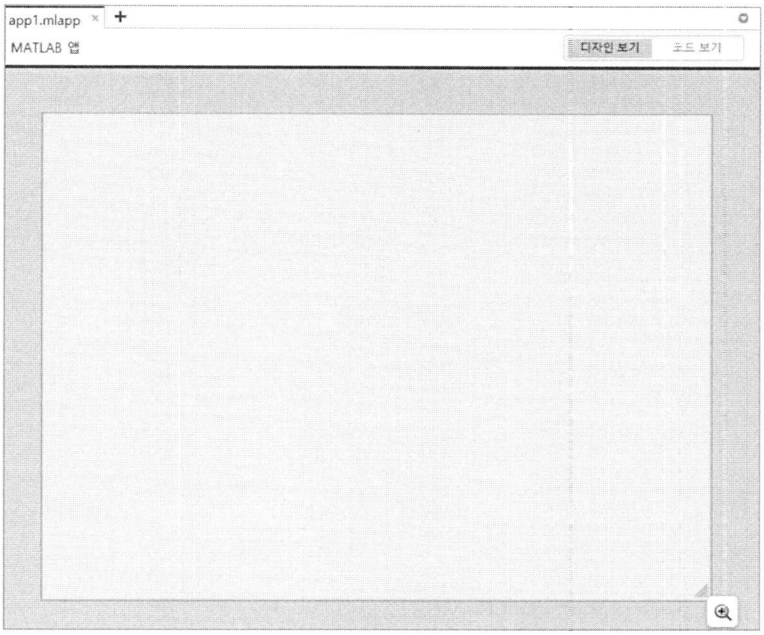

계속해서 다음 <1단계>-<4단계>의 내용을 수행한다.

<1단계>

첫 번째로 [구성요소 라이브러리]에서 [일반]에 위치한 [좌표축] 구성요소를 [그림3]과 같이 [캔버스]의 왼쪽 위치에 끌어다 놓고 제목과 폰트 크기를 오른쪽의 [구성요소 브라우저] 영역에서 다음과 같이 설정한다:

[좌표축] > [레이블] > [Title String] : Black Ball
[좌표축] > [글꼴] > [FontSize] : 20

그림3

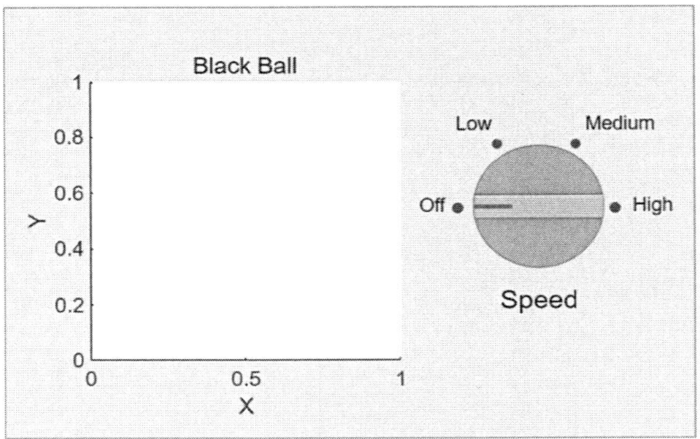

두 번째로 [구성요소 라이브러리]에서 [계측]에 위치한 [노브(이산)] 구성요소를 [그림3]과 같이 [좌표축]의 옆에 끌어다 놓고 레이블 제목과 폰트 크기를 오른쪽의 [구성요소 브라우저] 영역에서 다음과 같이 설정한다:

[노브(이산)] > [레이블] : Speed
[노브(이산)] > [글꼴] > [FontSize] : 18

세 번째로 [노브(이산)] 구성요소에서 [레이블]만을 따로 선택하고 그 폰트 크기를 오른쪽의 [구성요소 브라우저] 영역에서 다음과 같이 설정하여 앞 [그림3]에서와 같이 Speed 글자 크기를 확대한다:

[레이블] > [글꼴과 색] > [FontSize] : 25

지금까지의 내용을 완료하고 구성요소들의 크기와 위치를 [그림3]와 같이 조정한 뒤에 MyDiscreteKnob.mlapp 파일명으로 저장한다.

<2단계>

앞 [그림3]의 상황인 [디자인 보기]에서 오른쪽에 있는 [노브(이산)] 구성요소를 우클릭하면 팝업 박스가 화면에 출력된다. 이 팝업 박스에서

[콜백] > [ValueChangedFcn 콜백 추가]

항목을 선택한다. 생성된 SpeedKnobValueChanged 콜백 함수를 다음 [그림4a]–[그림4c]와 같이 편집한다.

그림4a

```
        % Value changed function: SpeedKnob
        function SpeedKnobValueChanged(app, event)
            Speedvalue = app.SpeedKnob.Value;
            p=plot(app.UIAxes,0,50,'o','markeredgecolor','k',...
                'markerfacecolor','k','MarkerSize',15);
            axis(app.UIAxes, [-0.5 6 -25 60]);
            grid(app.UIAxes,"on");
            if Speedvalue == "Off"
                return;
            end
```

그림4b

```
            MyQuestion=...
                '₩fontsize{16} Do you want to see a moving black ball?';
            mySelect = uiconfirm(app.UIFigure,MyQuestion,'Select',...
                'Options',{'Y','N'},'DefaultOption','Y','Interpreter','tex');
            if mySelect == 'N'
                delete(p);
                grid(app.UIAxes,"off");
                return;
            end
            xlabel(app.UIAxes, '시간');  ylabel(app.UIAxes, '높이');
```

그림4c

```
            g = 9.8;
            for t=0:0.1:5
                z=-(g/2)*t^2+10*t + 50; % 높이 계산
                set(p,'XData',t,'YData',z); % 움직이는 공
                switch Speedvalue
                    case 'Low'
                        pause(0.2);
                    case 'Medium'
                        pause(0.1);
                    case 'High'
                        pause(0.05);
                end
            end
        end
```

이때, [구성요소 브라우저] 상단을 보면 다음 [그림5]의 내용을 볼 수 있는데 이것으로부터 앞 [그림3]에서

(i) [노브(이산)] 구성요소는 app.SpeedKnob
(ii) [좌표축] 구성요소는 app.UIAxes

항목에 대응하는 것을 확인할 수 있다.

그림5

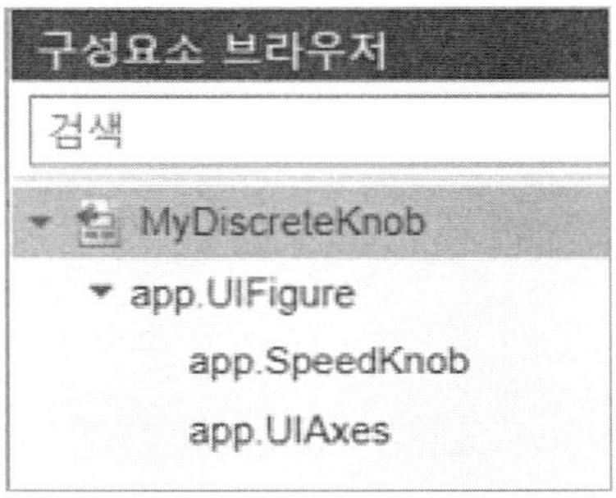

<3단계>

지금까지의 내용이 완료된 MyDiscreteKnob.mlapp 파일을 실행하면 다음 [그림6]과 같은 초기 앱 창을 보여준다. 계속해서 [그림6]의 [노브(이산)] 구성요소에서 Low, Medium, High 항목을 각각 선택하면 검은공이 다음 [그림7]에 제공된 포물선 모양의 곡선 방향으로 움직이게 된다. 이 세 가지 항목에서

(i) Low를 선택하면 세 경우 중에 가장 느리게
(ii) Medium을 선택하면 세 경우 중에 중간 정도의 속도로
(iii) High를 선택하면 세 경우 중에 가장 빠르게

검은공이 움직이게 된다.

그림6

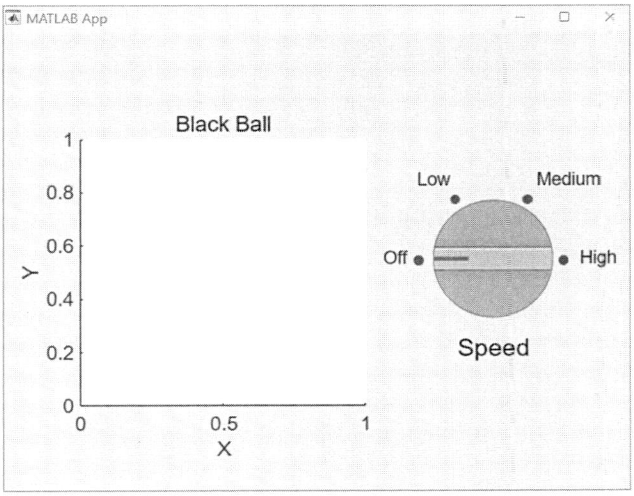

그림7

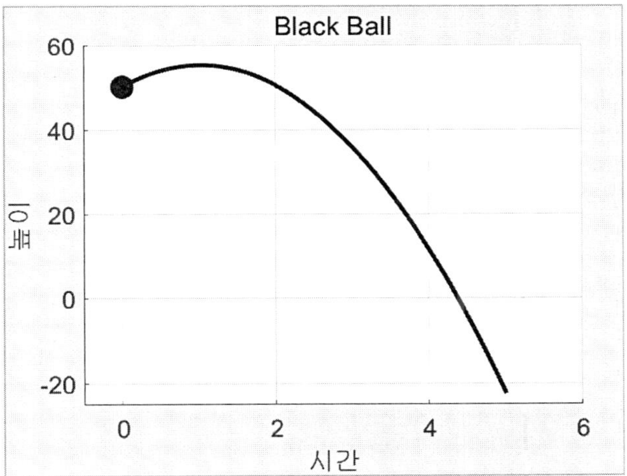

예를 들어, 앞 [그림6]에서 [노브(이산)] 구성요소의 Medium 항목을 선택하면 다음 [그림8]과 같이 [대화 상자]가 앱 창에 출력되고

Do you want to see a moving black ball?

와 같은 메시지를 볼 수 있다. 이렇게 출력된 [대화 상자]에서 'Y'를 선택하면 앞 [그림7]에 제공된 포물선 모양의 곡선 방향으로 검은 공이 움직이다가 곡선의 끝에서 다음 [그림9]와 같은 위치에서 검은공이 정지한다.

그림8

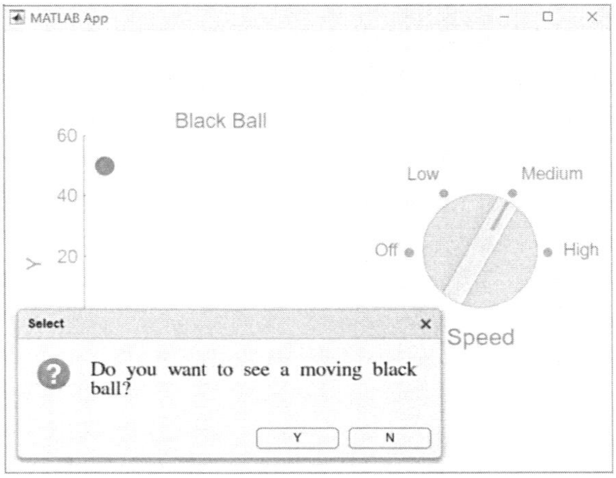

그림9

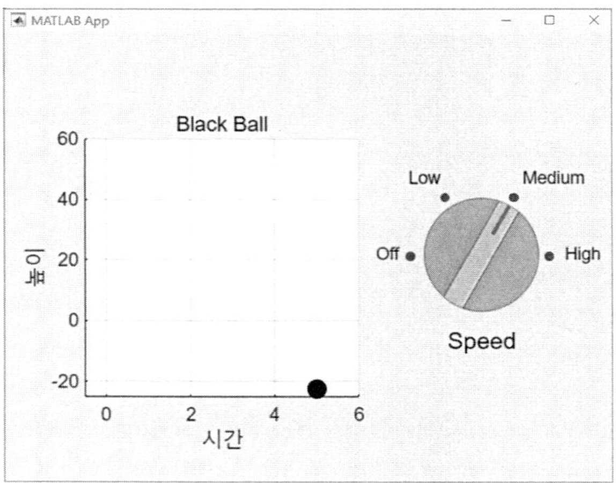

이번에는 [그림9]의 상황에서 [노브(이산)] 구성요소의 High 문구를 클릭하면 그 결과로 다음 [그림10]과 같이 [노브(이산)] 구성요소의 회전 스위치가 High 항목을 가리키게 되

고, 또한 앞 [그림8]에서 보았던 [대화 상자]가 [그림10]에서와 같이 앱 창에 다시 출력된다. 출력된 [대화 상자]에서 'Y'를 선택하면 앞 [그림7]에 제공된 포물선 모양의 곡선 방향으로 검은 공이 Medium 항목을 선택하였을 때보다 더 빠르게 움직이다가 곡선의 끝에서 검은공이 정지할 것이다. 만약에 [그림10]에서 대화 상자의 N 항목을 선택하면, 그 결과로 [그림11]과 같이 [좌표축]에서 격자선과 검은공이 모두 제거된다.

그림10

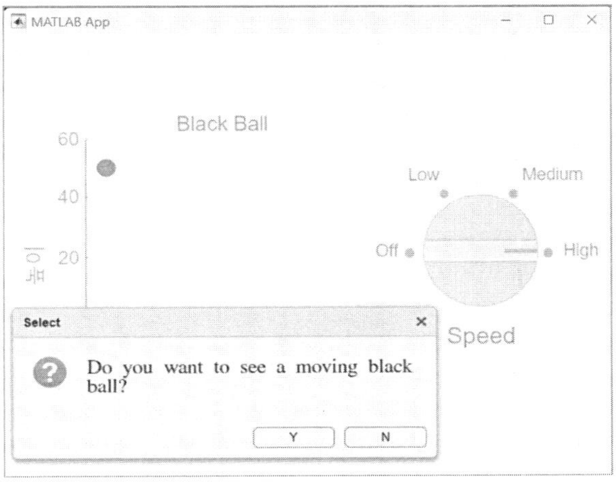

그림11

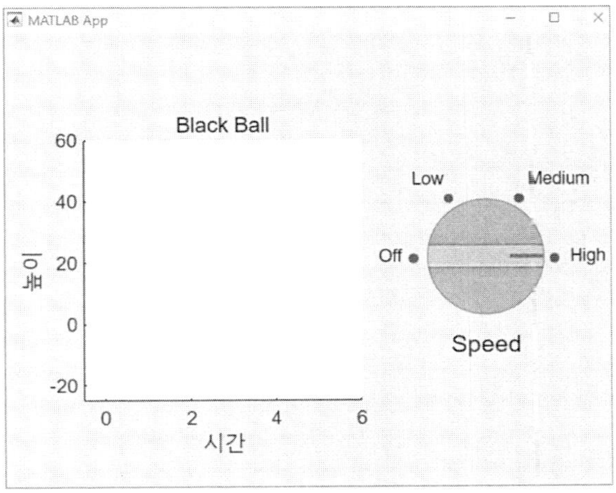

격자선과 검은공이 모두 제거된 [그림11]과 같은 앱 창에서 [노브(이산)] 구성요소의 Off 항목을 선택하면 다음 [그림12]와 같이 [좌표축]에서 격자선이 다시 생성되고 검은 공이 처음 위치인 $(x,y)=(0,50)$ 에 놓이게 된다.

그림12

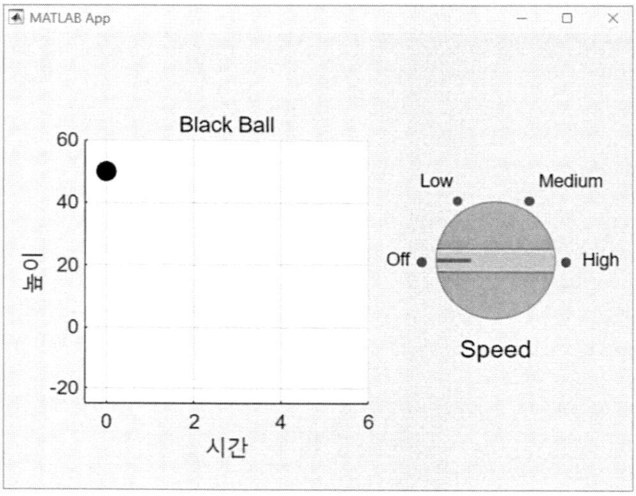

이후로 [그림12]의 상황에서 [노브(이산)] 구성요소의 Low, Medium, High 항목을 각각 선택하면 앞에서 설명되었던 결과들을 다시 확인할 수 있다. 즉, 포물선 모양의 곡선 방향으로 서로 다른 속도를 가진 검은공이 움직이는 것을 관찰할 수 있다.

<4단계>

앞 <3단계>에서 설명된 앱 창의 결과들을 앞 [그림4a]-[그림4c]에서 제공된 내용에 의하여 다음 첫 번째부터 세 번째 내용으로 나누어 설명할 수 있다.

첫 번째로 앞 [그림6]의 앱 창에서 Medium 항목을 선택하여 앞 [그림8]과 같이 [대화상자]가 앱 창 위에 출력된 이유는 [그림4b]에서 24번째 줄부터 27번째 줄까지의 내용에 대응하는 다음 [그림13a]와 같은 내용이 실행되었기 때문이다.

그림13a

```
24            MyQuestion=...
25               '₩fontsize{16} Do you want to see a moving black ball?';
26            mySelect = uiconfirm(app.UIFigure,MyQuestion,'Select',...
27               'Options',{'Y','N'},'DefaultOption','Y','Interpreter','tex');
```

앞 [그림13a]와 같은 내용에서 명령어 uiconfirm을 실행하면 다음 [그림13b]와 같이 대화 상자가 앱 창에 출력된다.

그림13b

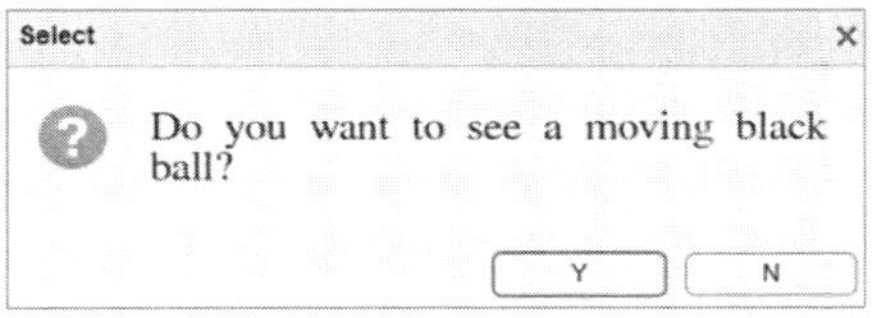

명령어 uiconfirm를 자세히 설명하면,

(i) 입력 인자 중에 하나인 Options 항목을 이용하여 Y 또는 N과 같이 선택할 수 있는 서브 박스들을 생성할 수 있다.

(ii) [대화 상자] 안에 출력되는 메시지의 크기를 설정할 수 있다: 앞 [그림4b]의 25번째 줄의 내용과 같이 fontsize 명령어를 이용하고, 입력 인자 중에 하나인 Interpreter 항목의 값을 tex로 설정하면 된다.

(iii) 입력 인자 중에 하나인 DefaultOption 항목의 값을 Y로 설정하여 [그림13b]에서와 같이 Y 항목을 N 항목보다 좀 더 색(color)이 진하게 출력한다.

두 번째로 앞 [그림8] 또는 [그림10]에서 Y 항목을 선택하였을 때 검은공이 포물선 운동을 하는 이유는 앞 [그림4c]에 주어진 34번째 줄부터 46번째 줄까지의 내용에서 for-end 문이 실행되기 때문이다. 자세히 설명하면 0에서 5까지 변하는 시간 변수 t에 대하여 검은 공의 높이가 36번째 줄에 주어진

z=-(g/2)*t^2+10*t + 50;

에 의하여 결정된다. 한편 앞 [그림4a]에 주어진 17번째 줄과 18번째 줄의 내용인

```
p = plot(app.UIAxes,0,50,'o','markeredgecolor','k',...
     'markerfacecolor','k','MarkerSize',15);
```

에 의하여 생성된 검은 공에 대응하는 객체를 p 변수에 저장하였다. 이 p 변수를 [그림4c]에 주어진 37번째 줄의 내용인

```
set(p,'XData',t,'YData',z);
```

으로 운동하는 검은 공을 구현하고 있다. 또한 [그림4c]에 있는 38번째 줄부터 45번째 줄까지의 내용인

```
switch Speedvalue
    case 'Low'
        pause(0.2);
    case 'Medium'
        pause(0.1);
    case 'High'
        pause(0.05);
end
```

에 의하여 검은 공의 운동 속도를 조절하는 방법으로 pause 명령어를 이용하였다.

세 번째로 앞 [그림10]에서 N 항목을 선택하였을 때 그 다음 절차인 [그림11]과 같은 결과는 앞 [그림4b]의 28번째 줄부터 32번째 줄에 있는

```
if mySelect == 'N'
    delete(p);
    grid(app.UIAxes,"off");
    return;
end
```

와 같은 내용이 실행되었기 때문이다. 즉

delete(p)과 grid(app.UIAxes,"off")

명령어에 의하여 검은공과 격자선을 각각 삭제하였다. 마지막으로 return 명령어를 이용하여 콜백 함수의 실행을 멈추게 하였다.

지금까지 <1단계>-<4단계>의 내용으로 [계측]의 [노브(이산)] 구성요소 사용 방법에 대하여 알아보았다.

5.4절 스위치, 스위치(로커), 스위치(토글)

이번 절에서는 [구성요소 라이브러리]의 [계측]에 있는 [스위치(Switch)], [스위치(로커)] 또는 [Rock Switch], [스위치(토글)] 또는 [Toggle Switch] 구성요소의 사용 방법을 알아본다. 앱 창에서 스위치 모양의 구성요소를 사용할 수 있고 그 모양의 종류로 세 가지가 있다. 세 가지 종류는 다음 [그림1]과 같이

(i) 스위치
(ii) 스위치(로커)
(iii) 스위치(토글)

로 분류될 수 있다.

그림1

(i)	(ii)	(iii)

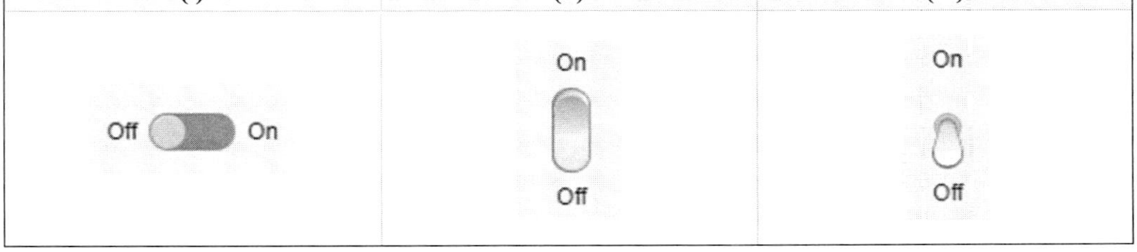

1장의 내용을 참고하여 [그림2]와 같이 [캔버스]를 만든다.

그림2

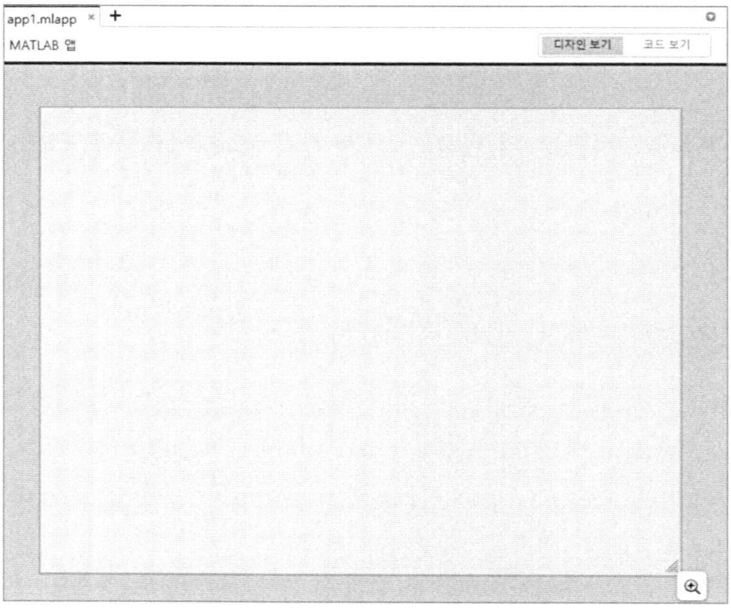

계속해서 다음 <1단계>–<4단계>의 내용을 수행한다.

<1단계>

첫 번째로 [구성요소 라이브러리]에서 [일반]에 위치한 [좌표축] 구성요소를 [그림3]와 같이 [캔버스]의 왼쪽 위치에 끌어다 놓고 제목과 폰트 크기를 오른쪽의 [구성요소 브라우저] 영역에서 다음과 같이 설정한다:

[좌표축] > [레이블] > [Title String] : Moving Ball
[좌표축] > [글꼴] > [FontSize] : 20

그림3

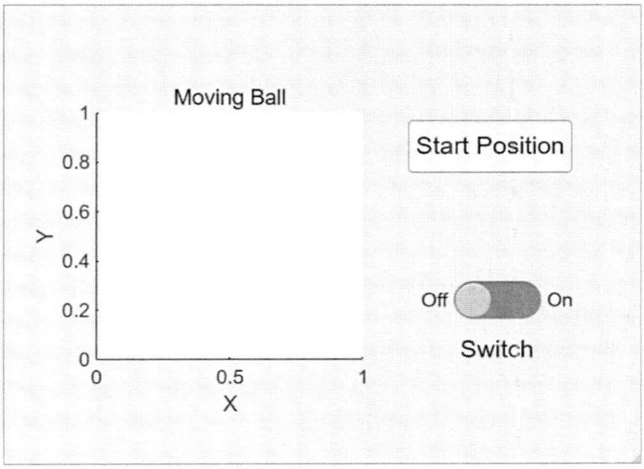

두 번째로 [구성요소 라이브러리]에서 [계측]에 위치한 [스위치] 구성요소를 [그림3]과 같이 [좌표축]의 옆에 끌어다 놓고 레이블 제목과 폰트 크기를 오른쪽의 [구성요소 브라우저] 영역에서 다음과 같이 설정한다:

[스위치] > [레이블] : Switch
[스위치] > [글꼴] > [FontSize] : 20

세 번째로 [스위치] 구성요소에서 [레이블]만을 따로 선택하고 그 폰트 크기를 오른쪽의 [구성요소 브라우저] 영역에서 다음과 같이 설정하여 [그림3]에서와 같이 Switch 글자 크기를 확대한다:

[레이블] > [글꼴과 색] > [FontSize] : 25

네 번째로 [구성요소 라이브러리]에서 [일반]에 위치한 [버튼] 구성요소를 [그림3]과 같이 [스위치] 구성요소 위에 끌어다 놓고 제목과 폰트 크기를 오른쪽의 [구성요소 브라우저] 영역에서 다음과 같이 설정한다:

[버튼] > [버튼] > [Text] : Start Position
[버튼] > [글꼴과 색] > [FontSize] : 25

위의 첫 번째부터 네 번째까지의 내용을 완료하고 구성요소들의 크기와 위치를 앞 [그림3]과 같이 조정한 뒤에 MySwitch.mlapp 파일명으로 저장한다.

<2단계>

앞 [그림3]의 상황인 [디자인 보기]에서 [스위치] 구성요소를 우클릭하면 팝업 박스가 화면에 출력된다. 이 팝업 박스에서

[콜백] > [ValueChangedFcn 콜백 추가]

항목을 선택한다. 생성된 SwitchValueChanged 콜백 함수를 다음 [그림4a]–[그림4b]의 내용으로 편집한다.

그림4a

```
        % Value changed function: Switch
        function SwitchValueChanged(app, event)
            SwitchValue = app.Switch.Value;
            p=plot(app.UIAxes,0,50,'o','markeredgecolor','k',...
                'markerfacecolor','k','MarkerSize',15);
            axis(app.UIAxes, [-0.5 6 -25 60]);
            xlabel(app.UIAxes, '시간');  ylabel(app.UIAxes, '높이');
            grid(app.UIAxes,"on");
```

그림4b

```
            switch SwitchValue
                case 'Off'
                    delete(p);
                    grid(app.UIAxes,"off");
                    return;
                case 'On'
                    g = 9.8;
                    for t=0:0.1:4.3
                        z=-(g/2)*t^2+10*t + 50; % 높이 계산
                        set(p,'XData',t,'YData',z); % 움직이는 공
                        pause(0.1);
                    end
            end
        end
```

다음으로 앞 [그림3]의 상황인 [디자인 보기]에서 Start Position [버튼] 구성요소를 우클릭하면 팝업 박스가 화면에 출력된다. 이 팝업 박스에서

[콜백] > [ButtonPushedFcn 콜백 추가]

항목을 선택한다. 생성된 StartPositionButtonPushed 콜벅 함수를 다음 [그림5]의 내용으로 편집한다.

그림5

```
        % Button pushed function: StartPositionButton
        function StartPositionButtonPushed(app, event)
            plot(app.UIAxes,0,50,'o','markeredgecolor','k',...
                'markerfacecolor','k','MarkerSize',15);
            axis(app.UIAxes, [-0.5 6 -25 60]);
        end
```

한편, [구성요소 브라우저] 상단을 보면 다음 [그림6]의 내용을 볼 수 있는데 이것으로부터 앞 [그림3]에서

(i) [버튼] 구성요소는 app.StartPositionButton

(ii) [스위치] 구성요소는 app.Switch

(iii) [좌표축] 구성요소는 app.UIAxes

항목에 대응하는 것을 확인할 수 있다.

그림6

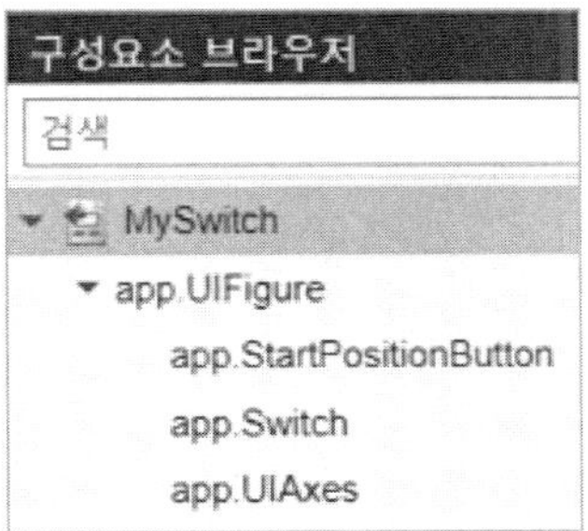

<3단계>

지금까지의 내용이 완료된 MySwitch.mlapp 파일을 실행하면 [그림7]과 같은 초기 앱 창을 보여준다. 다음으로 [그림7]에서 Start Position 제목을 가진 [버튼] 구성요소를 선택하면 검은 공의 초기 위치가 앱 창에 다음 [그림8]과 같이 보일 것이다.

그림7

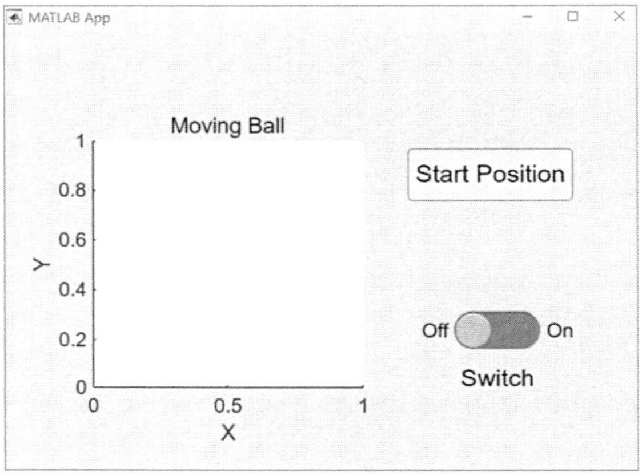

초기 위치에 있는 검은 공을 볼 수 있는 [그림8]과 같은 앱 창에서 [스위치] 구성요소의 On 항목을 선택한다.

그림8

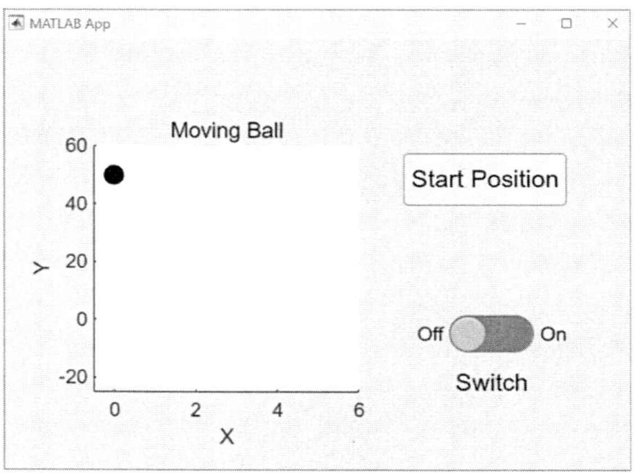

On 항목의 선택 결과로 다음 [그림9]와 같은 궤적을 가지는 공의 운동을 관찰할 수 있을 것이다.

그림9

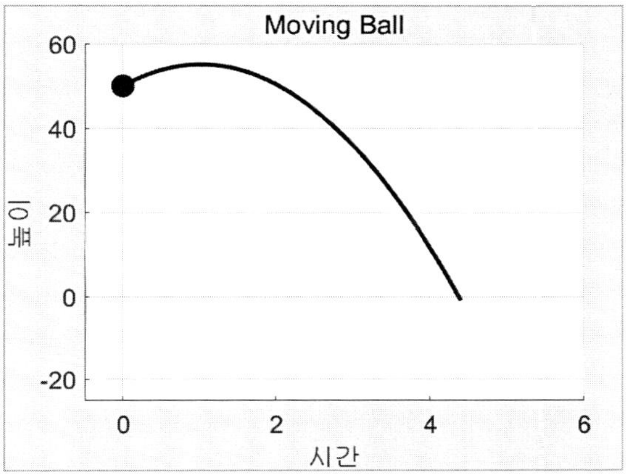

공의 운동이 종료되면 [그림10]과 같은 앱 창의 결과를 보여준다.

그림10

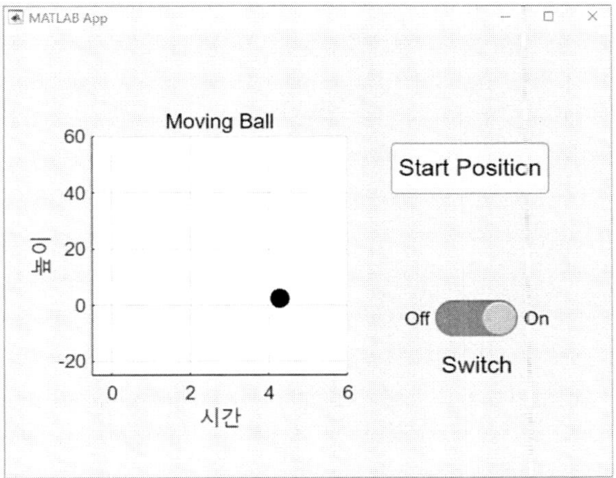

계속해서 [그림10]과 같은 앱 창에서 [스위치] 구성요소의 Off 항목을 선택하면 앞 [그림7]과 같은 초기 앱 창의 화면으로 복귀하게 된다. 이후로 앞에서 설명한 내용을 따라

가면 동일한 공의 운동을 다시 관찰할 수 있다.

<4단계>

앞 <3단계>에서 설명된 앱 창의 결과들은 [그림4a], [그림4b], [그림5]에서 제공된 내용에 의하여 다음 첫 번째부터 세 번째 부분으로 나누어 설명될 수 있다.

첫 번째로 앞 [그림7]의 앱 창에서 오른쪽 상단에 있는 Start Position [버튼] 구성요소를 선택하여 [그림8]과 같이 [좌표축]의 초기 위치에 검은 공이 출력된 이유는 앞 [그림5]에서 40번째 줄부터 42번째 줄에 제공된 다음과 같은 내용이 실행되었기 때문이다.

```
plot(app.UIAxes,0,50,'o','markeredgecolor','k',...
    'markerfacecolor','k','MarkerSize',15);
axis(app.UIAxes, [-0.5 6 -25 60]);
```

즉, 좌표축에서 $(x,y)=(0,50)$의 위치에 크기가 15인 검은색 공이 출력되었다.

두 번째로 앞 [그림8]과 같은 앱 창에서 오른쪽 하단에 있는 [스위치] 구성요소의 On 항목을 선택하면 앞 [그림4a]에서 17번째 줄에 있는

```
SwitchValue = app.Switch.Value;
```

에 의하여 SwitchValue 변수에 문자열 On이 저장된다. 그 결과로 [그림4b]의 28번째 줄부터 34번째 줄에 있는

```
g = 9.8;
for t=0:0.1:4.3
    z=-(g/2)*t^2+10*t + 50; % 높이 계산
    set(p,'XData',t,'YData',z); % 움직이는 공
    pause(0.1);
end
```

에 의하여 검은색의 공은 앞 [그림9]에서 제공된 선의 모양으로 포물선 운동을 하게 된다.

세 번째로 앞 [그림10]과 같은 앱 창에서 오른쪽 하단에 있는 [스위치] 구성요소의 Off 항목을 선택하면 [그림4a]에서 17번째 줄에 있는

```
SwitchValue = app.Switch.Value;
```

에 의하여 SwitchValue 변수에 문자열 Off가 저장된다. 그 결과로 [그림4b]의 24번째 줄부터 27번째 줄에 있는

```
case 'Off'
    delete(p);
    grid(app.UIAxes,"off");
    return;
```

에 의하여 좌표축에 있던 검은색 공과 격자선이 삭제되어 앞 [그림7]과 같이 초기 화면으로 돌아간다.

지금까지 <1단계>-<4단계>의 내용으로 [계측]의 [스위치] 구성요소 사용 방법에 대하여 알아보았는데 같은 방식으로 [스위치] 구성요소 위치에 [스위치(로커)], [스위치(토글)] 구성요소를 다음 [그림11]과 [그림12]와 같이 각각 사용할 수 있다.

그림11

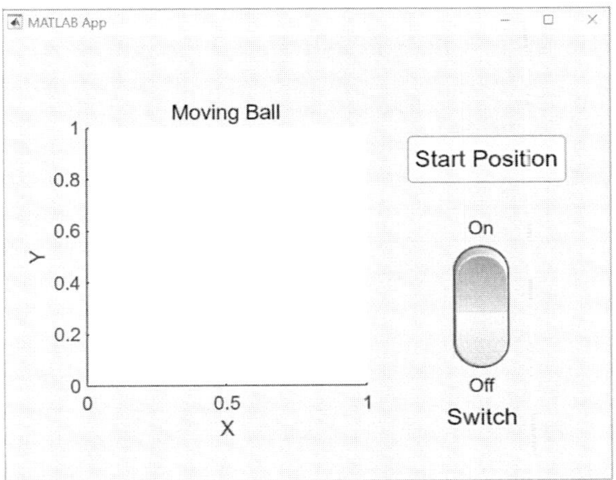

그림12

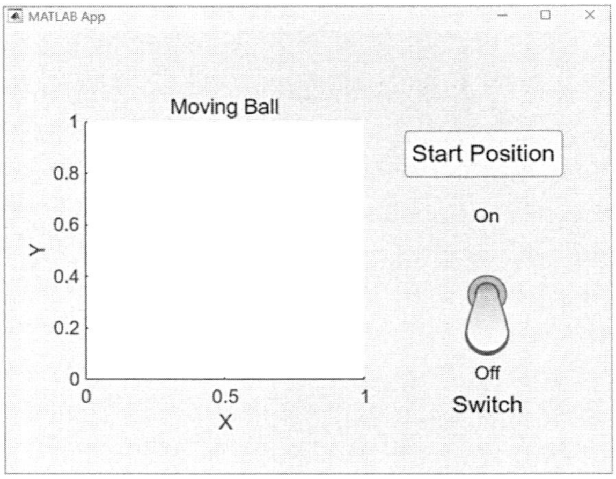

이번 절에서는 [계측]에 있는 [스위치], [스위치(로커)], [스위치(토글)] 구성요소의 사용 방법에 대하여 알아보았다. 한편 [스위치(로커)] 구성요소는 5.5절의 내용에서 이용하고 있다.

5.5절 램프

이번 절에서는 [구성요소 라이브러리]의 [계측]에 있는 [램프(Lamp)] 구성요소의 사용 방법을 알아본다. [계측] 영역에서 [램프]는 ●와 같이 초록색의 원 모양으로 존재한다. 램프의 색은 상황에 따라 변경될 수 있다.

1장의 내용을 참고하여 [그림1]과 같이 [캔버스]를 만든다.

그림1

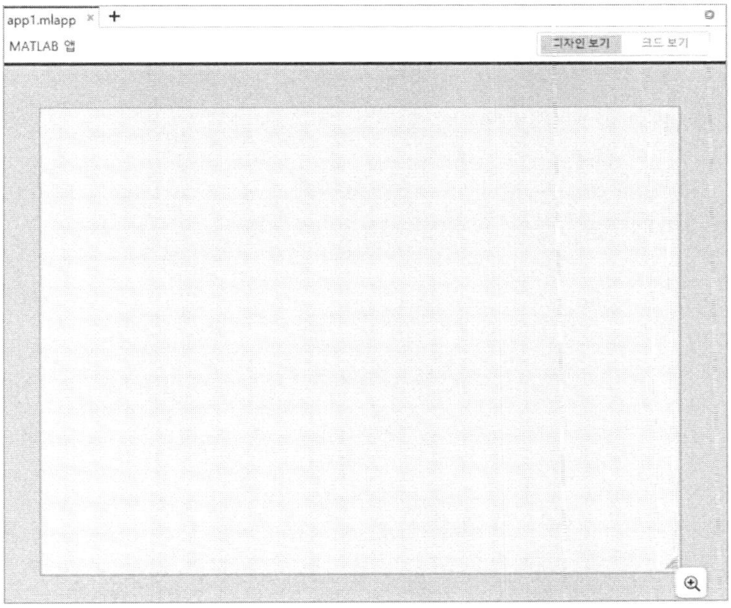

계속해서 다음 <1단계>–<4단계>의 내용을 수행한다.

<1단계>

첫 번째로 [구성요소 라이브러리]에서 [일반]에 위치한 [좌표축] 구성요소를 [그림2]와 같이 [캔버스]의 왼쪽 위치에 끌어다 놓고 제목과 폰트 크기를 오른쪽의 [구성요소 브라우저] 영역에서 다음과 같이 설정한다:

[좌표축] > [레이블] > [Title String] : Moving Ball

[좌표축] > [글꼴] > [FontSize] : 20

그림2

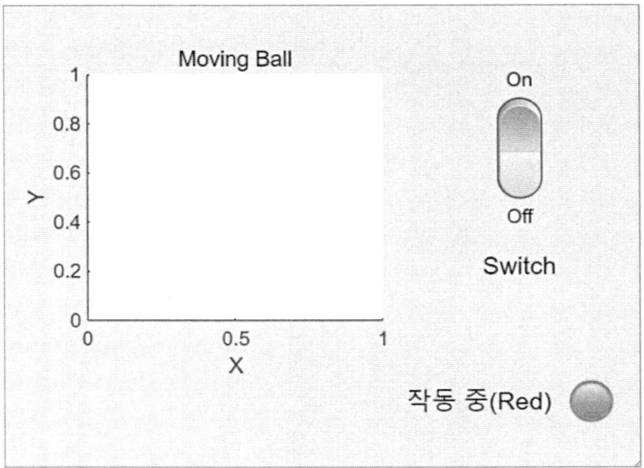

두 번째로 [구성요소 라이브러리]에서 [계측]에 위치한 [스위치(로커)] 구성요소를 [그림2]와 같이 [좌표축]의 옆에 끌어다 놓고 레이블 제목과 폰트 크기를 오른쪽의 [구성요소 브라우저] 영역에서 다음과 같이 설정한다:

[스위치(로커)] > [레이블] : Switch
[스위치(로커)] > [글꼴] > [FontSize] : 20

세 번째로 [스위치(로커)] 구성요소에서 [레이블]만을 따로 선택하고 그 폰트 크기를 오른쪽의 [구성요소 브라우저] 영역에서 다음과 같이 설정하여 앞 [그림2]에서와 같이 Switch 글자 크기를 확대한다:

[레이블] > [글꼴과 색] > [FontSize] : 25

네 번째로 [구성요소 라이브러리]에서 [계측]에 위치한 [램프] 구성요소를 앞 [그림2]와 같이 [스위치(로커)] 구성요소 아래에 끌어다 놓고 램프의 레이블과 색을 오른쪽의 [구성요소 브라우저] 영역에서 다음과 같이 설정한다:

[램프] > [레이블] : 작동 중(Red)
[램프] > [색] > [Color] > [0.65 0.65 0.65]

위에서 Color 항목의 값을 [0.65 0.65 0.65]으로 설정하였기 때문에 기본 값인 램프의 초록색(=[0 1 0])이 회색(grey) 관련의 색으로 변경된다. 또한 [램프] 구성요소에서 [레이블]만을 따로 선택하고 그 폰트 크기를 오른쪽의 [구성요소 브라우저] 영역에서 다음과 같이 설정하여 앞 [그림2]에서와 같이 '작동 중(Red)' 글자 크기를 확대한다:

[레이블] > [글꼴과 색] > [FontSize] : 25

위의 첫 번째부터 네 번째까지의 내용을 완료하고 구성요소들의 크기와 위치를 앞 [그림2]와 같이 조정한 뒤에 MyLamp.mlapp 파일명으로 저장한다.

<2단계>

앞 [그림2]의 상황인 [디자인 보기]에서 [스위치] 구성요소를 우클릭하면 팝업 박스가 화면에 출력된다. 이 팝업 박스에서

[콜백] > [ValueChangedFcn 콜백 추가]

항목을 선택한다. 생성된 SwitchValueChanged 콜백 함수를 다음 [그림3a]-[그림3b]와 같이 편집한다.

그림3a

```
        % Value changed function: Switch
        function SwitchValueChanged(app, event)
            SwitchValue = app.Switch.Value;
            p=plot(app.UIAxes,0,50,'o','markeredgecolor','k',...
                'markerfacecolor','k','MarkerSize',15);
            axis(app.UIAxes, [-0.5 6 -5 65]);
            xlabel(app.UIAxes, '시간');  ylabel(app.UIAxes, '높이');
            grid(app.UIAxes,"on");
```

그림3b

```
    switch SwitchValue
        case 'Off'
            delete(p);
            grid(app.UIAxes,"off");
            return;
        case 'On'
            g = 9.8;
            app.RedLamp.Color = [1 0 0];
            for t=0:0.1:4.3
                y=-(g/2)*t^2+10*t + 50;  % 높이 계산
                set(p,'XData',t,'YData',y);  % 움직이는 공
                pause(0.1);
            end
            app.RedLamp.Color = [0.65 0.65 0.65];
    end
end
```

한편, [구성요소 브라우저] 상단을 보면 다음 [그림4]의 내용을 볼 수 있는데 이것으로부터 앞 [그림2]에서

(i) [램프] 구성요소는 app.RedLamp

(ii) [스위치] 구성요소는 app.Switch

(iii) [좌표축] 구성요소는 app.UIAxes

항목에 대응하는 것을 확인할 수 있다.

그림4

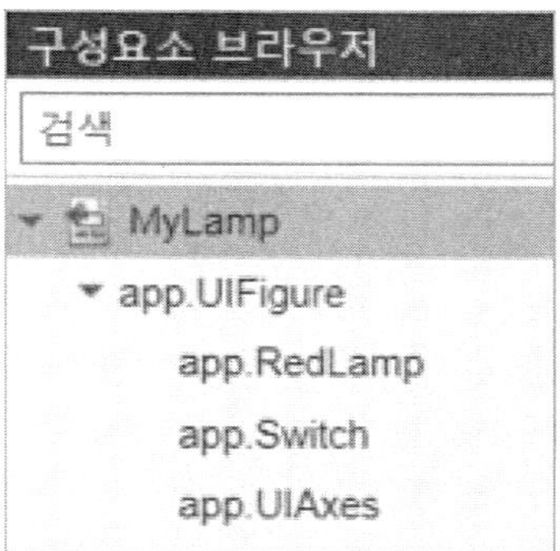

<3단계>

지금까지의 내용이 완료된 MyLamp.mlapp 파일을 실행하면 다음 [그림5]와 같은 초기 앱 창을 보여준다.

그림5

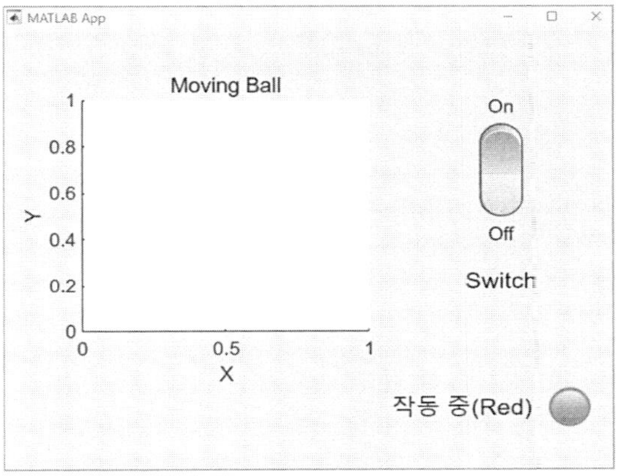

다음으로 [그림5]와 같은 앱 창에서 [스위치] 구성요소의 On 항목을 선택하면 검은 공이 운동을 시작하고 공이 다음 [그림6]과 같이 포물선 모양으로 움직이는 등안에는 다음 [그림7]과 같이 [램프] 구성요소가 빨간색(Red)으로 표시된다.

그림6

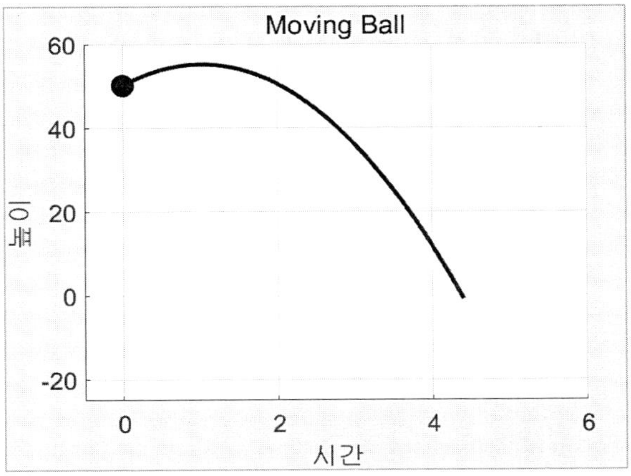

그림7

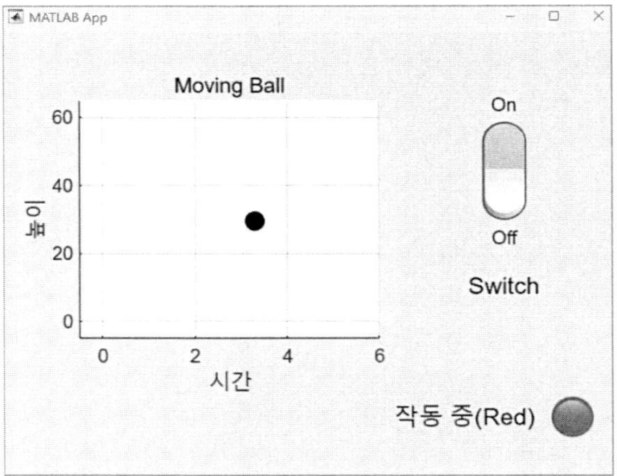

검은 공 운동이 종료되어 정지하면 [그림7]의 상황에서 다음 [그림8]의 결과와 같이 [램프] 구성요소의 색이 다시 원래의 회색으로 되돌아간다.

그림8

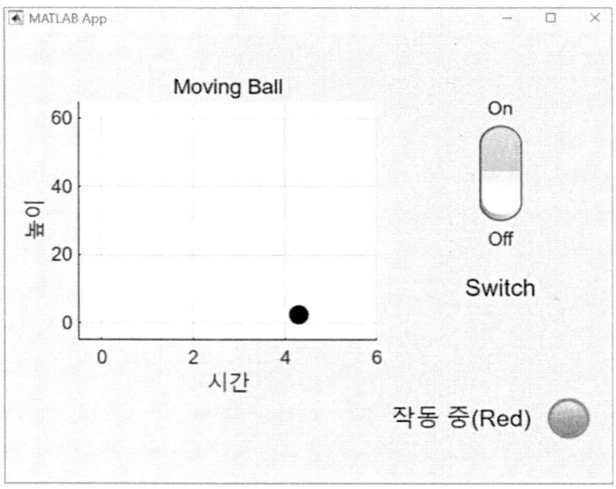

계속해서 [그림8]과 같이 검은 공이 정지한 앱 창에서 [스위치] 구성요소의 Off 항목을 선택하면, 다음 [그림9]와 같은 앱 창이 된다. 이후로 앞에서 설명한 내용을 따라가면 동일한 공의 운동과 동시에 램프 색의 변화(빨간색에서 회색으로)를 다시 관찰할 수 있다.

그림9

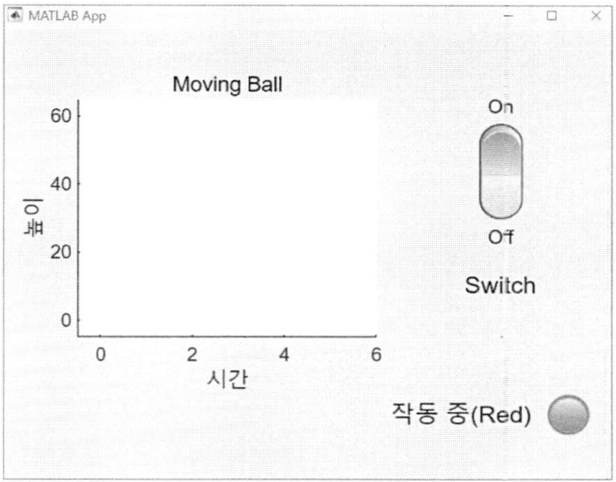

<4단계>

앞 <3단계>에서 설명된 앱 창의 결과들은 앞 [그림3a]와 [그림3b]에서 제공된 내용에 의하여 설명할 수 있다. 사실 [그림3a]와 [그림3b]에서 제공된 내용의 대부분은 [스위치] 구성요소를 소개하는 앞 5.4절에서 설명하였기 때문에, 여기서는 공이 움직이다가 정지하면서 램프의 색이 변경되는 이유에 대하여 알아본다. 앞 [그림5]와 같은 앱 창에서 오른쪽에 있는 [스위치] 구성요소의 On 항목을 선택하면 앞 [그림3b]에서 29번째 줄부터 37번째 줄까지인

```
case 'On'
   g = 9.8;
   app.RedLamp.Color = [1 0 0];
   for t=0:0.1:4.3
      y=-(g/2)*t^2+10*t + 50;  % 높이 계산
      set(p,'XData',t,'YData',y);  % 움직이는 공
      pause(0.1);
   end
   app.RedLamp.Color = [0.65 0.65 0.65];
```

와 같은 내용이 실행된다. 특별히 [그림3b]에서 31번째 줄에 있는

```
app.RedLamp.Color = [1 0 0];
```

에 의하여 On 항목을 선택하자마자 공의 운동이 시작되기 바로 전에 램프의 색이 빨간색으로 설정된다. 램프의 색이 빨간색으로 유지되면서 [그림3b]의 32번째 줄부터 36번째 줄에 있는

```
for t=0:0.1:4.3
   y=-(g/2)*t^2+10*t + 50;  % 높이 계산
   set(p,'XData',t,'YData',y);  % 움직이는 공
   pause(0.1);
end
```

와 같은 for-end 반복문이 실행되면서 공이 운동을 하고 공의 운동이 종료되면 37번째 줄에 있는

```
app.RedLamp.Color = [0.65 0.65 0.65];
```

에 의하여 다시 램프의 색이 원래의 회색으로 되돌아간다. 다음으로 앞 [그림8]에서 [스위치] 구성요소의 항목을 Off로 선택하면 앞 [그림3b]의 25번째 줄부터 28번째 줄까지의 내용인

```
case 'Off'
   delete(p);
   grid(app.UIAxes,"off");
   return;
```

에 의하여 좌표축에 있던 검은색 공과 격자선이 삭제되어 앞 [그림9]와 같은 결과를 보여주는 앱 창이 된다. 이후로 앞에서 설명한 내용을 반복하면 공의 운동과 램프 색의 변화(빨간색에서 회색으로)를 다시 확인할 수 있다.

지금까지 <1단계>-<4단계>의 내용으로 [스위치(로커)] 구성요소를 이용하여 [램프] 구성요소의 사용 방법에 대하여 알아보았다.

CHAPTER 06

계산기 앱 파일 작성

CHAPTER

06 계산기 앱 파일 작성

이번 절에서는 앱을 이용하여 계산기를 구현하여 본다. 다음과 같이 두 개의 영역으로 나누어 진행할 것이다.

- 6.1절: 캔버스에서 계산기 디자인하기
- 6.2절: [구성요소]를 연결하여 계산하기

1장의 내용을 참고하여 [그림1]과 같이 [캔버스]를 만든다.

그림1

6.1절 · 캔버스에서 계산기 디자인하기

첫 번째로 [구성요소 라이브러리]에서 [일반]에 위치한 [텍스트 영역] 구성요소를 [그림2]와 같이 [캔버스]의 상단에 끌어다 놓고 제목과 글자 크기를 오른쪽의 [구성요소 브라우저] 영역에서 다음과 같이 설정한다:

[텍스트 영역] > [텍스트] > [Value] : Calculator
[텍스트 영역] > [글꼴과 색] > [FontSize] : 35

그림2

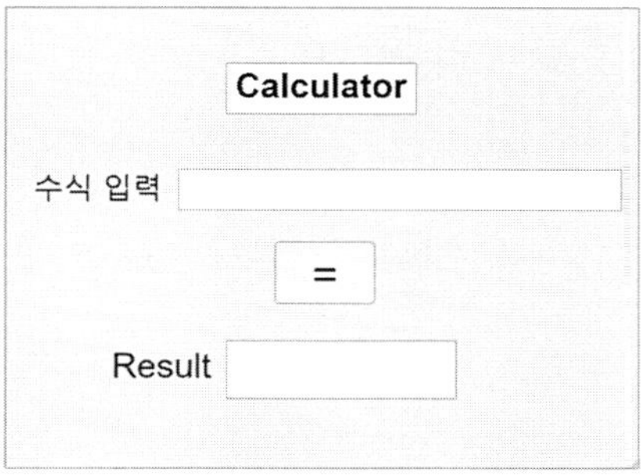

이때, 키보드에서 Ctrl 버튼을 선택한 상태를 유지하면서 [텍스트 영역] 구성요소를 [캔버스]로 이동시키면 [그림2]와 같이 [레이블] 없이 [텍스트 영역]이 생성된다. 즉, Ctrl 버튼을 이용하지 않고 단순히 [텍스트 영역] 구성요소를 [캔버스]로 이동시키면 아래

와 같이 Text Area 문구가 입력된 [레이블]이 있는 [텍스트 영역]이 생성된다.

두 번째로 [구성요소 라이브러리]에서 [일반]에 위치한 [편집 필드(텍스트)] 구성요소를 앞 [그림2]와 같이 [텍스트 영역] 구성요소 바로 아래에 끌어다 놓고 레이블과 글자 크기를 오른쪽의 [구성요소 브라우저] 영역에서 다음과 같이 설정한다:

[편집 필드] > [레이블] : 수식 입력
[편집 필드] > [글꼴과 색] > [FontSize] : 30

세 번째로 [구성요소 라이브러리]에서 [일반]에 위치한 [버튼] 구성요소를 앞 [그림2]와 같이 [편집 필드(텍스트)] 구성요소 바로 아래에 끌어다 놓고 Text와 글자 크기를 오른쪽의 [구성요소 브라우저] 영역에서 다음과 같이 설정한다:

[버튼] > [버튼] > [Text] : 수식 입력
[버튼] > [글꼴과 색] > [FontSize] : 45

네 번째로 [구성요소 라이브러리]에서 [일반]에 위치한 [텍스트 영역] 구성요소를 앞 [그림2]와 같이 [캔버스]의 가장 아래에 끌어다 놓고 제목과 글자 크기를 오른쪽의 [구성요소 브라우저] 영역에서 다음과 같이 설정한다:

[텍스트 영역] > [레이블] : Result
[텍스트 영역] > [글꼴과 색] > [FontSize] : 35

위의 첫 번째부터 네 번째까지의 내용을 완료하고 구성요소들의 크기와 위치를 앞 [그림2]와 같이 조정한 뒤에 MyCalcuator.mlapp 파일명으로 저장한다.

6.2절 [구성요소]를 연결하여 계산하기

앞의 내용이 종료된 상황에서 [구성요소 브라우저] 상단을 보면 다음 [그림3]

그림3

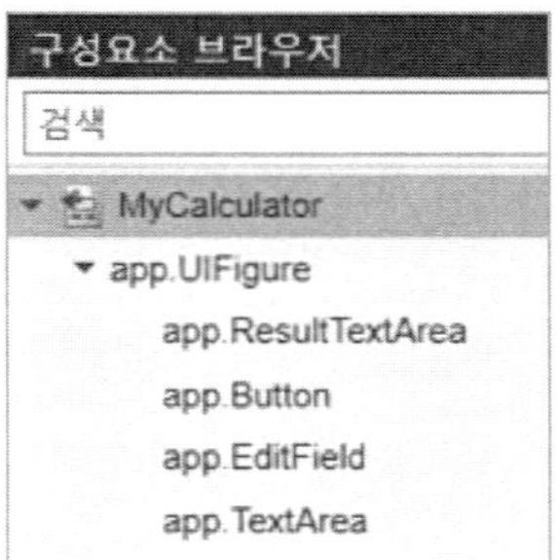

의 내용을 볼 수 있는데 이것으로부터 앞 [그림2]에서

(i) 가장 위에 위치한 [텍스트 영역] 구성요소는 app.TextArea
(ii) 위에서 두 번째 위치에 있는 [편집 필드(텍스트)] 구성요소는 app.EditField
(iii) 위에서 세 번째 위치에 있는 [버튼] 구성요소는 app.Button

(iv) 가장 아래에 위치한 [텍스트 영역] 구성요소는 app.ResultTextArea 항목에 대응하는 것을 확인할 수 있다. 앞 [그림2]의 상황인 [디자인 보기]에서 위에서 세 번째 위치에 있는 [버튼] 구성요소를 우클릭하면 팝업 박스가 화면에 출력된다. 이 팝업 박스에서

[콜백] > [ButtonPushedFcn 콜백 추가]

항목을 선택한다. 생성된 ButtonPushed 콜백 함수를 다음 [그림4]와 같은 내용으로 편집한다.

그림4

```
        % Button pushed function: Button
        function ButtonPushed(app, event)
            MyCalculation = eval(app.EditField.Value);
            app.ResultTextArea.Value = num2str(MyCalculation);
        end
```

지금까지의 내용이 완료된 MyCalculator.mlapp 파일을 실행하면 [그림5]와 같은 초기 앱 창이 화면에 출력된다.

그림5

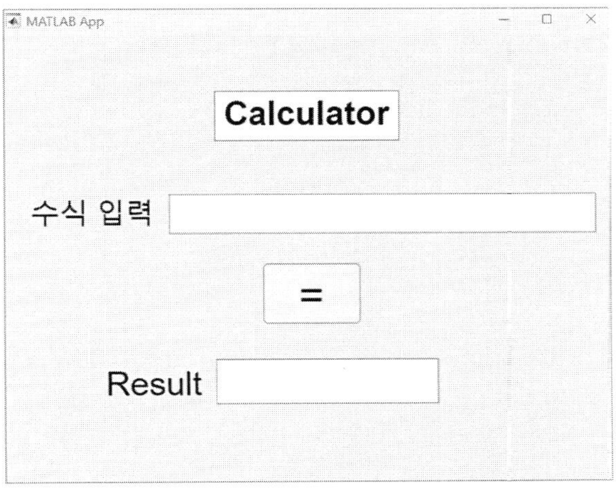

다음으로 앞 [그림5]와 같은 앱 창에서 다음 [그림6]과 같이 [편집 필드(텍스트)] 구성요소 박스 내부에 수식을 입력한다.

그림6

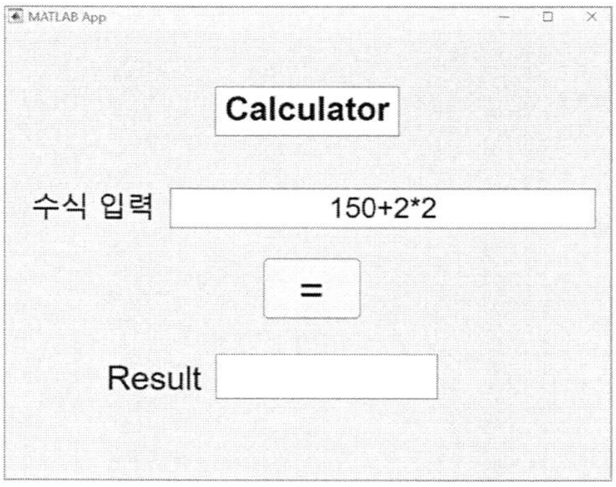

수식이 입력된 앞 [그림6]의 앱 창에서 입력한 수식 바로 아래에 위치한 [버튼] 구성요소를 클릭한다. 클릭 후 가장 아래에 위치에 [텍스트 영역] 구성요소를 보면 입력된 수식

150+2*2

의 계산 결과를 다음 [그림7]과 같이 확인할 수 있다. 즉 입력된 수식의 결과인 154가 출력되었다.

그림7

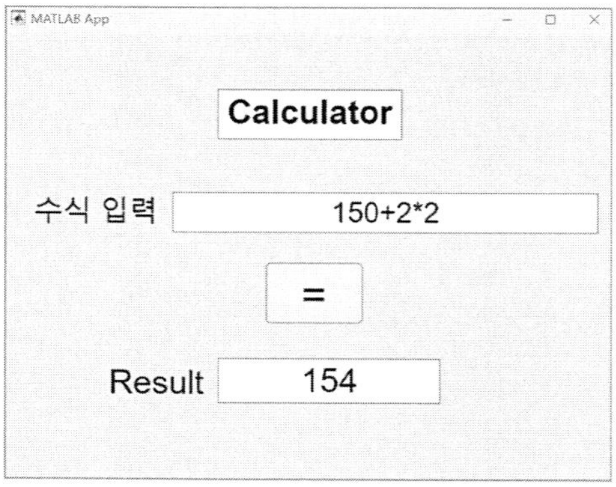

다음 [그림8]의 내용에서 볼 수 있듯이 수식을 입력할 때에 단순 사칙연산 뿐만 아니라 매틀랩이 지원하는 수학 함수들을 입력한 뒤에 [버튼] 구성요소를 선택하면 계산된 결과가 Result 박스에 출력된다.

그림8

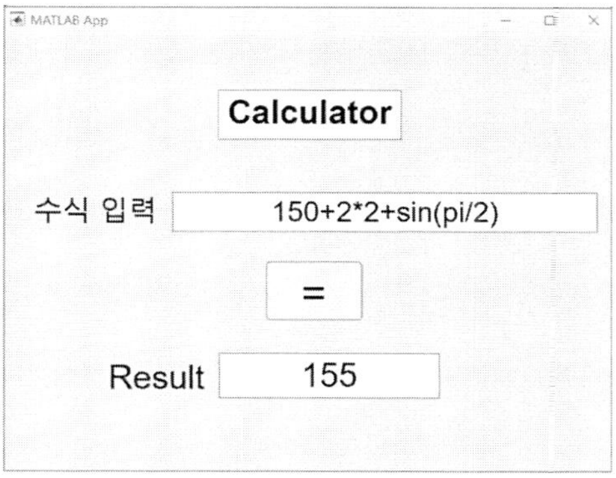

앞의 [그림7] 또는 [그림8]과 같은 결과를 보여주는 앱의 진행 과정을 다음 (a)-(d)에서 좀 더 자세히 설명하여 본다.

(a) app.Component.Property 형식으로 각 구성요소의 속성에 접근할 수 있다.

(b) 따라서 위에서 두 번째 위치에 있는 [편집 필드(텍스트)] 구성요소에 입력된 수식은

app.EditField.Value

변수로 접근할 수 있다.

(c) 그러므로 앞 [그림4]에서 19번째 줄에 있는

MyCalculation = eval(app.EditField.Value);

에 의하여 app.EditField.Value 변수에 문자열의 형식으로 저장된 수식을 eval 명령어에 의하여 수학적 계산을 하게 되고 그 결과가 MyCalculation 변수에 저장된다.

(d) 계속해서 앞 [그림4]에서 20번째 줄에 있는

```
app.ResultTextArea.Value = num2str(MyCalculation);
```

에 의하여 MyCalculation 변수에 저장된 수(number)를 num2str 명령어가 문자열로 그 형식을 변경시킨다. 그 다음으로 이 문자열(입력된 수식의 계산 결과인)이

```
app.ResultTextArea.Value
```

변수에 저장된다. 그 결과 앱 창에서 가장 아래에 위치한 [텍스트 영역] 구성요소의 박스에 계산의 결과가 앞 [그림7] 또는 [그림8]과 같이 출력된다.

지금까지의 내용으로 계산기의 역할을 하는 앱 파일을 작성하여 보았다.

CHAPTER 07

그래프 선택 앱 파일 작성

CHAPTER

07 그래프 선택 앱 파일 작성

3차원 곡면에 대응하는 두 종류의 그래프를 세 가지 방법(Surf, Mesh, Contour)으로 앱 창에서 각각 선택하여 [좌표축]에 출력할 것이다. 이번 장은 다음과 같이 두 개의 영역으로 나누어 진행된다.

- 7.1절: 구성요소를 이용하여 앱 창을 디자인하기
- 7.2절: 선택한 방법으로 그래프가 출력되도록 구성요소 연결

1장의 내용을 참고하여 [그림1]과 같이 [캔버스]를 만든다.

그림1

7.1절 구성요소를 이용하여 앱 창을 디자인하기

앱 창을 디자인하기 위하여 [구성요소 라이브러리]에서 사용하게 되는 구성요소의 종류와 [캔버스]에서의 위치를 간략하게 표시하면 다음 [그림2]와 같다. 즉 세 개의 [버튼] 구성요소, 세 개의 [레이블] 구성요소, 한 개의 [좌표축] 구성요소 그리고 마지막으로 한 개의 [드롭다운] 구성요소가 사용된다.

그림2

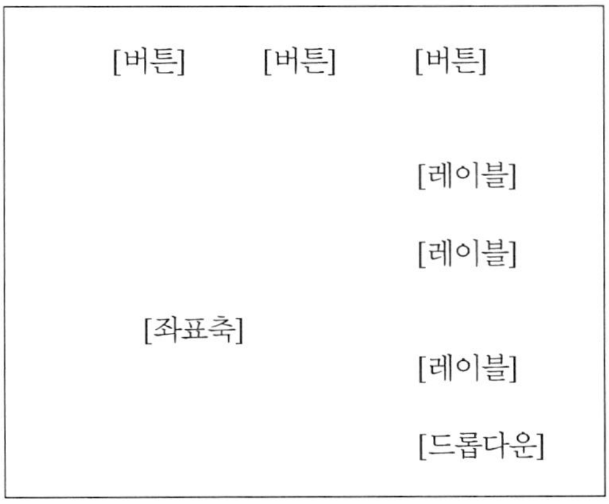

다음 <1단계>–<4단계>의 내용을 수행한다.

<1단계>

[구성요소 라이브러리]에서 [일반]에 위치한 [버튼] 구성요소를 다음 [그림3]과 같이 [캔버스]의 상단에 세 개를 연달아 끌어다 놓고 제목과 글자 크기를 오른쪽의 [구성요소 브라우저] 영역에서 다음과 같이 설정한다:

(i) 첫 번째 [버튼]:

[버튼] > [버튼] > [Text] : Surf

[버튼] > [글꼴과 색] > [FontSize] : 25

(ii) 두 번째 [버튼]:

[버튼] > [버튼] > [Text] : Mesh
[버튼] > [글꼴과 색] > [FontSize] : 25

(iii) 세 번째 [버튼]:

[버튼] > [버튼] > [Text] : Contour
[버튼] > [글꼴과 색] > [FontSize] : 25

그림3

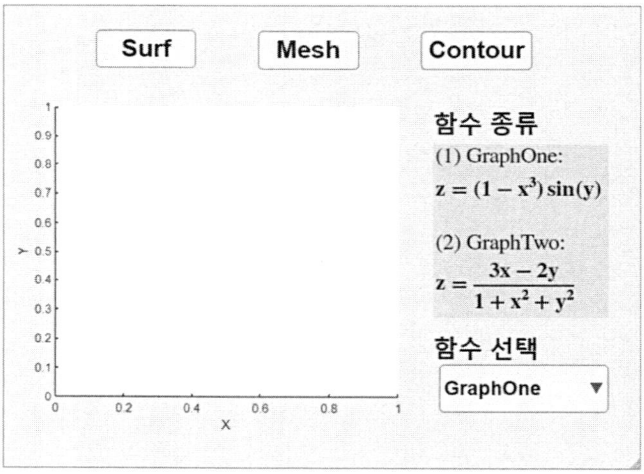

<2단계>

[구성요소 라이브러리]에서 [일반]에 위치한 [좌표축] 구성요소를 앞 [그림3]과 같이 왼쪽에 끌어다 놓고 [좌표축]의 제목 위치에 있는 Title 항목을 제거한다. [좌표축]에서 Title 항목을 선택 후에 키보드에 있는 Delete 키를 선택하여 직접 제거하여도 되고 또는 오른쪽의 [구성요소 브라우저] 영역에서 다음 [그림4]와 같이

[좌표축] > [레이블] > [Title String]

항목의 내용을 삭제하여도 된다.

그림4

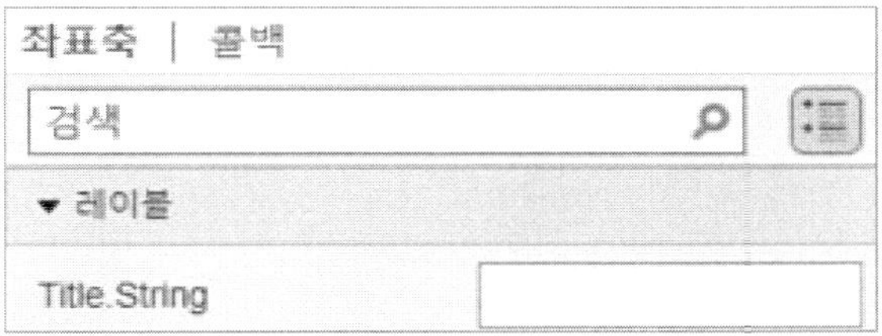

<3단계>

[구성요소 라이브러리]에서 [일반]에 위치한 [레이블] 구성요소를 앞 [그림3]과 같이 Contour [버튼] 구성요소 아래에 차례대로 세 번 끌어다 놓고 Text의 내용과 글자 크기를 오른쪽의 [구성요소 브라우저] 영역에서 다음 (i), (ii), (iii)의 설명대로 각각 설정한다:

(i) 첫 번째 [레이블]:

[레이블] > [텍스트] > [Text] : 함수 종류
[레이블] > [글꼴과 색] > [FontSize] : 25

(ii) 두 번째 [레이블] 구성요소의 내용에 수식을 입력하기 위하여 latex 문법을 사용한다. 우선 글자 크기와 배경색을

[레이블] > [글꼴과 색] > [FontSize] : 20
[레이블] > [글꼴과 색] > [BackgroundColor] : [0.90 0.90 0.90]

와 같이 설정한다. 위에서 설정한 배경색(BackgroundColor)은 다음 [그림5]에서 왼쪽에서 세 번째인 회색 계열의 색에 대응한다.

그림5

다음으로 두 번째 [레이블] 구성요소의 내용이 latex 문법으로 작성될 것이다. 이를 위하여 [디자인 보기]에서 두 번째 [레이블]을 선택한 후에 [구성요소 브라우저] 영역에서

[레이블] > [텍스트] > [Interpreter] : latex

와 같이 Interpreter 항목을 latex으로 설정한다. 두 번째 [레이블]에 두 개의 수학 함수를 표시하기 위하여

[레이블] > [텍스트] > [Text]

항목에 다음 [그림6]에 제공된 latex 문법을 따르는 내용을 입력한다.

그림6

```
$$ \mbox{(1) GraphOne: } \\ \bf{z=(1 - x^3) \sin(y)} $$
$$ \mbox{(2) GraphTwo: } \\ \bf{z= \frac {3x-2y} {1+x^2+y^2}} $$
```

앞 [그림6]의 내용이 실행되면 앞 [그림3]에서 볼 수 있듯이 다음 [그림7]과 같은 수식 결과가 얻어진다.

그림7

(1) GraphOne:
$$\mathbf{z = (1 - x^3)\sin(y)}$$

(2) GraphTwo:
$$\mathbf{z = \frac{3x - 2y}{1 + x^2 + y^2}}$$

(iii) 세 번째 [레이블]:

[레이블] > [텍스트] > [Text] : 함수 선택

[레이블] > [글꼴과 색] > [FontSize] : 25

위 (i), (ii), (iii)의 설명대로 세 개의 [레이블] 구성요소를 각각 설정하였다.

<4단계>

[구성요소 라이브러리]에서 [일반]에 위치한 [드롭다운] 구성요소를 앞 [그림3]과 같이 [캔버스]의 오른쪽 하단에 끌어다(키보드에서 Ctrl 버튼을 선택한 상태에서) 놓고 오른

쪽의 [구성요소 브라우저] 영역에서 다음과 같이 각각 설정한다:

① [드롭다운] > [드롭다운] > [Value] : GraphOne
② [드롭다운] > [드롭다운] > [Items] : GraphOne, GraphTwo
③ [드롭다운] > [글꼴과 색] > [FontSize] : 20

위 ②에서 [Items] 박스에 입력할 때에 첫 번째 GraphOne 항목을 입력하고 줄 바꾸기(Enter 선택)를 한 다음에 두 번째 GraphTwo 항목을 입력한다.

위의 <1단계>부터 <4단계>까지의 내용을 완료하고 구성요소들의 크기와 위치를 앞 [그림3]과 같이 조정한 뒤에 MyGraphSelection.mlapp 파일명으로 저장한다. 지금까지 그래프 선택과 관련된 앱 창이 디자인되었다.

7.2절 선택한 방법으로 그래프가 출력되도록 구성요소 연결

앞 7.1절의 내용이 종료된 상황에서 [구성요소 브라우저] 상단을 보면 앞 [그림3]에 있는 구성요소들에 대응하는 초기 명칭들을 확인할 수 있는데 다음 [그림8]에 제공된 상황과 같게 되는 대응 관계가 되도록 편집한다.

그림8

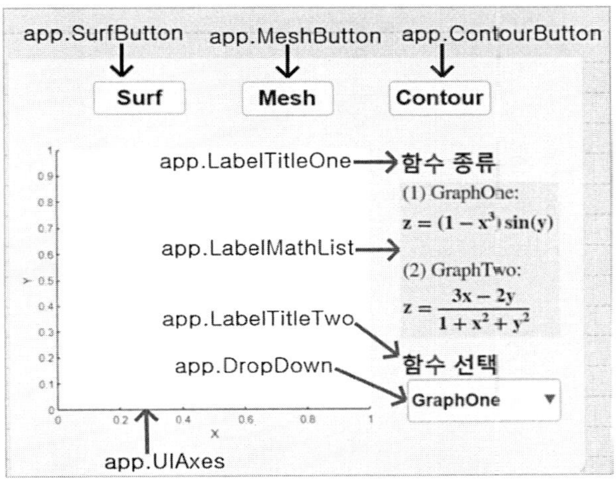

예를 들어, [디자인 보기]에서의 상황인 앞 [그림3]에서 Contour [버튼] 구성요소 바로 아래에 위치한

(i) 첫 번째 [레이블] 구성요소에 대응하는 명칭을 app.LabelTitleOne
(ii) 수식이 적혀있는 두 번째 [레이블] 구성요소에 대응하는 명칭을 app.LabelMathList
(iii) 세 번째 [레이블] 구성요소에 대응하는 명칭을 app.LabelTitleTwo

로 설정한다. [구성요소 브라우저] 상단에서 구성요소에 대응하는 명칭들을 더블클릭하면 편집할 수 있는 상태가 되고 키보드를 이용하여 직접 입력하면 된다. 편집을 완료하면 [구성요소 브라우저] 상단은 다음 [그림9]의 내용을 가진 결과가 된다.

그림9

앞 7.1절에서는 앱 창이 구성요소로 디자인되었고 이번 절에서는 앱 창에서 선택한 방법으로 그래프가 출력되도록 구성요소를 연결하는 다음 <1단계>–<7단계>의 내용을 수행한다.

<1단계>

앱 파일을 실행하면 처음에 자동으로 진행되는 StartupFcn 콜백함수를 생성할 것이다. 앞 [그림9]와 같이 [구성요소 브라우저]에서 MyGraphSelection 항목을 선택한 뒤에 [코드 보기] 클릭 후, 왼쪽에 위치한 [코드 브라우저]를 보면 다음 [그림10]과 같다.

그림10

[그림10]에서 우선 [콜백] 항목을 선택하고 다음으로 오른쪽 한 줄 아래에 있는 녹색의 더하기 기호인 ✚를 선택하면 다음 [그림11]과 같이 팝업 박스가 화면에 출력된다.

그림11

앞 [그림11]에서 [콜백추가] 항목을 선택하면, startupFcn 콜백함스가 생성되고 다음 [그림12]의 내용으로 편집한다.

그림12

```
    % Code that executes after component creation
    function startupFcn(app)
        [X1, Y1]=meshgrid(-4:0.35:4);
        Z1=(1 - X1.^3).*sin(Y1);
        app.graphone = Z1;
        [X2, Y2]=meshgrid(-3:0.2:3);
        Z2= (3*X2-2*Y2)./(1+X2.^2+Y2.^2);
        app.graphtwo = Z2;
        app.SelectedGraph = app.graphone;
    end
```

<2단계>

다음으로 [코드 브라우저]에서 [그림13]와 같이 [속성] 항목을 선택하고 다음으로 오른쪽 한 줄 아래에 있는 녹색의 더하기 기호인 ✚를 선택한다. 선택 후 properties 영역이 생성되면 다음 [그림14]의 내용으로 편집한다.

그림13

그림14

```
    properties (Access = private)
        graphone
        graphtwo
        SelectedGraph  %  선택 데이터 저장 변수
    end
```

<3단계>

앞 [그림3]의 상황인 [디자인 보기]에서 상단에 있는 세 개의 [버튼] 구성요소들에 대하여 다음과 같이 콜백 함수를 만든다.

(i) 첫 번째 위치에 있는 Surf [버튼] 구성요소를 우클릭하면 팝업 박스가 화면에 출력된다. 이 팝업 박스에서

[콜백] > [ButtonPushedFcn 콜백 추가]

항목을 선택한다. 생성된 SurfButtonPushed 콜백 함수를 [그림15]의 내용으로 편집한다.

그림15

```
        % Button pushed function: SurfButton
        function SurfButtonPushed(app, event)
            surf(app.UIAxes, app.SelectedGraph);
        end
```

(ii) 두 번째 위치에 있는 Mesh [버튼] 구성요소를 우클릭하면 팝업 박스가 화면에 출력된다. 이 팝업 박스에서

[콜백] > [ButtonPushedFcn 콜백 추가]

항목을 선택한다. 생성된 MeshButtonPushed 콜백 함수를 [그림16]의 내용으로 편집한다.

그림16

```
        % Button pushed function: MeshButton
        function MeshButtonPushed(app, event)
            mesh(app.UIAxes, app.SelectedGraph);
        end
```

(iii) 세 번째 위치에 있는 Contour [버튼] 구성요소를 우클릭하면 팝업 박스가 화면에 출력된다. 이 팝업 박스에서

[콜백] > [ButtonPushedFcn 콜백 추가]

항목을 선택한다. 생성된 ContourButtonPushed 콜백 함수를 다음 [그림17]의 내용으로 편집한다.

그림17

```
        % Button pushed function: ContourButton
        function ContourButtonPushed(app, event)
            contour(app.UIAxes, app.SelectedGraph, ...
                    'color','k','showtext','on');
            view(app.UIAxes,0,90)
        end
```

<4단계>

이번에는 [드롭다운] 구성요소에 대응하는 콜백함수를 작성할 것이다. 앞 [그림3]의 상황인 [디자인 보기]에서 오른쪽 하단에 위치한 [드롭다운] 구성요소를 우클릭하면 팝업 박스가 화면에 출력된다. 이 팝업 박스에서

[콜백] > [ValueChangedFcn 콜백 추가]

항목을 선택한다. 생성된 DropDownValueChanged 콜백 함수를 다음 [그림18]의 내용으로 편집한다.

그림18

```
        % Value changed function: DropDown
        function DropDownValueChanged(app, event)
            value = app.DropDown.Value;
            switch value
                case 'GraphOne'
                    app.SelectedGraph = app.graphone;
                case 'GraphTwo'
                    app.SelectedGraph = app.graphtwo;
            end
        end
```

<5단계>

지금까지의 내용이 완료된 MyGraphSelection.mlapp 파일을 실행하면 다음 [그림

19]와 같은 초기 앱 창이 화면에 출력된다.

그림19

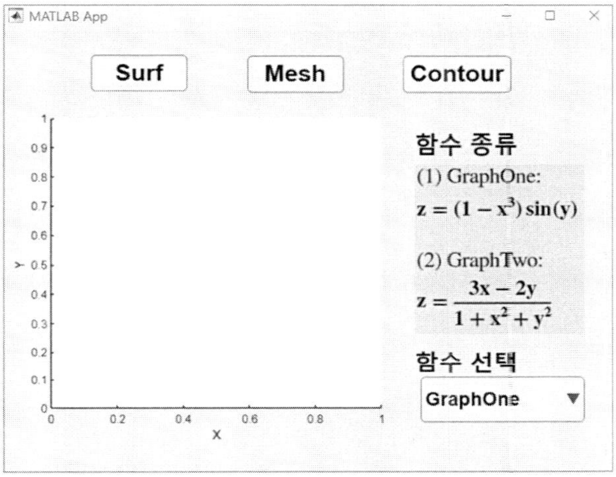

[그림19]의 앱 창에서 상단에 있는 첫 번째 Surf [버튼] 구성요소를 선택한다. 그 결과로 다음 [그림20]과 같이 [좌표축]에 이변수 함수인 $z = (1 - x^3)\sin(y)$의 그래프가 출력된다.

그림20

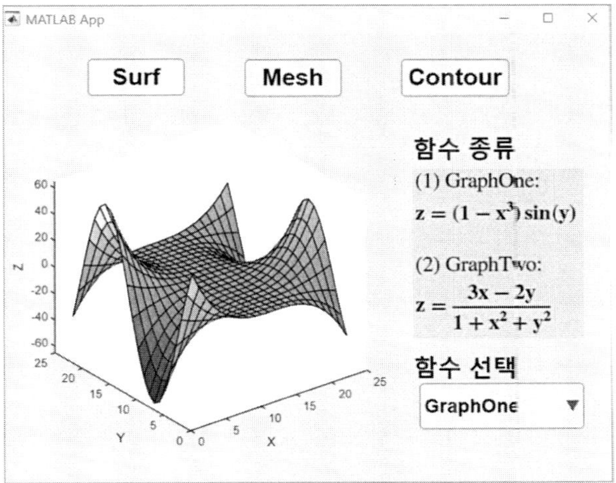

[그림20]과 같이 그래프 출력이 되는 이유를 설명하여 본다. 여기까지의 내용이 완료된 MyGraphSelection.mlapp 파일을 처음 실행하면 앞 [그림12]에 제공된 startupFcn 콜백함수가 다음 (i)–(iii)과 같은 내용으로 진행된다. 자세히 알아보면

(i) 앞 [그림12]의 29번째 줄부터 31번째 줄에 대응하는 내용은 [그림21]과 같다.

그림21

```
29            [X1, Y1]=meshgrid(-4:0.35:4);
30            Z1=(1 - X1.^3).*sin(Y1);
31            app.graphone = Z1;
```

[그림21]의 내용에 의하여 app.graphone 변수에

$$z=(1-x^3)\sin(y),\ -4\le x\le 4,\ -4\le y\le 4$$

와 같이 주어진 함수의 치역인 z 의 값이 저장된다. 즉 meshgrid 명령어에 의하여 생성된 X1과 Y1은 2차원 배열의 구조를 갖고 이변수 함수

$$z=(1-x^3)\sin(y)$$

의 정의역의 역할을 한다. 따라서 app.graphone 변수 역시 2차원 배열의 구조를 갖고 이변수 함수

$$z=(1-x^3)\sin(y)$$

의 치역의 역할을 하게 된다.

(ii) 앞 [그림12]의 32번째 줄부터 34번째 줄에 대응하는 내용은 [그림22]와 같다.

그림22

```
32            [X2, Y2]=meshgrid(-3:0.2:3);
33            Z2= (3*X2-2*Y2)./(1+X2.^2+Y2.^2);
34            app.graphtwo = Z2;
```

[그림22]의 내용에 의하여 app.graphtwo 변수에

$$z = \frac{3x-2y}{1+x^2+y^2}, \quad -3 \le x \le 3, \ -3 \le y \le 3$$

와 같이 주어진 함수의 치역인 z의 값이 저장된다. 즉 meshgrid 명령어에 의하여 생성된 X2과 Y2은 2차원 배열의 구조를 갖고 이변수 함수

$$z = \frac{3x-2y}{1+x^2+y^2}$$

의 정의역의 역할을 한다. 따라서 app.graphtwo 변수 역시 2차원 배열의 구조를 갖고 이변수 함수

$$z = \frac{3x-2y}{1+x^2+y^2}$$

의 치역의 역할을 하게 된다.

(iii) 앞 [그림12]의 35번째 줄에 있는

```
app.SelectedGraph = app.graphone;
```

에 의하여 app.SelectedGraph 변수에는 $z=(1-x^3)\sin(y)$의 치역에 대응하는 데이터가 2차원 배열의 형식으로 저장된다.

MyGraphSelection.mlapp 파일을 처음 실행하면 앞 [그림19]와 같은 초기 앱 창이 화면에 출력되면서 위 (i)–(iii)의 내용으로 startupFcn 콜백함수가 실행된다. 다음으로 [그림19]의 앱 창에서 상단에 있는 첫 번째 Surf [버튼] 구성요소를 선탁하면 앞 [그림15]의 내용인

```
surf(app.UIAxes, app.SelectedGraph);
```

이 실행되어 $z=(1-x^3)\sin(y)$에 대응하는 그래프가 [좌표축] 구성요소에 앞 [그림20]

의 결과와 같이 출력된다. 이때 app.SelectedGraph에 저장된 데이터는 2차원 배열이고 이 배열의 열 인덱스와 행 인덱스가 x 좌표와 y 좌표로 각각 사용된다. 사실 app.SelectedGraph에 저장된 데이터는 **23×23** 크기의 2차원 배열이기 때문에 앞 [그림20]에서 정의역의 범위는

$$1 \le x \le 23,\ 1 \le y \le 23$$

가 된다.

<6단계>

앞 [그림20]과 같은 앱 창에서 상단에 있는 두 번째 Mesh [버튼] 구성요소를 선택하면 다음 [그림23]과 같은 결과를 보여준다.

그림23

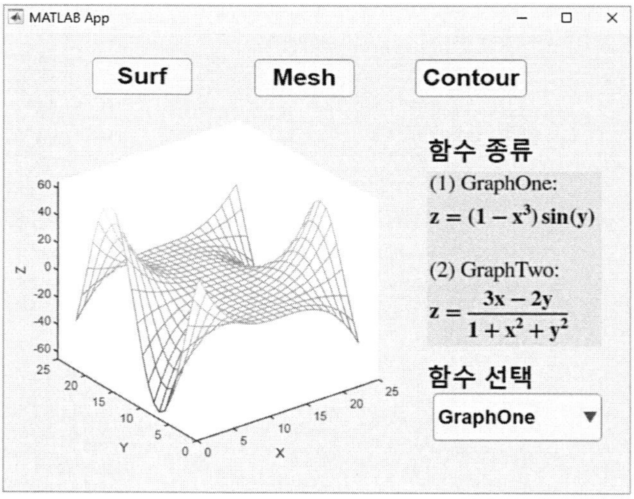

앞 [그림16]의 내용인

```
mesh(app.UIAxes, app.SelectedGraph);
```

가 실행되었기 때문이다. [그림23]의 결과는 앞 <5단계>의 내용으로 설명될 수 있다. 차

이점이 있다면 surf 명령어 대신에 mesh 명령어가 사용되었기 때문에 곡면에서 면의 색이 사라지게 되었다.

계속해서 앞 [그림23]과 같은 앱 창에서 상단에 있는 세 번째 Contour [버튼] 구성요소를 선택하면 다음 [그림24]의 결과를 보여준다. 앞 [그림17]의 내용인

```
contour(app.UIAxes, app.SelectedGraph, ...
        'color','k','showtext','on');
view(app.UIAxes,0,90);
```

가 실행되었기 때문이다. 명령어 contour는 3차원 곡면의 등고선을 xy-좌표평면에 출력한다. 또한 contour 명령어의 속성 showtext의 값을 위와 같이 on으로 설정하면 [그림24]에서 볼 수 있듯이 등고선에 높이를 알려주는 수(number)가 표시된다.

그림24

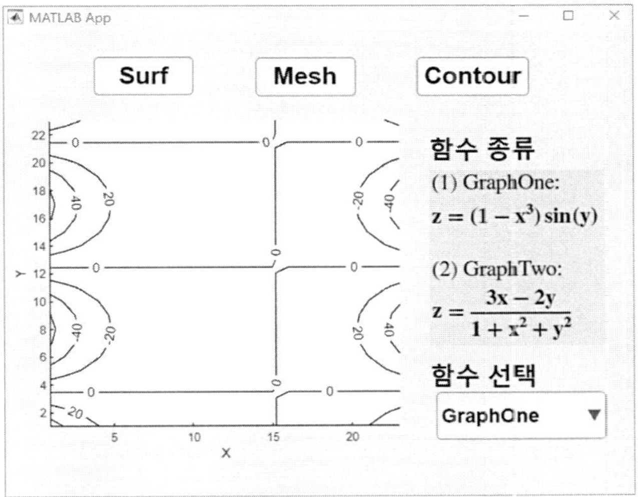

<7단계>

앞 [그림24]의 앱 창에서 오른쪽 하단에 있는 [드롭다운] 구성요소에서 GraphTwo 항목을 선택하면 다음 [그림25]와 같이 좌표축에서 어떤 변화도 없지만 내부적으로

DropDownValueChanged

콜백함수가 실행된다. 즉 [드롭다운] 구성요소에서 GraphTwo 항목을 선택하면 앞 [그림18]에 제공된 DropDownValueChanged 콜백함수가 실행되어 62번째 줄에 있는

app.SelectedGraph = app.graphtwo;

에 의하여 app.SelectedGraph 변수에

$$z = \frac{3x - 2y}{1 + x^2 + y^2}, \quad -3 \le x \le 3, \ -3 \le y \le 3$$

와 같이 주어진 함수의 치역인 z의 값이 저장된다. 참고로 app.graphtwo 변수는 startupFcn 콜백함수에서 생성되어 바로 위에 있는 이변수 함수의 치역인 z의 값을 저장하고 있다.

그림25

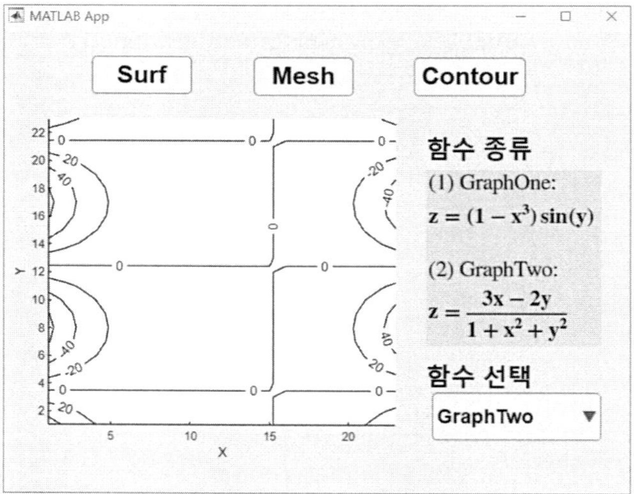

이렇게 [드롭다운] 구성요소에서 GraphTwo 항목을 선택하여 DropDownValueChanged 콜백함수가 실행된 상황인 [그림25]와 같은 앱 창에서 상단에 있는 첫 번째 Surf [버튼] 구성요소를 선택한다. 그 결과로 앞 [그림15]의 내용인

```
surf(app.UIAxes, app.SelectedGraph);
```

이 실행되어 다음 [그림26]의 결과와 같이 [좌표축]에 이변수 함수인

$$z = \frac{3x - 2y}{1 + x^2 + y^2}$$

의 그래프가 출력된다.

그림26

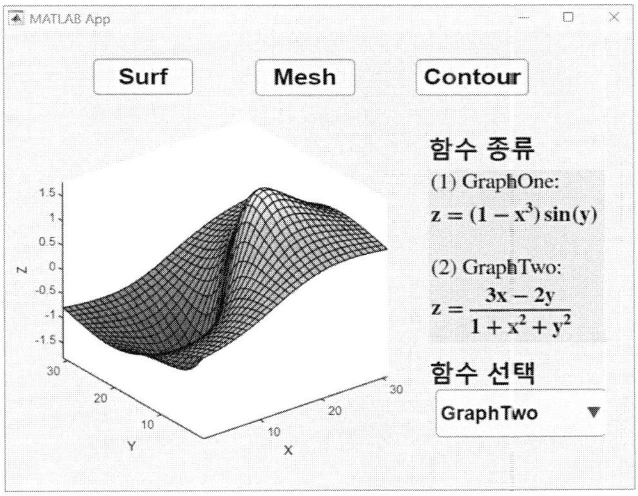

[그림26]과 같은 앱 창에서 상단에 있는 두 번째 Mesh [버튼] 구성요소를 선택하면 다음 [그림27]과 같은 결과를 보여준다. 앞에서 이미 설명하였듯이 앞 [그림16]의 내용인

```
mesh(app.UIAxes, app.SelectedGraph);
```

가 실행되었기 때문이다.

그림27

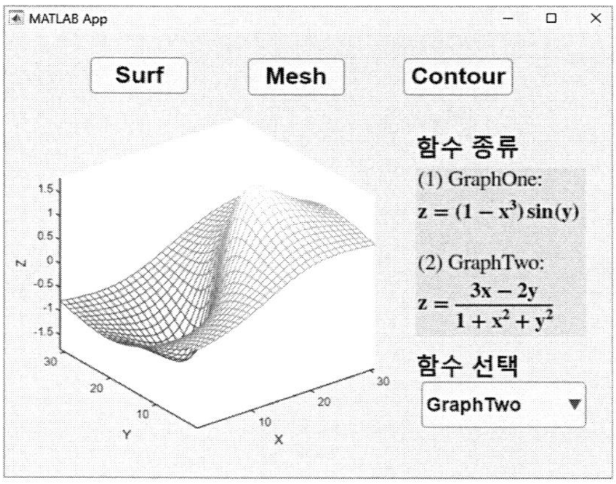

계속해서 [그림27]과 같은 앱 창에서 상단에 있는 세 번째 Contour [버튼] 구성요소를 선택하면 다음 [그림28]의 결과를 보여준다. 앞 [그림17]의 내용인

```
contour(app.UIAxes, app.SelectedGraph, ...
        'color','k','showtext','on');
view(app.UIAxes,0,90);
```

가 다시 실행되기 때문이다.

그림28

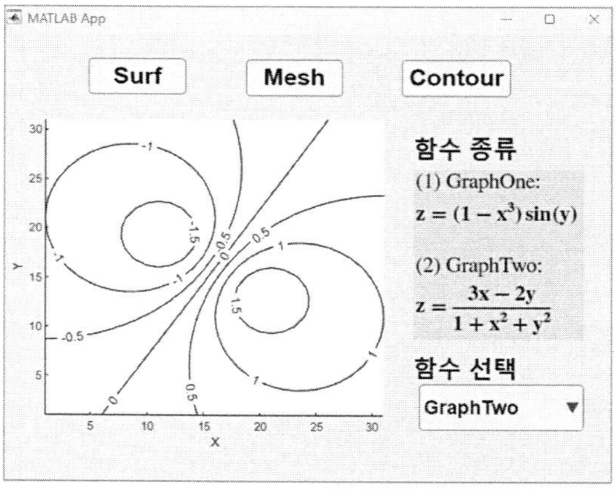

[그림28]의 앱 창에서 오른쪽 하단에 있는 [드롭다운] 구성요소에서 GraphOne 항목을 선택하고 상단에 있는 첫 번째 Surf [버튼] 구성요소를 선택하면 앞 [그림20]의 결과로 되돌아 간다. 이후로 앞에서 설명한대로 진행하면 동일한 내용을 확인할 수 있다.

지금까지 두 종류의 그래프를 세 가지 방법(Surf, Mesh, Contour)으로 앱 창에서 각각 선택하여 [좌표축]에 출력하는 앱을 작성하여 보았다. 한편 [레이블]과 [드롭다운] 구성요소와 관련된 내용은 2.12절과 2.10절에서 확인할 수 있다.

CHAPTER 08

메인 앱에서 서브 앱으로 데이터 전달(수치해 관련)

CHAPTER

08 메인 앱에서 서브 앱으로 데이터 전달(수치해 관련)

8장에서 만들게 되는 메인 앱 창은 다음 ①에 제공된 형식을 취하게 된다. ①과 같은 메인 앱 창에서 필요한 수식을 입력한 뒤에 실행하면, 미분 방정식의 이론해와 수치해에 대한 (i) 그래프 결과가 ②와 같은 형식으로 출력되고 (ii) 수치적 결과는 ③과 같이 제공된 서브 앱 창의 테이블의 형태로 출력되는 내용을 배우게 된다.

① 메인 앱

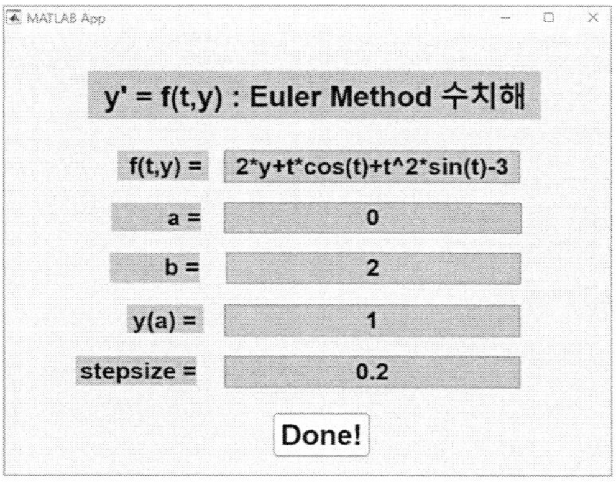

② 이론해(exact)와 수치해(euler)

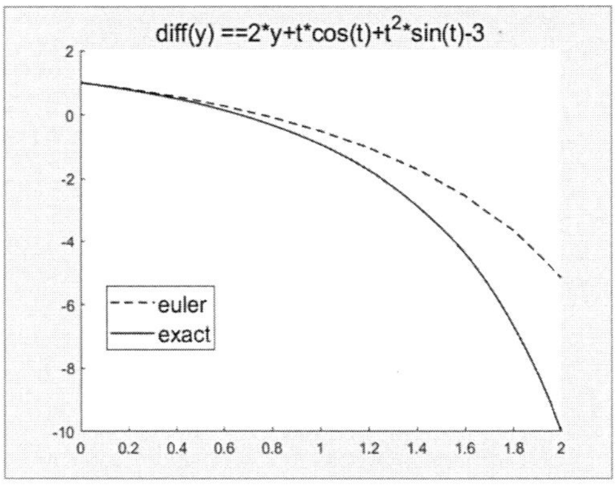

③ 서브 앱

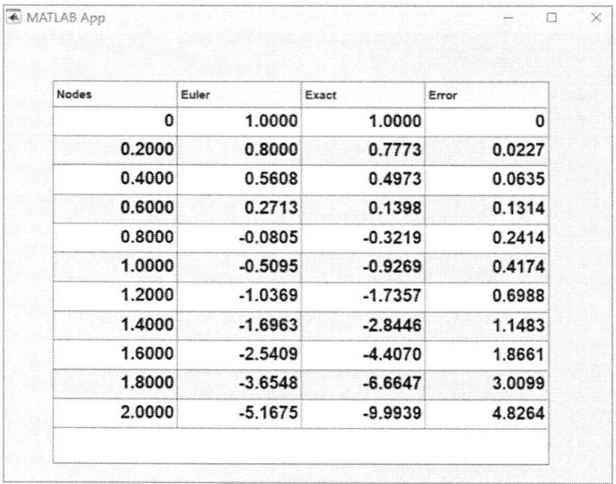

Nodes	Euler	Exact	Error
0	1.0000	1.0000	0
0.2000	0.8000	0.7773	0.0227
0.4000	0.5608	0.4973	0.0635
0.6000	0.2713	0.1398	0.1314
0.8000	-0.0805	-0.3219	0.2414
1.0000	-0.5095	-0.9269	0.4174
1.2000	-1.0369	-1.7357	0.6988
1.4000	-1.6963	-2.8446	1.1483
1.6000	-2.5409	-4.4070	1.8661
1.8000	-3.6548	-6.6647	3.0099
2.0000	-5.1675	-9.9939	4.8264

8.1절 개요

1계 미분 방정식의 수치해를 Euler Method를 이용하여 구하는 앱 파일을 작성할 것이다. 앱 파일은 두 개로(메인 앱, 서브 앱) 구성되고 그 중에 메인 앱 창에서 입력하는 내용은

(i) 1계 미분 방정식
(ii) 정의역의 범위
(iii) 초기값
(iv) 정의역에 대한 stepsize

가 되고 이러한 입력 내용을 기초로 하여, 메인 앱 파일 내부에서 1계 미분 방정식의 이론해와 수치해의 데이터가 구해진다. 또한 이러한 데이터가 서브 앱에서 테이블의 형태로 출력될 것이다. 미분 방정식의 수치해를 구하기 위하여 두 가지 방법으로 Euler Method를 이용하게 된다. 첫 번째로 앱 파일과 분리하여 독립적으로 Euler Method에 대응하는 내용을 함수형 M-파일로 작성하여 수치해를 구할 것이고, 두 번째로 이 함수형 M-파일을 앱 파일 내부에 포함시켜서 수치해를 구하는 방법을 설명하게 된다.

8.2절 Euler Method에 대응하는 함수형 M-파일 작성

1계 미분 방정식의 초기치 문제가 다음과 같이 주어진다:

(1) $$\frac{dy}{dt} = f(t,y),\ a \le t \le b,\ y(a) = y_0$$

정의역 $[a,b]$ 를 다음과 같이 동일한 간격$(= h)$으로 N등분하면,

$$h = \frac{b-a}{N},$$

정의역에 노드점이 생성되고 노드점 t_i 는

$$t_i = a + ih \quad (i = 0,1,2,3,\dots\ )$$

와 같이 표현된다. 이때 Euler Method에 대한 차분방정식(difference equation)은 다음 <표1>에 제공되고, 위 (1)에 주어진 초기치 문제에 대한 수치해는 w_i $(i = 0,\ 1,\ 2,\ 3,\ \dots\ N-1)$가 된다.

표1

$$w_0 = y(t_0) = y_0$$
$$w_{i+1} = w_i + hf(t_i, w_i) \quad (i = 0,1,2,3,\dots\ N-1)$$

<표1>에 주어진 Euler Method에 대응하는 함수형 M-파일 EulerMtd.m을 다음 <표2>와 같이 작성한다.

표2

EulerMtd.m

```
%
% [Euler method for y'=f(t,y)]
% yp=f(t,y), tinterval=[a, b]
% w0=initial value of y
% hstep=(b-a)/N
% w=수치해
%
function [t,w] = EulerMtd(yp,tinterval,w0,hstep)
yp =@(t,y) eval(yp);
tstart=tinterval(1);  tend=tinterval(2);
t = (tstart:hstep:tend)';
n = length(t);
w = w0*ones(n,1);
for ind = 1:n-1
    w(ind+1) = w(ind) + feval(yp,t(ind),w(ind))*(t(ind+1)-t(ind));
end
```

8.3절 메인 앱 파일 디자인하기

1장의 내용을 참고하여 다음 [그림1]과 같이 [캔버스]를 만든다.

그림1

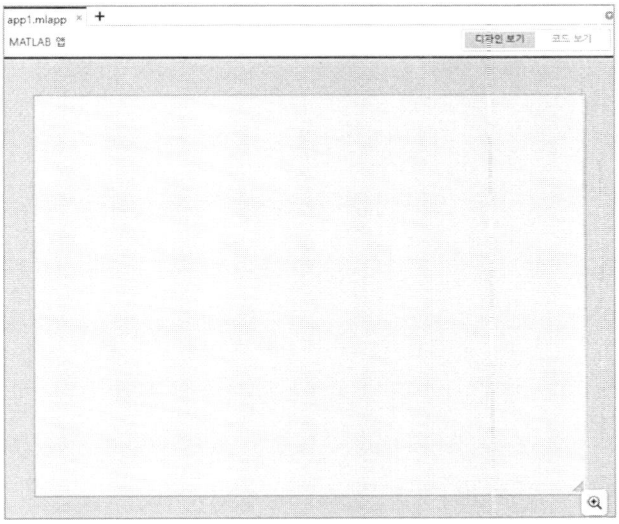

[구성요소 라이브러리]에서 제공하는 구성요소의 종류와 [캔버스]에서 구성요소의 배치는 다음 [그림2]와 같다. 즉 한 개의 [레이블] 구성요소, 다섯 개의 [편집 필드(텍스트)] 구성요소, 한 개의 [버튼] 구성요소가 메인 앱 창에서 사용된다.

그림2

세부적으로 다음 <1단계>-<3단계>의 내용에서 설명하면,

<1단계>

[구성요소 라이브러리]에서 [일반]에 위치한 [레이블] 구성요소를 다음 [그림3]과 같이 가장 위에 끌어다 놓고 제목과 글자 크기를 오른쪽의 [구성요소 브라우저] 영역에서 다음과 같이 설정한다:

[레이블] > [텍스트] > [Text] : y' = f(t,y) : Euler Method 수치해
[레이블] > [글꼴과 색] > [FontSize] : 30

그림3

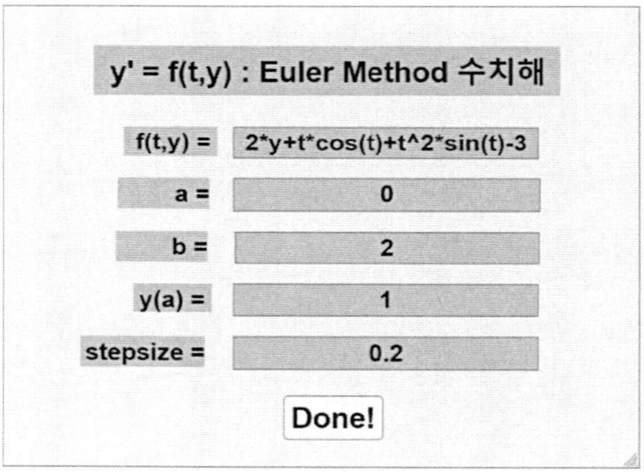

<2단계>

[구성요소 라이브러리]에서 [일반]에 위치한 [편집 필드(텍스트)] 구성요소를 앞 [그림2] 또는 [그림3]과 같이 [레이블] 구성요소 아래에 차례대로 다섯 개를 끌어다 놓고 제목들을 오른쪽의 [구성요소 브라우저] 영역에서 다음 (i)-(v)의 내용과 같이 설정한다:

(i) 첫 번째 [편집 필드(텍스트)] 구성요소 전체 선택 후,
[편집 필드] > [레이블] : f(t,y) =
[편집 필드] > [텍스트] > [Value] : 2*y+t*cos(t)+t^2*sin(t)-3

(ii) 두 번째 [편집 필드(텍스트)] 구성요소 전체 선택 후,

[편집 필드] > [레이블] : a =

[편집 필드] > [텍스트] > [Value] : 0

(iii) 세 번째 [편집 필드(텍스트)] 구성요소 전체 선택 후,

[편집 필드] > [레이블] : b =

[편집 필드] > [텍스트] > [Value] : 2

(iv) 네 번째 [편집 필드(텍스트)] 구성요소 전체 선택 후,

[편집 필드] > [레이블] : y(a) =

[편집 필드] > [텍스트] > [Value] : 1

(v) 다섯 번째 [편집 필드(텍스트)] 구성요소 전체 선택 후,

[편집 필드] > [레이블] : stepsize =

[편집 필드] > [텍스트] > [Value] : 0.2

이때 다섯 개의 [편집 필드(텍스트)]의 FontSize는 모두 25로 설정한다. 즉

[편집 필드] > [글꼴과 색] > [FontSize] : 25

로 [구성요소 브라우저] 에서 입력하면 된다.

<3단계>

[구성요소 라이브러리]에서 [일반]에 위치한 [버튼] 구성요소를 앞 [그림3]과 같이 가장 아래 위치에 끌어다 놓고 제목과 글자 크기를 오른쪽의 [구성요소 브라우저]에서 다음과 같이 설정한다:

[버튼] > [버튼] > [Text] : Done!

[버튼] > [글꼴과 색] > [FontSize] : 30

위 <1단계>–<3단계>의 내용으로 메인 앱 파일을 디자인하였다. 위의 내용이 완료되면 MyEulerMain.mlapp 파일명으로 저장한다. 다음 내용에서 서브 앱 파일을 디자인할 것이다.

8.4절 서브 앱 파일 디자인하기

1장의 내용을 참고하여 다음 [그림1]과 같이 [캔버스]를 만든다.

그림1

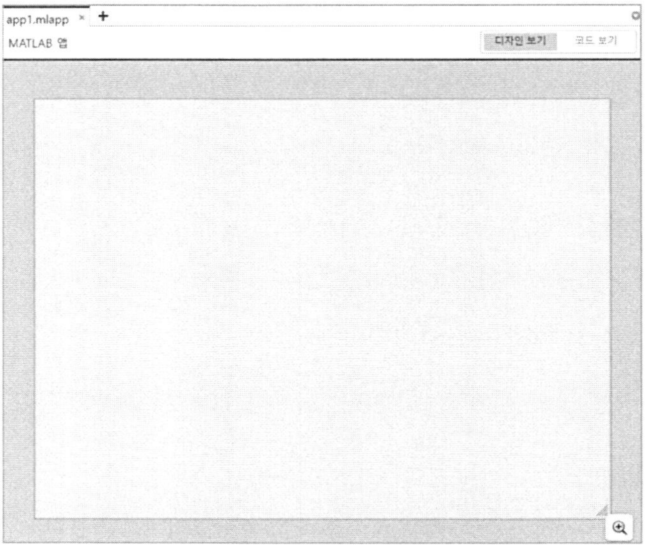

[구성요소 라이브러리]에서 제공하는 구성요소의 종류와 [캔버스]에서 구성요소의 배치는 다음 [그림2]와 같이 단 한 개의 [테이블] 구성요소가 서브 앱 창에서 사용된다.

그림2

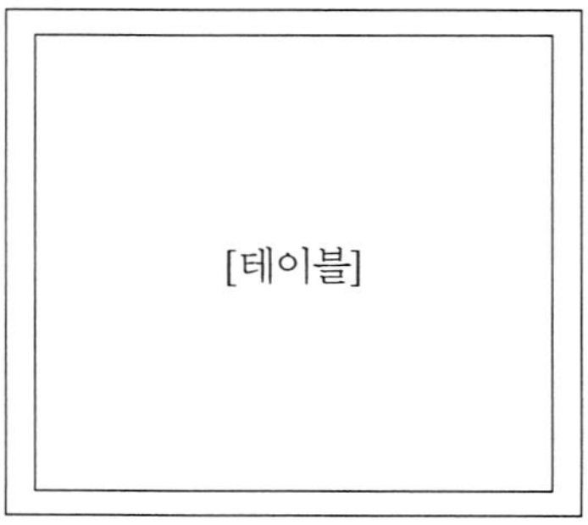

[구성요소 라이브러리]에서 [일반]에 위치한 [테이블] 구성요소를 다음 [그림3]과 같이 끌어다 놓고 박스 크기를 조정한 뒤에, ColumnName과 FontSize를 오른쪽의 [구성요소 브라우저] 영역에서 다음과 같이 설정한다:

[테이블] > [테이블] > [ColumnName] : Nodes, Euler, Exact, Error
[테이블] > [글꼴] > [FontSize] : 18

위의 내용을 완료하고 MyEulerTable.mlapp 파일명으로 저장한다.

그림3

8.5절 메인 앱 파일에서 서브 앱 파일로 데이터 보내기

다음 <1단계>와 <2단계>의 내용으로 메인 앱 파일에서 생성된 데이터를 서브 앱 파일로 보낼 수 있다. 그 결과로 서브 앱 창의 테이블이 완성된다.

<1단계>

앞 8.3절에서 생성한 메인 앱 MyEulerMain.mlapp 파일의 [구성요소 브라우저] 상단을 보면, 다음 [그림2]에 제공된 구성요소에 대응하는 명칭을 [그림1]의 내용에서 확

인할 수 있다. 그 대응 관계를 자세히 설명하면 다음과 같다:

그림1

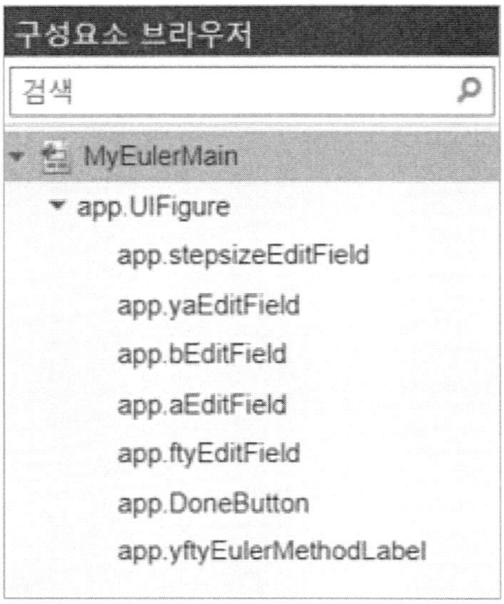

그림2

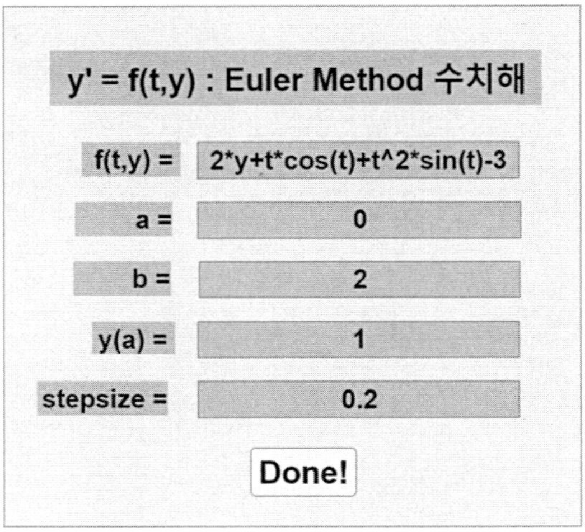

- app.stepsizeEditField: 아래에서 두 번째에 위치한, 다섯 번째 [편집 필드(텍스트)] 구성요소
- app.yaEditField: 아래에서 세 번째에 위치한, 네 번째 [편집 필드(텍스트)] 구성요소
- app.bEditField: 위에서 네 번째에 위치한, 세 번째 [편집 필드(텍스트)] 구성요소
- app.aEditField: 위에서 세 번째에 위치한, 두 번째 [편집 필드(텍스트)] 구성요소
- app.ftyEditField: 위에서 두 번째에 위치한, 첫 번째 [편집 필드(텍스트)] 구성요소
- app.yftyEulerMethodLabel: 가장 위에 위치한, [레이블] 구성요소

위와 같은 내용의 대응 관계가 아니면 [그림1]과 같은 명칭이 되도록 편집한다.

메인 앱 MyEulerMain.mlapp 파일에서

[디자인 보기] > [Done!]

항목을 우클릭 후에 팝업된 박스에서

[콜백] > [ButtonPushedFcn 콜백 추가]

항목을 선택한다. 선택 후 생성된 DoneButtonPushed 콜백 함수를 다음 [그림3a]-[그림3d]의 내용으로 편집한다.

그림3a

```
        % Button pushed function: DoneButton
        function DoneButtonPushed(app, event)
            a = eval(app.aEditField.Value);
            b = eval(app.bEditField.Value);
            yinitial = eval(app.yaEditField.Value);
            hstep = eval(app.stepsizeEditField.Value);
            tnode = a:hstep:b;
            tsize = length(tnode);
            initialstring = strcat('y(',app.aEditField.Value,') ==');
            MyInitialCond = strcat(initialstring, app.yaEditField.Value);
            DiffEqn = strcat('diff(y) == ', app.ftyEditField.Value);
```

그림3b

```
            % 해의 존재 판단하기
            syms y(t)
            try
              yexactsolstr = dsolve(eval(DiffEqn), eval(MyInitialCond));
              yexactsol = matlabFunction(yexactsolstr);
              for iter = 1:tsize
                 exactvalue(iter) = feval(yexactsol,tnode(iter));
              end
            catch
              mymessage = ...
                 {'이론해가 존재하지 않음', 'f(t,y): 다른 수식을 입력'};
              uialert(app.UIFigure, mymessage,'Warning','Icon','warning');
              return;
            end
```

그림3c

```
            % 수치해 구하기
            [t, yEuler] = EulerMtd(app.ftyEditField.Value,[a,b],yinitial, hstep);
            eulererror = abs(yEuler - exactvalue');
            figure(10);  hold on
            plot(t, yEuler, 'k--', 'linewidth',1);   % Euler 수치해
            exactline = fplot(yexactsol,[a,b]);   % 이론해
            set(exactline,'linewidth',1,'color','k');
            LegSize=legend('euler','exact', 'Location', 'best');
            set(LegSize,'Fontsize',15);
            title(DiffEqn,'FontSize',16);
```

그림3d

```
            %  서브 앱으로 Table 데이터 보내기
            mytabledata = [ t yEuler exactvalue' eulererror ];
            MyEulerTable(mytabledata);
        end
```

위 <1단계>의 내용으로 메인 앱 MyEulerMain.mlapp 파일의 코딩을 완료하고 다음 <2단계>에서 서브 앱 MyEulerTable.mlapp 파일의 코딩을 시작한다.

<2단계>

앞 8.4절에서 생성한 서브 앱 MyEulerTable.mlapp 파일의 [구성요소 브라우저] 상단을 보면 [그림4]와 같이 [테이블] 구성요소에 대응하는 명칭을 확인할 수 있다.

그림4

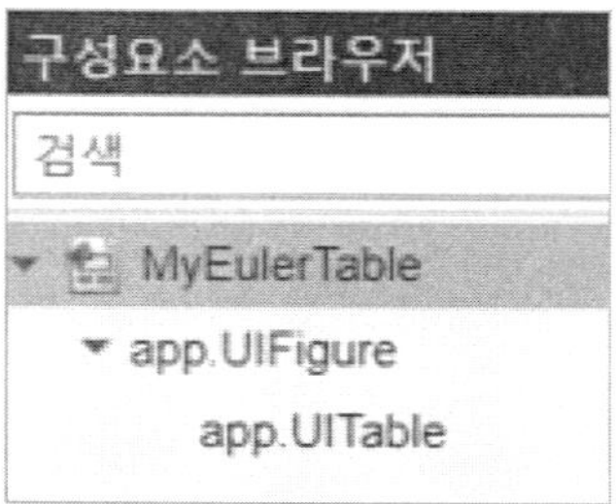

메인 앱 MyEulerMain.mlapp 파일을 실행하면 서브 앱 MyEulerTable.mlapp 파일에 데이터가 전달된다. 이때 서브 앱의 startupFcn 콜백함수가 메인 앱에서 오는 데이터를 전달받게 된다. 이러한 진행이 되도록 서브 앱 MyEulerTable.mlapp 파일의 startupFcn 콜백함수를 다음과 같이 생성한다.

앞 [그림4]와 같은 [구성요소 브라우저]에서 MyEulerTable 항목을 선택한 뒤에 [코드 보기] 클릭한다. 앱 디자이너 왼쪽에 위치한 다음 [그림5]와 같은 [코드 브라우저]에서 [콜백] 항목을 선택한 후에, 오른쪽 한 줄 아래에 있는 녹색의 더하기 기호인 +를 선택하면 다음 [그림6]과 같이 팝업박스가 화면에 출력된다.

그림5

그림6

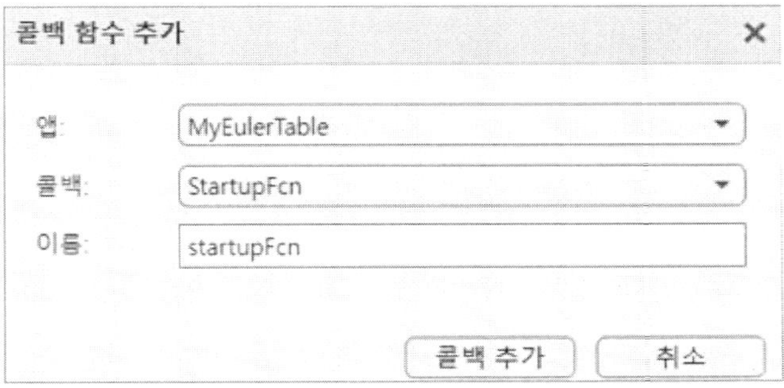

앞 [그림6]에서 [콜백 추가] 항목을 선택하여 startupFcn 콜벅함수가 생성되면 다음 [그림7]의 내용이 [코드 보기]에서 확인된다.

그림7

```
    % Callbacks that handle component events
    methods (Access = private)

        % Code that executes after component creation
        function startupFcn(app)

        end
    end
```

이때 [코드 브라우저]에는 [그림8]과 같이 startupFcn 콜백 함수가 표시되어 있다.

그림8

위 [그림8]에서 startupFcn 항목을 우클릭하면 다음 [그림9]와 같은 박스가 팝업된다. 맨 위에 있는 [앱 입력 인수 추가] 항목을 클릭하면 다음 [그림10]과 같은 박스가 팝업된다.

그림9

그림10

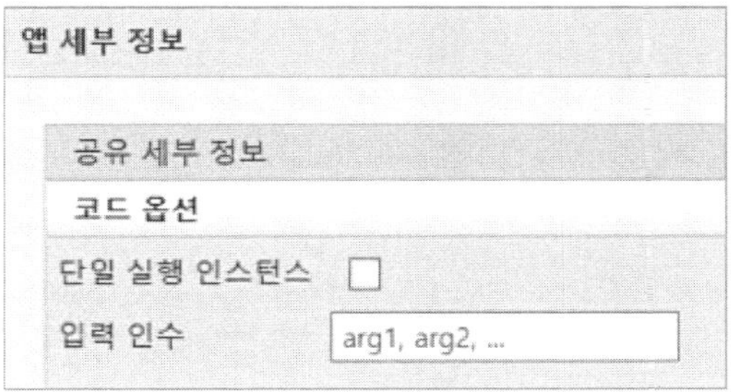

[그림10]에서 [입력 인수] 항목에 다음 [그림11]과 같이 MyEulerData를 입력하고 박스 하단에 위치한 [확인]을 클릭한다.

그림11

그 결과로서 앞 [그림7]과 같았던 startupFcn 입력 인수가 다음 [그림12]와 같이 MyEulerData라는 입력 인수가 추가되었다.

그림12

```
    % Callbacks that handle component events
    methods (Access = private)

        % Code that executes after component creation
        function startupFcn(app, MyEulerData)

        end
    end
```

이제 startupFcn 콜백함수를 [그림12]에서 다음 [그림13]의 내용으로 완성한다.

그림13

```
    % Callbacks that handle component events
    methods (Access = private)

        % Code that executes after component creation
        function startupFcn(app, MyEulerData)
            app.UITable.Data = MyEulerData;
        end
    end
```

위 <1단계>와 <2단계>의 내용으로 메인 앱 파일에서 서브 앱 파일로 데이터를 보낼 수 있게 되었다.

8.6절 메인 앱 파일 실행하기

앞 8.5절까지의 내용으로 [현재 폴더]에는 다음과 같은 세 개의 파일이 존재한다.

- EulerMtd.m : Euler Method에 대응하는 함수형 M-파일(내용은 8.2절의 <표2> 참고)
- MyEulerMain.mlapp : 메인 앱 파일(8.5절의 [그림2]와 같은 앱 창을 출력하며 파일 내용은 [그림3a]-[그림3d] 참고)
- MyEulerTable.mlapp : 서브 앱 파일(8.5절의 [그림13] 내용 참고)

함수형 M-파일 EulerMtd.m의 내용이 메인 앱이나 서브 앱 파일 코딩에 포함되어 있는 것이 아니고 [현재 폴더]에서 독립적으로 따로 존재하는 상황임을 확인한다.

지금까지의 내용으로 메인 앱과 서브 앱 파일의 프로그램 작성이 완료되었다. 메인 앱 파일인 MyEulerMain.mlapp을 실행하면 다음 [그림1]과 같이 메인 앱 창이 화면에 출력된다. 출력된 초기 메인 앱 창의 데이터는 다음 초기치 문제에 해당한다:

$$\frac{dy}{dt} = f(t,y) = 2y + t\cos(t) + t^2\sin(t) - 3,\ 0 \le t \le 2,\ y(0) = 1$$

이 메인 앱 창의 하단에 위치한 [Done!]을 클릭하면 DoneButtonPushed 콜백 함수가 실행되어 다음 [그림2]와 같이 이론해(exact)와 수치해(euler)에 대응하는 그래프가 출력된다.

그림1

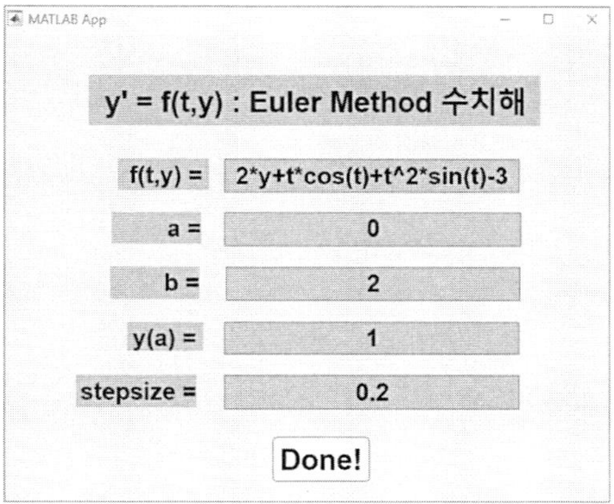

그림2

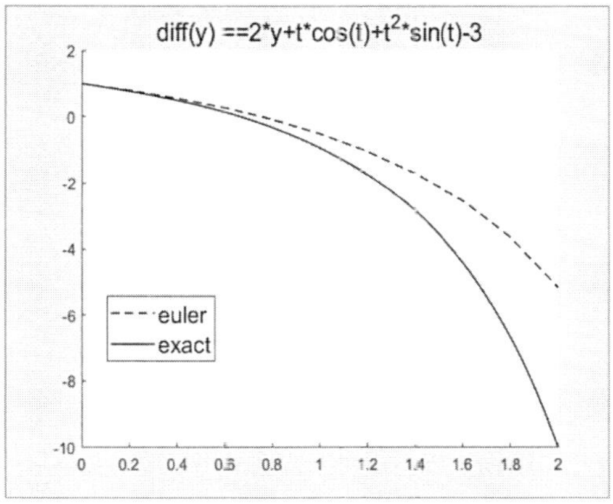

DoneButtonPushed 콜백 함수와 관련된 내용을 자세히 설명하여 본다. 8.5절의 [그림3a]의 31번째–33번째 줄의 내용인

```
initialstring = strcat('y(',app.aEditField.Value,') ==');
MyInitialCond = strcat(initialstring, app.yaEditField.Value);
DiffEqn = strcat('diff(y) == ', app.ftyEditField.Value);
```

이 실행되면 DiffEqn 변수에 다음 내용의 문자열이 저장된다.

$$\mathrm{diff(y)} == 2*\mathrm{y} + \mathrm{t}*\cos(\mathrm{t}) + \mathrm{t}^2\sin(\mathrm{t}) - 3$$

이론해(exact)가 존재하는 경우에는 8.5절의 [그림3b]의 37번째 줄의 내용인

```
yexactsolstr = dsolve(eval(DiffEqn), eval(MyInitialCond));
```

에 의하여 이론해가 yexactsolstr 변수에 저장된다. 그 다음 38번째 줄의 내용인

```
yexactsol = matlabFunction(yexactsolstr);
```

에 의하여 이론해에 대응하는 익명함수 yexactsol가 생성된다. 계속해서 8.5절의 [그림3b]의 39번째-41번째 줄의 내용인

```
39          for iter = 1:tsize
40              exactvalue(iter) = feval(yexactsol,tnode(iter));
41          end
```

에 의하여 정의역의 노드점에서 이론해의 값이 exactvalue 변수에 저장된다. 8.5절의 [그림3c]의 49번째 줄의 내용인

```
[t, yEuler] = EulerMtd(app.ftyEditField.Value,[a,b],yinitial, hstep);
```

에 의하여 [현재 폴더]에 있는 함수형 M-파일인 EulerMtd.m이 적용된다. 이 결과로 Euler Method에 의한 수치해 yEuler가 구해진다. 따라서 8.5절의 [그림3c]의 52번째와 53번째 줄의 내용인

```
52          plot(t, yEuler, 'k--', 'linewidth',1);   % Euler 수치해
53          exactline = fplot(yexactsol,[a,b]);   % 이론해
```

에 의하여 앞 [그림2]와 같이 이론해(exact)와 수치해(euler)에 대응하는 그래프가 출력된 것이다. 또한 메인 앱 파일에는 8.5절 [그림3d]의 59번째와 60번째 줄의 내용인

```
59          mytabledata = [ t yEuler exactvalue' eulererror ];
60          MyEulerTable(mytabledata);
```

에 의하여, 메인 앱의 실행 결과로 서브 앱 파일 MyEulerTable.mlapp가 mytabledata에 저장된 데이터를 전달받는다. 8.5절의 [그림13]에서 14번째 줄의 내용인

```
13      function startupFcn(app, MyEulerData)
14          app.UITable.Data = MyEulerData;
15      end
```

에 의하여 다음 [그림3]과 같이 서브 앱 창에 테이블이 출력된 것이다.

그림3

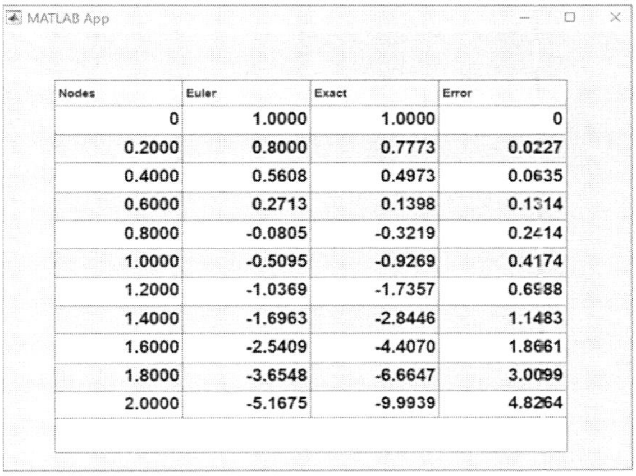

Nodes	Euler	Exact	Error
0	1.0000	1.0000	0
0.2000	0.8000	0.7773	0.0227
0.4000	0.5608	0.4973	0.0635
0.6000	0.2713	0.1398	0.1314
0.8000	-0.0805	-0.3219	0.2414
1.0000	-0.5095	-0.9269	0.4174
1.2000	-1.0369	-1.7357	0.6988
1.4000	-1.6963	-2.8446	1.1483
1.6000	-2.5409	-4.4070	1.8661
1.8000	-3.6548	-6.6647	3.0099
2.0000	-5.1675	-9.9939	4.8264

만약에 앞 [그림1]과 같은 메인 앱 창에서 다른 초기치 문제인

(2) $$\frac{dy}{dt} = \frac{1}{y^2} + t,\ 0 \le t \le 2,\ y(0) = 1$$

에 대응하는 데이터를 다음 [그림4]의 내용과 같이

그림4

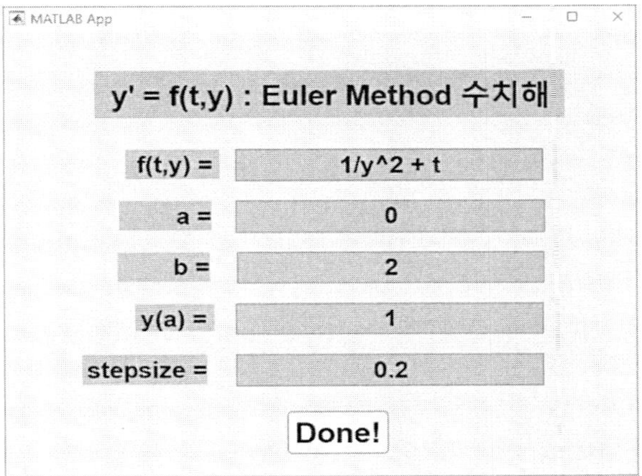

입력한 뒤에 앱 창 하단에 있는 [Done!]을 클릭하면 다음 [그림5]와 같이 위 (2)식에 주어진 초기치 문제의 이론해(exact)가 존재하지 않기 때문에 f(t,y)에 다른 식을 입력하라는 박스 메시지가 팝업된다.

그림5

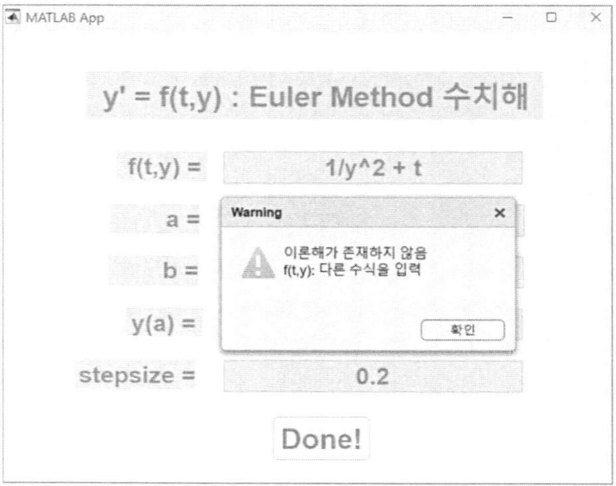

그림6

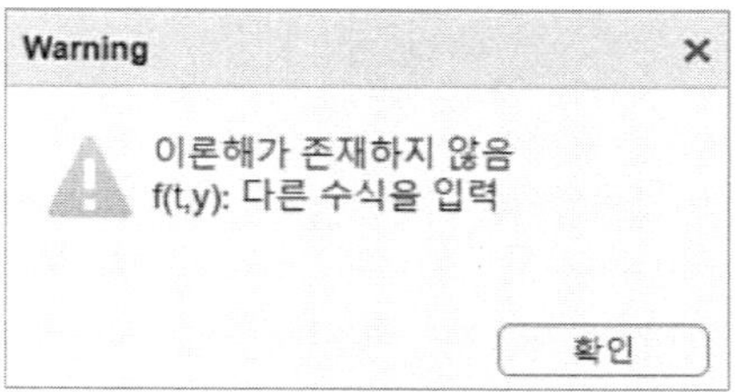

이때 박스 메시지에서 [확인]을 클릭하고 다른 초기치 문제를 입력하면 된다. 참고로 [그림6]에는 [그림5]에 있는 박스 메시지가 확대되어 제공된다. 이와 같이 이론해가 존재하지 않는 경우 앱의 실행이 종료되는 것이 아니라 에러 메시지가 출력되고 앱의 실행이 계속 진행 될 수 있도록 try-catch-end 명령어를 사용하고 있는데, 그 내용은 8.5절 [그림3b]의 36번째 줄부터 47번째 줄에 제공된다. 앱 파일에서 8.5절 [그림3b]의 45번째 줄에서 확인할 수 있듯이, 앱 창에 팝업 박스를 출력하기 위하여 uialert 명령어를 사용한다.

앞 8.6절의 내용으로 초기치 문제에 대한 수치해를 구할 때 앱 간에 데이터 전달이 어떻게 진행되는지 알아보았다. 즉 메인 앱 파일에서 생성된 수치해 관련 데이터가 서브 앱 파일에 전달되어 서브 앱 창의 테이블에 출력되었다.

8.7절 함수형 M-파일 EulerMtd.m을 메인 앱 파일 내부로 이동

이번 절에서는 Euler Method에 대응하는 함수형 M-파일인 EulerMtd.m의 내용을 (8.2절의 <표2> 참고) 메인 앱 파일 MyEulerMain.mlapp 내부로 이동시킨 후에, 메인 앱 파일을 실행하여도 앞 절과 동일한 결과가 구해지도록 메인 앱 파일의 내용을 편집할 것이다. 이때 서브 앱 MyEulerTable.mlapp 파일의 편집은 없고 앞에서 작성된 내용을 그대로 사용한다. 독립적으로 존재하였던 함수형 M-파일인 EulerMtd.m을 다음 <1단계>-<4단계>의 내용에서, 메인 앱 파일인 MyEulerMain.mlapp의 내부르 이동시켜서 내부 함수로 만들어본다.

<1단계>

앞 8.5절에서 완성한 메인 앱 MyEulerMain.mlapp 파일에서 [코드 보기]를 선택한 후에

[코드 브라우저] > [함수] > 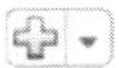 > [프라이빗 함수]

항목을 선택하면 다음 [그림1]의 내용이 생성된다.

그림1

```
    methods (Access = private)

        function results = func(app)

        end
    end
```

<2단계>

[현재 폴더]에 독립적으로 존재하던 함수형 M-파일인 EulerMtd.m의 내용을 다음 [그림2]와 같이 메인 앱 MyEulerMain.mlapp 파일로 이동시킨다. 즉 [그림1]의 내용을 [그림2]와 같이 편집한다.

그림2

```
    methods (Access = private)
        % [Euler method for y'=f(t,y)]
        % yp=f(t,y), tinterval=[a, b]
        % w0=initial value of y, hstep=(b-a)/N,  w=수치해
        %
        function [t,w] = EulerMtd(~, yp, tinterval, w0, hstep)
            yp =@(t,y) eval(yp);
            tstart=tinterval(1);  tend=tinterval(2);
            t = (tstart:hstep:tend)';
            n = length(t);
            w = w0*ones(n,1);
            for ind = 1:n-1
                w(ind+1) = w(ind) + feval(yp,t(ind),w(ind))*(t(ind+1)-t(ind));
            end
        end
    end
```

[현재 폴더]에 있었던 함수형 M-파일인 EulerMtd.m과 [그림2]의 내용을 비교하면 변경된 부분은 아래와 같이 함수의 첫 번째 입력 인자(= ~)가 추가되었다. 다른 내용은 변경사항이 없다.

```
function [t,w] = EulerMtd(yp,tinterval,w0,hstep)
```

⇩

```
function [t,w] = EulerMtd(~, yp, tinterval, w0, hstep)
```

전달받은 데이터를 함수 내용에서 사용하지 않는 경우, 어떤 변수명을 임의로 지정하고 사용하지 않아도 되지만 위와 같이 기호(= ~)를 사용할 수 있다. 즉 프로그램의 내용에서 EulerMtd 함수가 첫 번째 입력 인자로 전달받는 데이터를 사용하지 않기 때문에 위

와 같이 EulerMtd 함수의 첫 번째 입력 인자 위치에 기호(= ~)를 사용할 수 있다.

<3단계>

다음으로 8.5절의 [그림3c]에 제공된 49번째 줄의 내용을 메인 앱 MyEuler Main.mlapp 파일에서 다음과 같이 편집한다.

```
48            % 수치해 구하기
49            [t, yEuler] = EulerMtd(app.ftyEditField.Value,[a,b],yinitial, hstep);
```

⇩

```
65            % 수치해 구하기
66            [t, yEuler] = ...
67                EulerMtd(app, app.ftyEditField.Value, [a,b], yinitial, hstep);
```

[현재 폴더]에서 독립적으로 존재하던 함수형 M-파일 EulerMtd의 내용을 앱 파일 내부로 이동시켜서 내부 함수로 만든 상황이다. 이런 경우에는 앱 프로그램에서 EulerMtd 함수를 사용할 때에는 첫 번째 입력 인자 위치에 위와 같이 app 변수를 추가한다.

<4단계>

위 <1단계>-<3단계>의 내용을 완료하면 [현재 폴더]에는 다음 [그림3]과 같이 함수형 M-파일 EulerMtd.m이 독립적으로 존재하지 않고 그 내용이 메인 앱 MyEuler Main.mlapp 파일에서 내부 함수로 작용한다.

그림3

수정된 메인 앱 MyEulerMain.mlapp 파일명을 MyEulerMainP.mlapp로 변경한 뒤에 실행하면 앞 8.6절에서 얻었던 [그림1]-[그림6]과 같은 동일한 진행을 확인할 수 있다.

독립적으로 존재했던 함수형 M-파일을 앱 파일의 내부 함수로 변경하는 과정을 설명한 이번 절에서는 서브 앱 MyEulerTable.mlapp 파일의 내용 수정은 없고 앞에서 작성되었던 내용을 그대로 이용하면 된다.

앞 8.1절-8.7절의 내용에서 (i) 1계 미분 방정식의 수치해를 Euler Method를 이용하여 구하였고 (ii) 그 과정을 메인 앱과 서브 앱을 연결하여 구현하였다.

CHAPTER 09

메인 앱과 서브 앱 사이에 데이터 상호 전달

CHAPTER

09 메인 앱과 서브 앱 사이에 데이터 상호 전달

설명하게 되는 9장의 내용을 요약하면 다음과 같다. 메인 앱 파일을 실행하면 다음 [그림A]와 같은 초기 앱 창이 화면에 출력된다. [그림A]의 앱 창에서 하단에 위치한 [MySelection] 항목을 선택하면 [MySelection] 항목이 비활성화되면서 동시에 [그림B]와 같은 서브 앱 창이 함께 화면에 출력된다. 이때 [그림B]의 서브 앱 창에서 (i) 함수를 선택하고 (ii) 세 가지 항목인 Surf, Mesh, Contour 중에 하나를 선택한 후에 [Done] 항목을 클릭하면 대응하는 그래프가 [그림A]에 출력되면서 서브 앱 창은 사라지고 [MySelection] 항목이 다시 활성화된다. 이러한 진행이 되기 위해서는 메인 앱과 서브 앱 사이에 데이터가 상호 전달되어야 하고 그러한 과정을 배우게 된다.

그림A

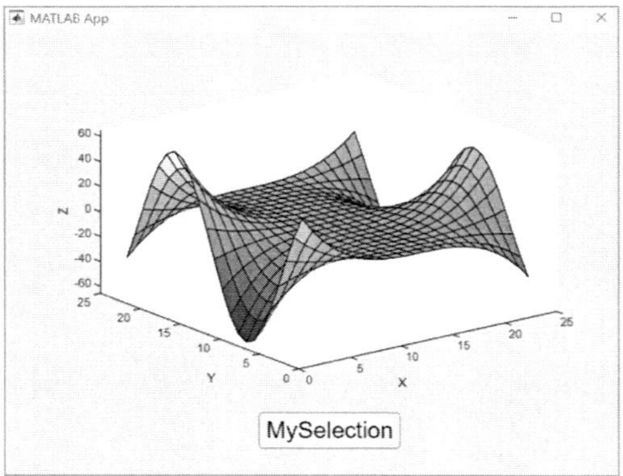

그림B

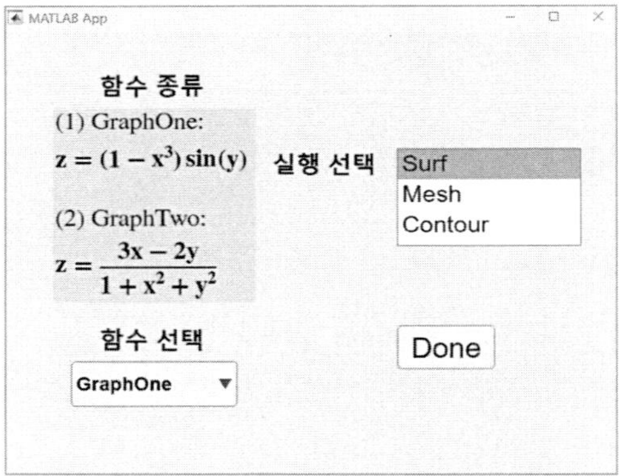

9.1절 진행 과정

앞 7장에서 생성하였던 앱 파일 MyGraphSelection.mlapp을 실행하면 다음 [그림1]과 같이 앱 창이 출력된다. 계속해서 [그림1]과 같은 앱 창의 오른쪽 하단에 위치한 [함수 선택] 항목인 GraphOne 또는 GraphTwo 중에 하나를 선택하고, 다음으로 앱 창의 상단에 위치한 세 개의 옵션인 Surf, Mesh, Contour 중에 하나를 선택하면 그 선택에 대응하여 그래프가 앱 창의 왼쪽에 위치한 좌표축에 출력된다.

그림1

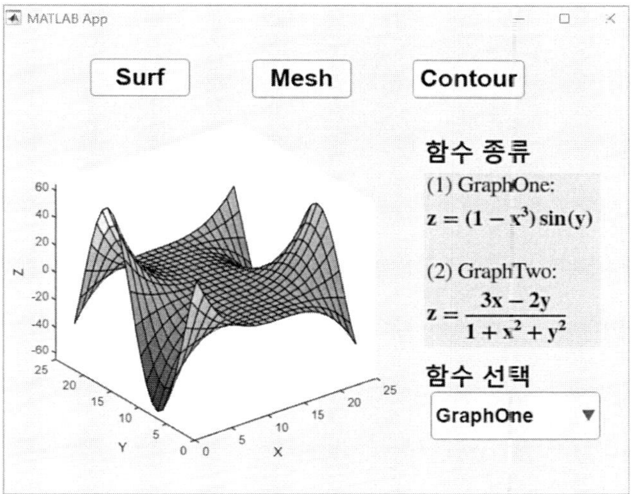

이번 절에서는 위와 같은 진행을 두 개의 앱 파일로 만들어서 동일한 그래프 결과가 좌표축에 출력되도록 구현하여 본다. 이러한 작업을 위하여 다음 [그림2]와 [그림3]과 같이 메인 앱과 서브 앱으로 나누어서 각각 생성할 것이다.

그림2 메인 앱

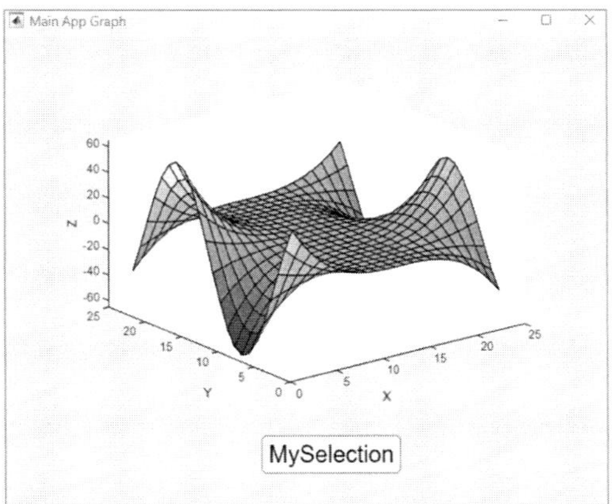

그림3 서브 앱

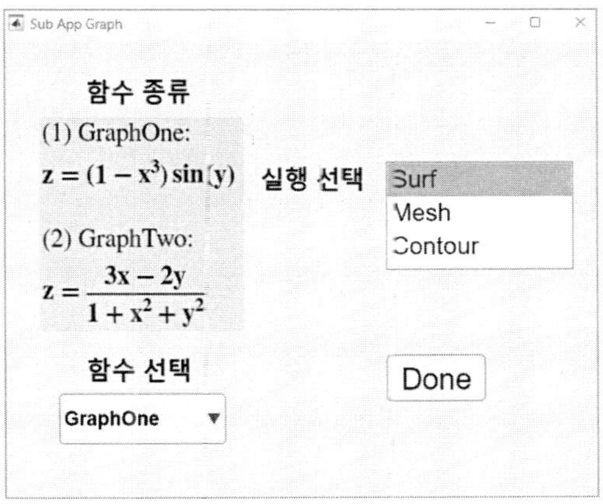

좀 더 세부적으로 설명하여 본다. 즉 [그림2]와 같이 메인 앱이 화면에 출력되면 하단에 위치한 [MySelection] 항목을 선택한다. 이 선택으로 [그림3]과 같은 서브 앱이 화면에 추가로 생성된다. 계속해서 이 서브 앱의 왼쪽 하단에 위치한 [함수 선택] 항목들인 GraphOne 또는 GraphTwo 중에 하나를 선택하고, 다음으로 서브 앱 창의 오른쪽 상단에 위치한 [목록 상자]에서 세 개의 옵션인 Surf, Mesh, Contour 중에 하나를 선택하면 그 선택에 대응하여 그래프가 [그림2]에 제공된 메인 앱의 좌표축에 출력된다. 이 때 메인 앱의 좌표축에 출력된 그래프는 앞 7장에서 이미 확인하였던 출력 내용과 정확히 일치하게 된다. 이런 과정을 통하여 한 개의 앱에서 모두 실행되던 내용을(항목을 선택하여 그 선택의 결과로 그래프가 같은 앱 창에 출력되는) 두 개의 앱으로 나누어서 동일한 결과(그래프)를 얻게 되는 방법을 배우게 된다. 특별히 앱 파일 사이에 데이터가 어떻게 서로에게 전달되는지를 좀 더 쉽게 접근할 수 있다. 이후의 내용은 다음과 같이 두 개의 영역으로 나누어 진행된다.

- 앞 [그림2], [그림3]과 같은 메인 앱, 서브 앱 파일을 디자인하기
- 메인 앱 파일과 서브 앱 파일 연결하기

앞 [그림3]과 같은 서브 앱에서 [함수 선택]과 [실행 선택]의 세부 항목이 결정되면 그 선택의 결과가 앞 [그림2]와 같은 메인 앱의 좌표축에 그래프로서 출력될 것이다.

9.2절 메인 앱과 서브 앱 파일을 디자인하기

먼저 9.1절의 [그림2]와 같은 메인 앱 파일을 디자인할 것이다.

9.2.1절 메인 앱 파일 디자인하기

1장의 내용을 참고하여 다음 [그림1]과 같이 [캔버스]를 만든다.

그림1

[구성요소 라이브러리]에서 사용하게 되는 구성요소의 종류와 [캔버스]에서의 위치는 다음 [그림2]와 같다. 즉 [일반] 영역에 속해있는 [좌표축] 구성요소와 [버튼] 구성요소가 메인 앱에서 사용된다.

그림2

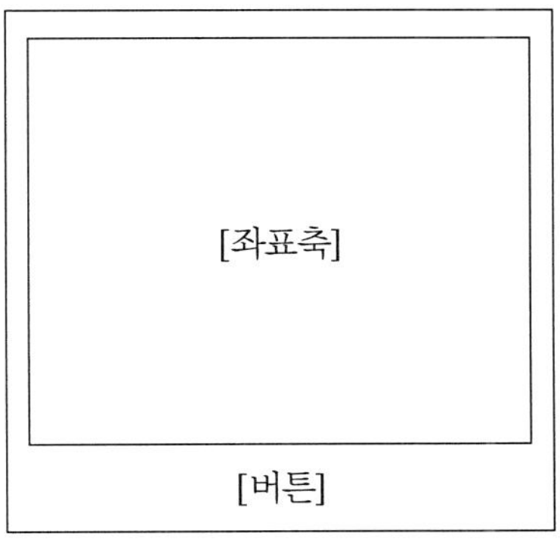

세부적으로 다음 <1단계>와 <2단계>에서 설명하면,

<1단계>

[구성요소 라이브러리]에서 [일반]에 위치한 [좌표축] 구성요소를 다음 [그림3]과 같이 [캔버스]의 중앙에 끌어다 놓고 좌표축의 Title을 지운다.

그림3

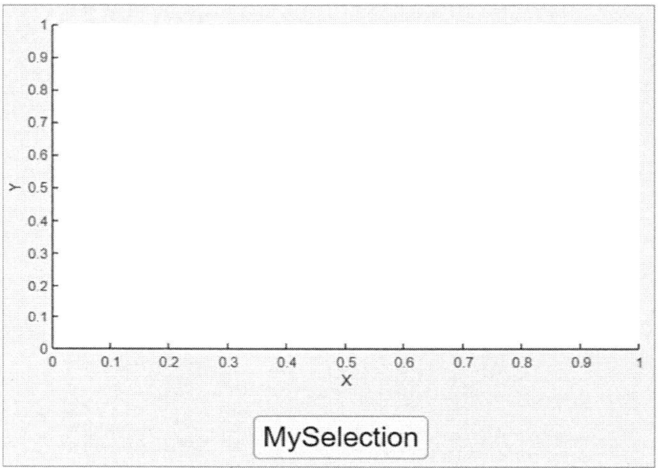

즉 오른쪽의 [구성요소 브라우저] 영역에서 [좌표축] > [레이블] > [Title String] 항목에 적혀있는 Title 문자를 [그림4]와 같이 제거한다.

그림4

<2단계>

[구성요소 라이브러리]에서 [일반]에 위치한 [버튼] 구성요소를 앞 [그림3]과 같이 [좌표축] 구성요소 아래에 끌어다 놓고 제목과 글자 크기를 오른쪽의 [구성요소 브라우저]

영역에서 다음과 같이 설정한다:

[버튼] > [버튼] > [Text] : MySelection
[버튼] > [글꼴과 색] > [FontSize] : 24

위 <1단계>와 <2단계>의 내용으로 메인 앱 파일을 디자인하였다. 위의 내용이 완료되면 MyMainAppGraphResult.mlapp 파일명으로 저장한다. 다음 절에서 서브 앱 파일을 디자인할 것이다.

9.2.2절 • 서브 앱 파일 디자인하기

1장의 내용을 참고하여 [그림5]와 같이 [캔버스]를 만든다.

그림5

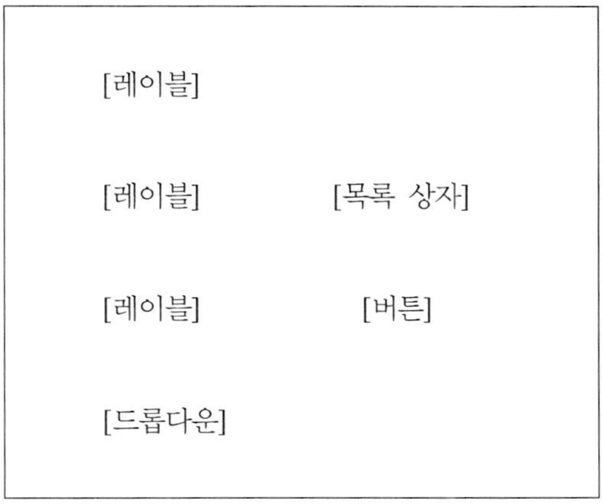

[그림5]와 같이 구성요소의 위치를 미리 설정하고, [그림6]과 같은 결과가 되도록 다음 <1단계>–<4단계>의 내용을 진행한다.

그림6

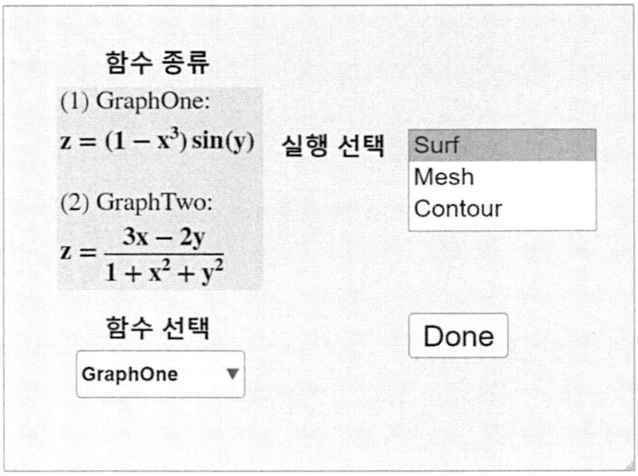

<1단계>

[구성요소 라이브러리]에서 [일반]에 위치한 [레이블] 구성요소를 앞 [그림6]과 같이 [캔버스]의 왼쪽 위에서 아래로 차례대로 세 번 끌어다 놓고 Text의 내용과 글자 크기(FontSize)를 오른쪽의 [구성요소 브라우저] 영역에서 다음 (i), (ii), (iii)과 같이 각각 설정한다:

(i) 첫 번째 [레이블]:

[레이블] > [텍스트] > [Text] : 함수 종류
[레이블] > [글꼴과 색] > [FontSize] : 25

(ii) 두 번째 [레이블] 항목의 내용에 수식을 입력하기 위하여 latex 문법을 사용한다. 우선 글자 크기와 배경색을

[레이블] > [글꼴과 색] > [FontSize] : 23
[레이블] > [글꼴과 색] > [BackgroundColor] : [0.90 0.90 0.90]

와 같이 설정한다. 위에서 설정한 배경색(BackgroundColor)은 오른쪽의 [구성요

소 브라우저] 영역에서 [BackgroundColor] 항목을 클릭하면 출력되는 박스의 내용 중에서 아래와 같이 왼쪽에서 세 번째인 회색 계열의 색에 더블클릭한다.

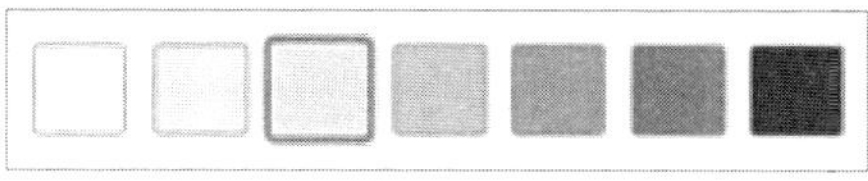

다음으로 [레이블] 항목의 내용이 latex 문법으로 작성될 것이기 때문에 이를 위하여

[레이블] > [텍스트] > [Interpreter] : latex

와 같이 Interpreter 항목을 latex으로 설정한다. 두 번째 [레이블]에 두 개의 수학 함수를 표시하기 위하여

[레이블] > [텍스트] > [Text]

항목에 다음 박스에 제공된 latex 문법을 따르는 내용을 입력한다.

```
$$ \mbox{(1) GraphOne: } \\ \bf{z=(1 - x^3) \sin(y)} $$
$$ \mbox{(2) GraphTwo: } \\ \bf{z= \frac {3x-2y} {1+x^2+y^2}}$$
```

위 박스의 내용이 실행되면 앞 [그림6]에서 볼 수 있듯이 두 번째 [레이블]에서 다음과 같은 수식 결과가 얻어진다.

(1) GraphOne:
$$\mathbf{z = (1 - x^3)\sin(y)}$$

(2) GraphTwo:
$$\mathbf{z = \frac{3x - 2y}{1 + x^2 + y^2}}$$

(iii) 세 번째 [레이블]:

[레이블] > [텍스트] > [Text] : 함수 선택
[레이블] > [글꼴과 색] > [FontSize] : 25

<2단계>

[구성요소 라이브러리]에서 [일반]에 위치한 [드롭다운] 구성요소를 앞 [그림6]과 같이 [캔버스]의 왼쪽 하단에 끌어다(키보드에서 Ctrl 버튼을 선택한 상태에서) 놓고 오른쪽의 [구성요소 브라우저] 영역에서 다음과 같이 각각 설정한다:

① [드롭다운] > [드롭다운] > [Value] : GraphOne
② [드롭다운] > [드롭다운] > [Items] : GraphOne, GraphTwo
③ [드롭다운] > [글꼴과 색] > [FontSize] : 20

위 ②에서 [Items] 박스에 항목들을 입력할 때에 첫 번째 GraphOne 항목을 입력하고 줄 바꾸기(Enter 선택)를 한 다음에 두 번째 GraphTwo 항목을 입력한다.

<3단계>

[구성요소 라이브러리]에서 [일반]에 위치한 [목록 상자] 구성요소를 앞 [그림6]과 같이 [캔버스]의 오른쪽 상단에 끌어다 놓고 오른쪽의 [구성요소 브라우저] 영역에서 다음과 같이 각각 설정한다:

① [목록 상자] > [목록 상자] > [Value] : Surf
② [목록 상자] > [목록 상자] > [Items] : Surf, Mesh, Contour
③ [목록 상자] > [글꼴과 색] > [FontSize] : 25

위 ②에서 [Items] 박스에 세 개의 항목을 입력할 때에 하나씩 입력하고 줄 바꾸기(Enter 선택)를 하면서 입력을 완료한다.

<4단계>

[구성요소 라이브러리]에서 [일반]에 위치한 [버튼] 구성요소를 앞 [그림6]과 같이 [캔버스]의 오른쪽 하단에 끌어다 놓고 제목과 글자 크기를 오른쪽의 [구성요소 브라우저] 영역에서 다음과 같이 설정한다:

[버튼] > [버튼] > [Text] : Done
[버튼] > [글꼴과 색] > [FontSize] : 30

위와 같이 <1단계>-<4단계>의 내용을 진행하여 서브 앱 파일의 디자인을 완료하면 앞 [그림6]의 결과를 얻게 된다. 이 서브 앱 파일을 MySubAppSelection.mlapp 파일명으로 저장한다.

9.3절 메인 앱과 서브 앱을 연결하기

이번 절의 내용은 다음과 같이 9.3.1-9.3.4절로 나누어서 진행한다.

- 9.3.1절: 메인 앱과 서브 앱의 초기 환경
- 9.3.2절: 메인 앱의 코딩
- 9.3.3절: 서브 앱의 코딩
- 9.3.4절: 메인 앱 창(또는 서브 앱 창)을 닫는 경우

9.3.1절 메인 앱과 서브 앱의 초기 환경

앞 9.2절에서 생성한 메인 앱 파일 또는 서브 앱 파일인

MyMainAppGraphResult.mlapp 또는 MySubAppSelection.mlapp

파일이 각각 선택된 상황에서 [구성요소 브라우저] 상단이 다음 [그림1] 또는 [그림2]와 같이 구성요소들에 대응하는 명칭들로 설정되어 있는지 확인하고 그렇지 않으면 [그림1] 또는 [그림2]와 같이 편집하도록 한다.

그림1

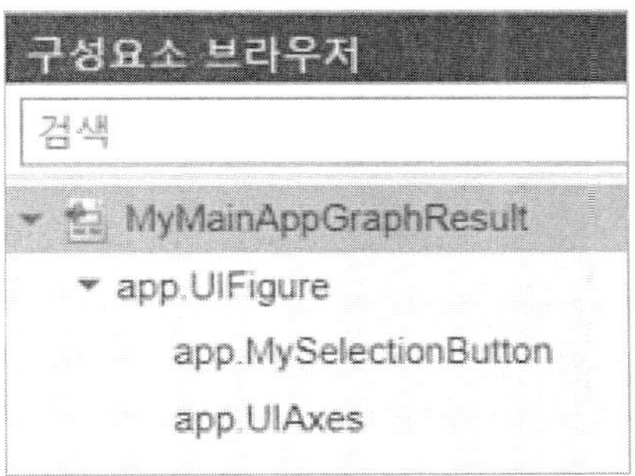

위 [그림1]에서 app.UIAxes와 app.MySelectionButton는 앞 9.2.1절의 [그림3]에서 [좌표축]과 [버튼] 구성요소에 각각 대응한다.

그림2

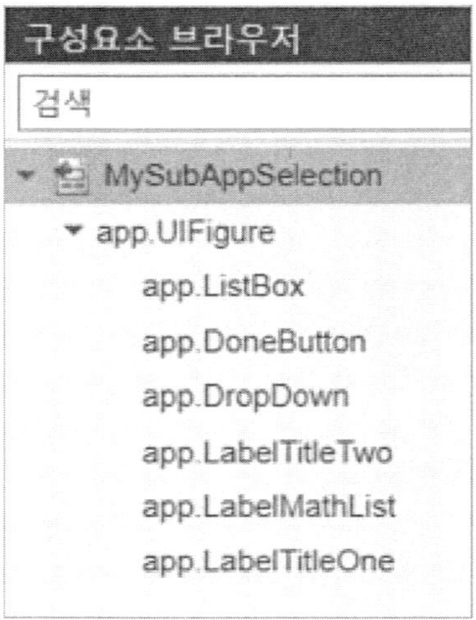

위 [그림2]에 제공된 항목은 앞 9.2.2절의 [그림6]에서 아래와 같은 대응 관계임을 확인한다.

- app.LabelTitleOne: 왼쪽 가장 위에 위치한 첫 번째 [레이블] 구성요소
- app.LabelMathList: 첫 번째 [레이블] 구성요소 바로 아래에 수식이 적혀있는 두 번째 [레이블] 구성요소
- app.LabelTitleTwo: 수식의 두 번째 [레이블] 구성요소 바로 아래에 위치한 세 번째 [레이블] 구성요소
- app.DropDown: 왼쪽 가장 아래에 위치한 [드롭다운] 구성요소
- app.DoneButton: 오른쪽 가장 아래에 위치한 [버튼] 구성요소
- app.ListBox: 오른쪽 가장 위에 위치한 [목록 상자] 구성요소

9.3.2절 • 메인 앱의 코딩

메인 앱 MyMainAppGraphResult.mlapp 파일과 관련된 코딩을 완료하기 위하여

다음 <1단계>–<4간계>의 내용을 진행한다.

<1단계>

메인 앱 MyMainAppGraphResult.mlapp 파일을 열고 [코드 보기]를 선택한다. 계속해서 앱 디자이너 왼쪽에 위치한 [코드 브라우저]에서 [그림1]와 같이 [속성] 항목을 선택한다.

그림1

[속성] 항목 선택 후에 한 줄 아래에 있는 녹색의 더하기 기호인 를 클릭하면 properties 영역이 생성된다(프라이빗 속성 선택). 생성 후 [그림2]와 같은 내용으로 프라이빗 properties 영역을 편집한다.

그림2

```
    properties (Access = private)
        CurrentFtion = 'GraphOne'
        CurrentAction = 'Surf'
        SelectedFt
        SubApp
    end
```

위 [그림2]의 내용에서 CurrentFtion과 CurrentAction 변수에 설정된 초기 값은 앱 파일이 처음 실행되면서 이용된다.

<2단계>

메인 앱에서 뿐만 아니라 서브 앱에서도 접근 가능한 함수를 생성할 수 있는데, 이러한 기능을 가진 함수를 [퍼블릭(public) 함수]라고 한다. 퍼블릭 함수 UpdateGraph를 다음과 같이 메인 앱에서 생성한다. 즉

[코드 브라우저] > [함수] > > [퍼블릭 함수]

항목을 선택 후에 다음 [그림3a]와 [그림3b]의 내용으로 입력하여 퍼블릭 함수 UpdateGrpah를 완성한다.

그림3a

```
methods (Access = public)
   function  UpdateGraph(app, CurrAction, CurrFtion)
     app.CurrentAction = CurrAction;
     app.CurrentFtion = CurrFtion;
    %
    switch app.CurrentFtion
       case  'GraphOne'
          [X1, Y1]=meshgrid(-4:0.35:4);
          Z1=(1 - X1.^3).*sin(Y1);
          app.SelectedFt = Z1;
       case  'GraphTwo'
          [X2, Y2]=meshgrid(-3:0.2:3);
          Z2= (3*X2-2*Y2)./(1+X2.^2+Y2.^2);
          app.SelectedFt = Z2;
    end
```

그림3b

```
    switch app.CurrentAction
       case 'Surf'
          surf(app.UIAxes, app.SelectedFt);
       case 'Mesh'
          mesh(app.UIAxes, app.SelectedFt);
       case 'Contour'
          contour(app.UIAxes, app.SelectedFt, ...
             'color','k','showtext','on');
          view(app.UIAxes,0,90);
    end

      % Re-enable the MySelection button
      app.MySelectionButton.Enable = 'on';
   end
end
```

<3단계>

메인 앱 MyMainAppGraphResult.mlapp 파일을 실행하면 자동 진행되는 StartupFcn 콜백함수를 아래와 같이 생성한다. 앞 [그림1]과 같은 [구성요소 브라우저]에서 MyMainAppGraphResult 항목을 선택한 뒤에 [코드 보기] 클릭한다. 클릭 후 다음 [그림4]와 같은 [코드 브라우저]에서 [콜백] 항목을 선택한 후에 오른쪽 한 줄 아래에 있는 녹색의 더하기 기호인 를 선택하면 다음 [그림5]와 같이 팝업 박스가 화면에 출력된다.

그림4

그림5

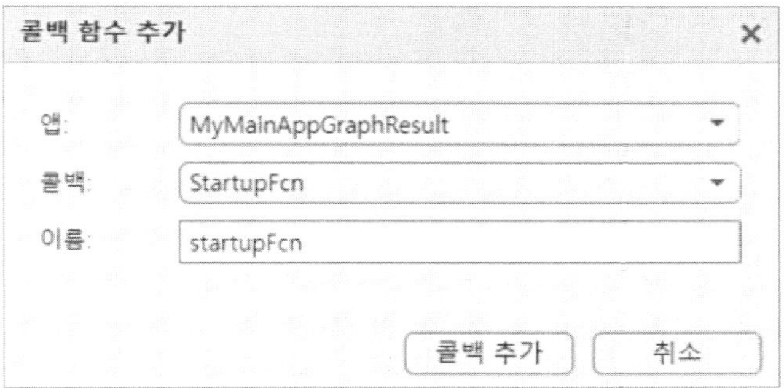

[그림5]에서 [콜백 추가] 항목을 선택하여 startupFcn 콜백함수가 생성되면 다음 [그림6]의 내용으로 편집한다.

그림6

```
    % Callbacks that handle component events
    methods (Access = private)

        % Code that executes after component creation
        function startupFcn(app)
            UpdateGraph(app, app.CurrentAction, app.CurrentFtion);
        end
    end
```

<4단계>

메인 앱 MyMainAppGraphResult.mlapp 파일에서

[디자인 보기] > [MySelection]

항목을 우클릭 후에 팝업된 박스에서

[콜백] > [ButtonPushedFcn 콜백 추가]

항목을 선택한다. 선택 후 생성된 MySelectionButtonPushed 콜백 함수를 다음 [그림 7]의 내용으로 편집한다.

그림7

```
        % Button pushed function: MySelectionButton
        function MySelectionButtonPushed(app, event)
            % Disable Plot Selection button while sub app is open
            app.MySelectionButton.Enable = 'off';

            % Send graph type and data
            app.SubApp = ...
                MySubAppSelection(app, app.CurrentAction, app.CurrentFtion);
        end
```

위 <1단계>–<4단계>의 내용으로 메인 앱 MyMainAppGraphResult.mlapp 파일의 코딩을 완료하고 다음 절에서 서브 앱 MySubAppSelection.mlapp 파일의 코딩을 시작한다.

9.3.3절 • 서브 앱의 코딩

메인 앱과 서브 앱은 서로 유기적 관계를 가지면서 작동하고 선택한 사항에 대응하는 그래프를 출력하게 된다. 이번 절에서는 서브 앱 MySubAppSelection.mlapp 파일의 코딩과 관련된 내용을 다음 <1단계>–<3단계>에서 알아본다.

<1단계>

서브 앱 MySubAppSelection.mlapp 파일을 열고 [코드 보기]를 선택한다. 계속해서 앱 디자이너 왼쪽에 위치한 [코드 브라우저]에서 다음 [그림1]와 같이 [속성] 항목을 선택한다.

그림1

[속성] 항목 선택 후에 한 줄 아래에 있는 녹색의 더하기 기호인 ✚ 를 클릭하고 프라이빗 속성 항목을 선택하여 properties 영역을 생성한다. 다음과 같이 [그림2]의 내용으로 프라이빗 properties 영역을 편집한다.

그림2

```
properties (Access = private)
    CallingApp  % Main App 저장
end
```

<2단계>

메인 앱 MyMainAppGraphResult.mlapp 파일이 실행되고 메인 앱에서 서브 앱 MySubAppSelection.mlapp 파일 실행이 요청될 때, 메인 앱에서의 데이터를 서브 앱에 보내는 경우가 되는 서브 앱을 만들 것이다. 이 과정에서 핵심 사항은 메인 앱에서 보낸 데이터를 서브 앱 MySubAppSelection.mlapp 파일에서 어떤 방식으로 데이터를 전달받느냐에 있다. 이때 사용하는 방법의 하나로 서브 앱에서 자동으로 진행되는 StartupFcn 콜백함수를 아래와 같은 방식으로 생성하면 된다.

앞 9.3.1절의 [그림2]와 같은 [구성요소 브라우저]에서 MySubAppSelection 항목을 선택한 뒤에 [코드 보기]를 클릭한다. 다음으로 앱 디자이너 왼쪽에 위치한 다음 [그림3]과 같은 [코드 브라우저]에서 [콜백] 항목을 선택한 후에 한 줄 아래에 있는 오른쪽의 녹색 더하기 기호인 를 선택하면 다음 [그림4]와 같이 팝업 박스가 화면에 출력된다.

그림3

그림4

위 [그림4]에서 [콜백 추가] 항목을 클릭하면 다음 [그림5]과 같이 서브 앱에서 startupFcn 콜백 함수가 생성된다.

그림5

```
% Code that executes after component creation
function startupFcn(app)

end
```

메인 앱에서 데이터를 보내면 서브 앱의 startupFcn 콜백 함수의 입력 인자로 수신하는 방법을 택하고자 한다. 이러한 목적을 구현하기 위하여 다음과 같이 진행한다. 서브 앱 MySubAppSelection.mlapp 파일에서

[코드보기] > [코드 브라우저] > [콜백] > [startupFcn]

항목을 우클릭 후, 팝업된 다음 [그림6]과 같은 박스에서 [앱 입력 인수 추가] 항목을 선택한다.

그림6

계속해서 다음 [그림7]과 같이 팝업된 박스에서 하단에 위치한 [입력 인수] 박스에 세 개의 아이템인 Caller, MyAction, MyFt을 입력한 후에 박스 아래에 위치한 [확인] 항목을 클릭하면 서브 앱의 startupFcn 콜백함수 입력 인자가 다음 [그림8]과 같이 네 개인 app, Caller, MyAction, MyFt로 된 것을 확인할 수 있다.

그림7

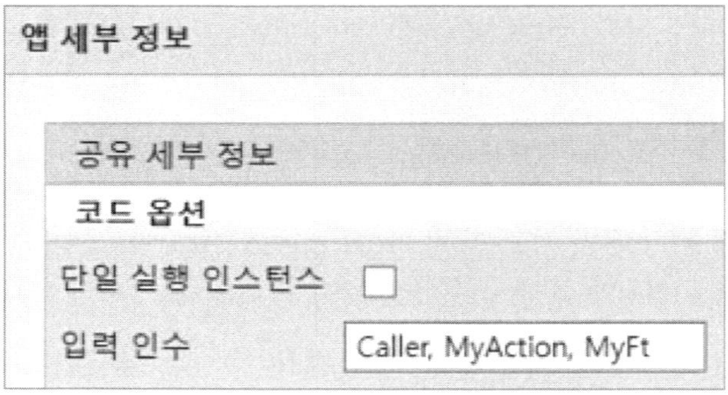

그림8

```
        % Code that executes after component creation
        function startupFcn(app, Caller, MyAction, MyFt)

        end
```

위 [그림8]과 같은 서브 앱의 startupFcn 콜백함수를 다음 [그림9]의 내용으로 편집한다.

그림9

```
24        % Code that executes after component creation
25        function startupFcn(app, Caller, MyAction, MyFt)
26            % Store main app
27            app.CallingApp = Caller;
28
29            % PreSelected Results
30            app.ListBox.Value = MyAction;
31            app.DropDown.Value = MyFt;
32        end
```

위 [그림9]의 27번째 줄의 내용에서 app.CallingApp 변수를 사용하기 때문에 CallingApp 변수를 이번 절의 [그림2]에서와 같이 미리 선언하여 주어야 한다. 이러한 선언 없이 실행하면 에러가 발생한다.

<3단계>

서브 앱 MySubAppSelection.mlapp 파일에서

[디자인 보기] > [Done]

항목을 우클릭 후에 팝업된 박스에서

[콜백] > [ButtonPushedFcn 콜백 추가]

항목을 선택한다. 선택 후 생성된 DoneButtonPushed 콜백 함수를 다음 [그림10]의 내용으로 편집한다.

그림10

```
        % Button pushed function: DoneButton
        function DoneButtonPushed(app, event)
            % Call main app's public function
            UpdateGraph(app.CallingApp, app.ListBox.Value, ...
                    app.DropDown.Value);
            % Delete the sub box
            delete(app);
        end
```

이번 절에서는 메인 앱을 실행하면 함께 실행되는 서브 앱 MySubAppSelection.mlapp 파일의 코딩과 관련하여 위 <1단계>–<3단계>의 내용에서 알아보았다.

9.3.4절 ◦ 메인 앱 창(또는 서브 앱 창)을 닫는 경우

앞 9.3.3절까지의 내용을 완료하고 메인 앱 MyMainAppGraphResult.mlapp 파일을 실행하면 앞 9.1절의 [그림2]와 같은 구조를 가지는 메인 앱 창이 출력되고 메인 앱 창 아래에 위치한 [MySelection]을 클릭하면 다음 [그림1]과 같이 [MySelection] 항목이 비활성화된 메인 앱 창이 되고 서브 앱 MySubAppSelection.mlapp 파일이 실행되어 다음 [그림2]와 같은 서브 앱 창이 동시에 출력된다.

그림1

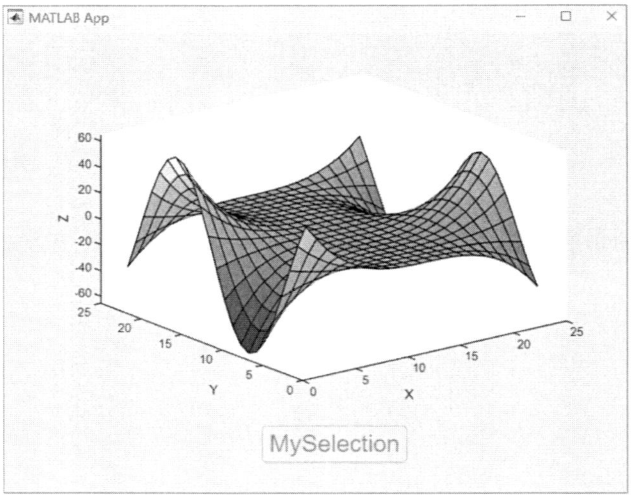

그림2

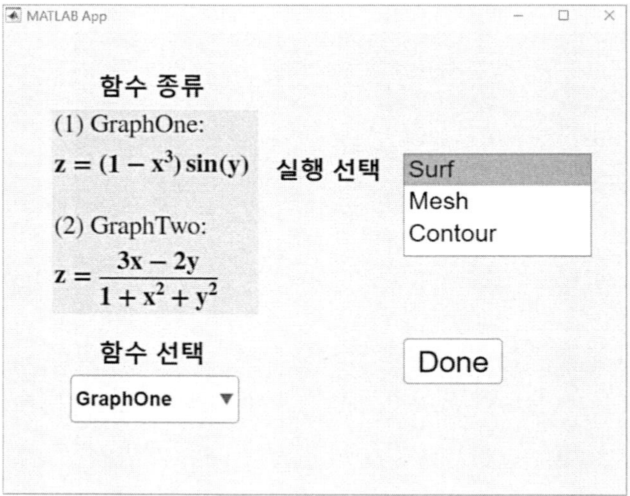

위 [그림1]과 [그림2]에서와 같이

- 두 개의 앱 창이 출력된 현재의 상황에서 메인 앱 창을 닫으면(메인 앱 창 오른쪽 위의 모서리에 위치한 x 기호 선택) 자동으로 서브 앱 창이 닫히지 않고 서브 앱 창

만 남는다.

- 또한 두 개의 앱 창이 출력된 현재의 상황에서 서브 앱 창을 닫으면(서브 앱 창 오른쪽 위의 모서리에 위치한 x 기호 선택) 메인 앱의 하단에 위치한 `MySelection` 버튼이 활성화되지 않고 비활성화된 상태로 유지된다.

이번 절에서 다음 <1단계>와 <2단계>의 내용으로 위의 두 가지 문제점을 해결하여 본다. 즉 (i) 메인 앱 창을 닫으면 자동으로 서브 앱 창이 닫히도록 만들고 (ii) 서브 앱 창을 닫으면 메인 앱 창의 `MySelection` 버튼이 활성화되도록 만들 것이다.

<1단계>

다음 [그림3]과 같이 메인 앱 파일의 [구성요소 브라우저]에서 MyMainAppGraph Result 항목이 선택된 상황에서

[코드보기] > [코드 브라우저] > [콜백] > +

항목을 선택하면 박스가 팝업된다. 팝업된 박스에서 다음 [그림4]와 같이

(i) [콜백] 항목을 [CloseRequestFcn]으로 지정하고
(ii) [이름] 항목을 MainUIFigureCloseRequest

으로 설정한 후에 박스 아래에 위치한 [콜백 추가] 항목을 선택한다.

그림3

그림4

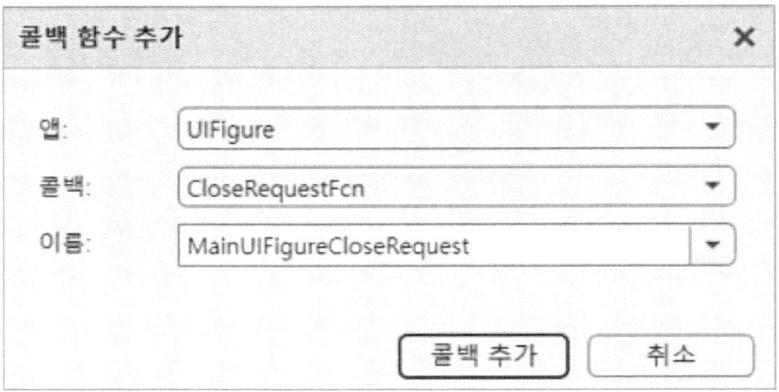

계속해서 생성된 MainUIFigureCloseRequest 콜백 함수의 내용을 다음 [그림5]의 내용으로 편집한다.

그림5

```
68          % Close request function: UIFigure
69          function MainUIFigureCloseRequest(app, event)
70              % 서브앱, 메인앱 순으로 박스 삭제
71              delete(app.SubApp)
72              delete(app)
73          end
```

[그림5]와 같이 제공된 콜백 함수의 내용으로 메인 앱을 닫으면 두 개의 앱이 동시에 닫힌다. 즉 서브 앱, 메인 앱 순으로 닫힌다. 이때 [그림5]의 71번째줄과 72번째줄의 순서도 중요하다. 만약에 이 순서를 서로 바꾸면 메인 앱 창을 닫아도 서브 앱 창이 닫히지 않는다. 이미 delete(app)으로 메인 앱이 삭제되었기 때문에 delete(app.SubApp) 명령문이 실행되지 않기 때문이다

<2단계>

다음 [그림6]과 같이 서브 앱 파일의 [구성요소 브라우저]에서 MySubAppSelection 항목이 선택된 상황에서

[코드보기] > [코드 브라우저] > [콜백] > +

항목을 선택하면 박스가 팝업된다. 팝업된 박스에서 다음 [그림7]과 같이

(i) [콜백] 항목을 [CloseRequestFcn]으로 지정하고
(ii) [이름] 항목을 SubUIFigureCloseRequest

으로 설정한 후에 박스 아래에 위치한 [콜백 추가] 항목을 선택한다.

그림6

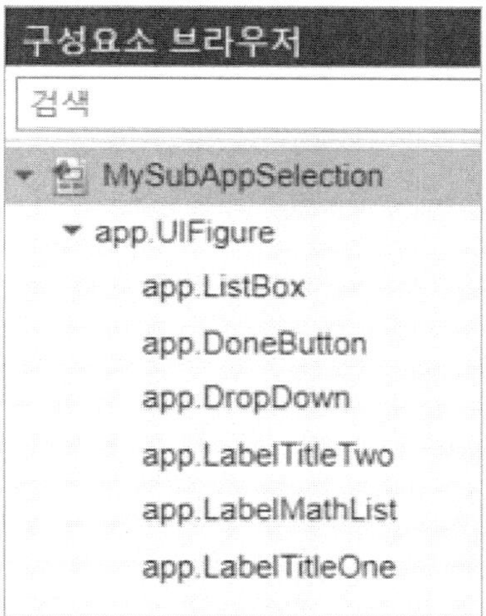

그림7

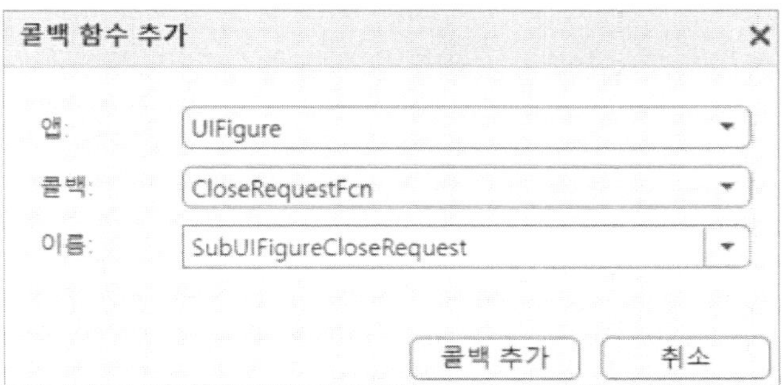

계속해서 생성된 SubUIFigureCloseRequest 콜백 함수의 내용을 다음 [그림8]의 내용으로 편집한다.

그림8

```
        % Close request function: UIFigure
        function SubUIFigureCloseRequest(app, event)
            % 메인앱 MySelection button 활성화
             app.CallingApp.MySelectionButton.Enable = 'on';
            % 서브앱 박스 삭제
            delete(app)
        end
```

[그림8]과 같은 내용의 입력 결과로 서브 앱 창을 닫으면(서브 앱 창 오른쪽 위의 모서리에 위치한 x 기호 선택), 메인 앱의 MySelection 구성요소가 활성화 상태가 된다. 즉, 메인 앱 창에서 MySelection 항목을 클릭할 수 있다.

위 <1단계>와 <2단계>의 내용으로 (i) 메인 앱 창을 닫으면 자동으로 서브 앱 창이 닫히고 (ii) 서브 앱 창을 닫으면 메인 앱 창의 MySelection 버튼이 활성화되었다.

9.4절 메인 앱과 서브 앱 실행

지금까지의 내용으로 메인 앱과 서브 앱 파일의 코딩이 완성되었다. 메인 앱 파일을 실행하면 다음 [그림1]과 같은 초기 메인 앱 창이 화면에 출력된다. 이 결과는 GraphOne에 대응하는 함수에 대하여 surf 명령어가 실행된 내용이다. [그림1]의 앱 창에서 하단에 위치한 [MySelection] 항목을 선택하면 다음 [그림2]와 같은 서브 앱 창이 함께 화면에 출력된다. 이때 [그림1]에 제공된 메인 앱 창은 다음 [그림3]과 같이 [MySelection] 항목이 비활성화된다.

[그림2]의 서브 앱 창에서 [Mesh] 항목을 선택하고 [Done] 항목을 클릭하면 다음 [그림4]와 같이 메인 앱 창의 좌표축에 GraphOne에 대응하는 그래프가 출력되고 서브 앱 창은 사라진다. 서브 앱 창이 사라지는 이유는 9.3.3절의 [그림10]에서 40번째 줄에 있는

delete(app) 명령어가 실행되었기 때문이다. 이때 mesh 명령어가 적용된 결과가 메인 앱 창의 좌표축에 [그림4]와 같이 출력되었다.

그림1

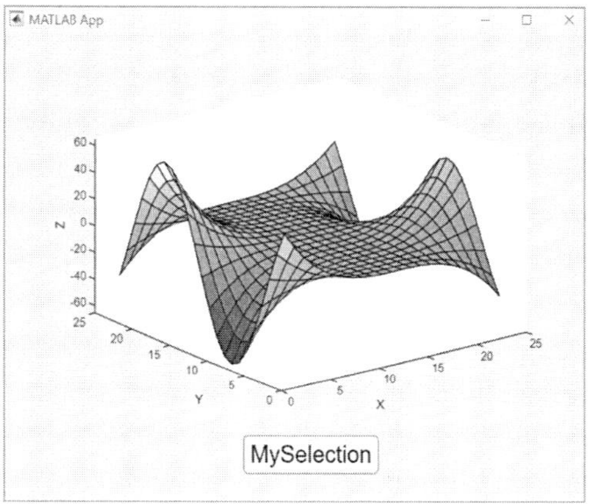

그림2

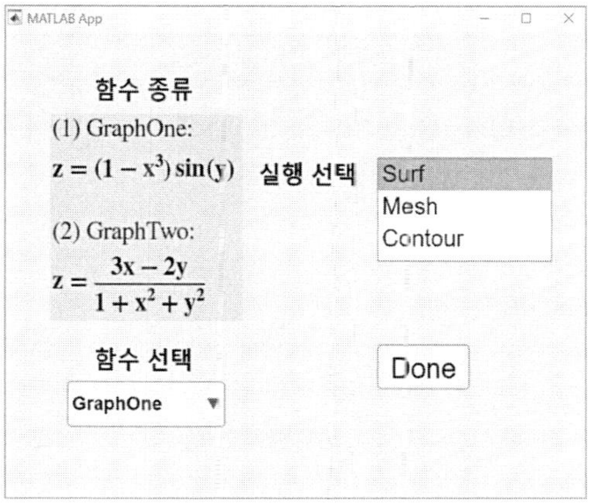

그림3

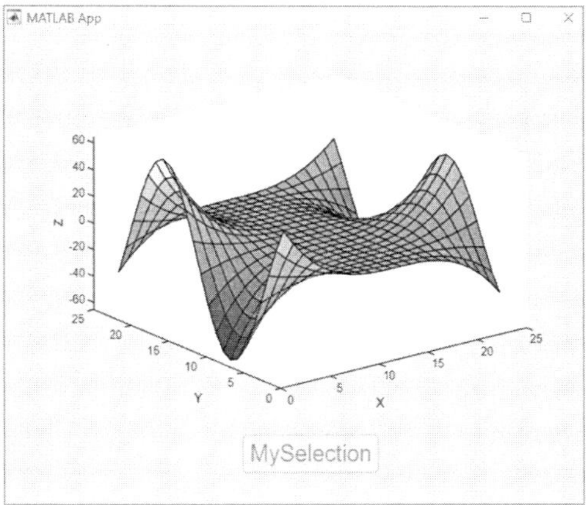

그림4

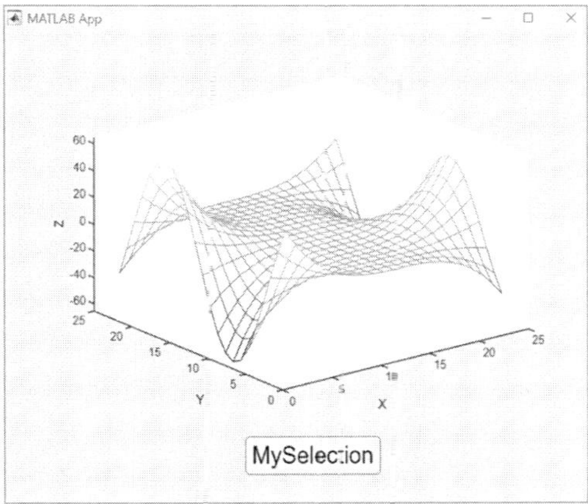

또한 [그림4]의 출력을 보면 [MySelection] 항목이 활성화된 것을 확인할 수 있고 [MySelection] 항목을 클릭한다. 클릭의 결과로 다음 [그림5]의 구성(바로 전 [그림4]의 출력에 대응하는 선택)으로 서브 앱 창이 다시 출력된다. [그림5]에서 이번에는 [Contour] 항목을 선택하고 [Done] 항목을 클릭하면 다음 [그림6]과 같이 메인 앱 창의 좌표축에 contour 명령어가 실행된 결과(GraphOne 함수에 적용된)가 출력된다.

[그림6]의 상황에서 [MySelection] 항목을 선택하면 다음 [그림7]과 같은 서브 앱 창이 (바로 전 [그림6]의 출력에 대응하는 항목들이 선택된) 화면에 출력된다. [그림7]에서 [함수 선택]으로 [GraphTwo] 항목을 선택하고 [실행 선택]에서 [Surf] 항목을 선택한 뒤에 [Done]항목을 클릭하면 다음 [그림8]의 결과가 메인 앱 창에 출력된다. 이후로 앞의 진행과 같은 방식으로 서브 앱 창에서 [Mesh], [Contour] 항목을 선택하면 [그림9], [그림10]의 결과를 메인 앱 창에서 차례로 확인할 수 있다.

그림5

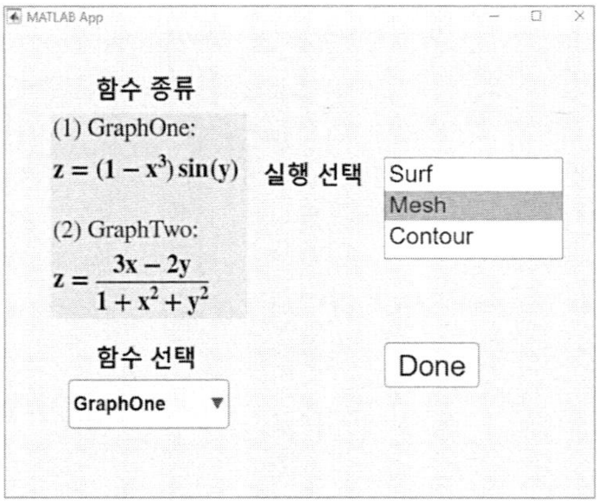

그림6

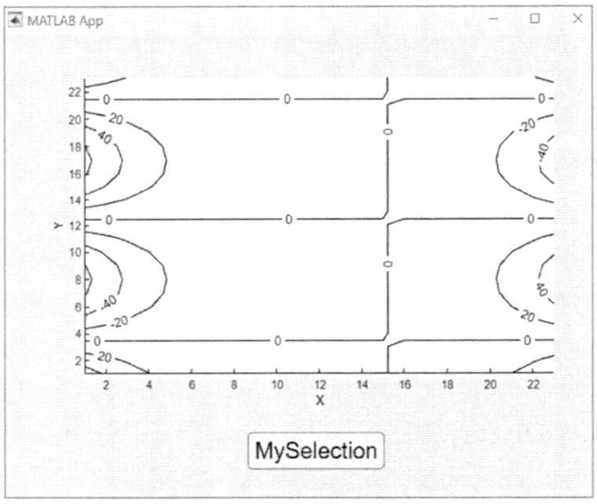

그림7

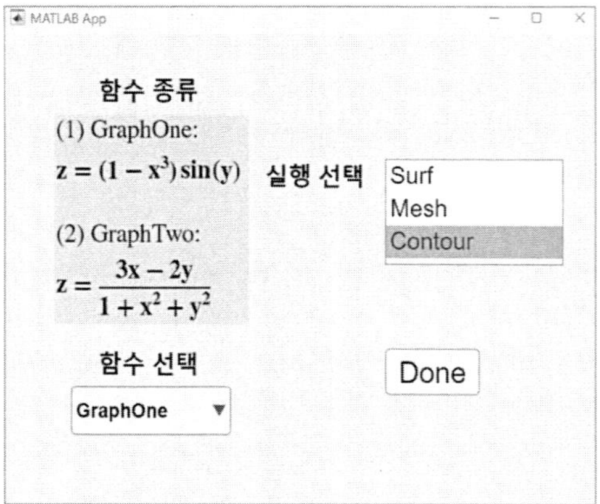

그림8

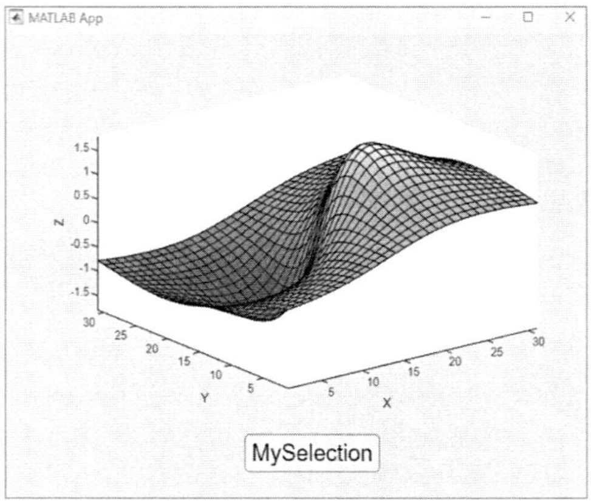

그림9

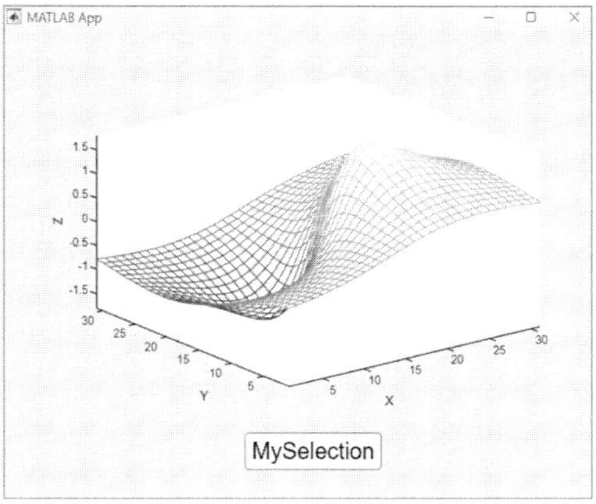

그림10

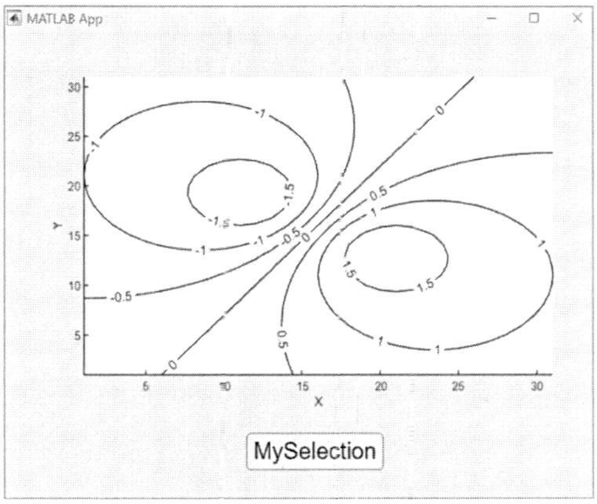

앞 9.1절-9.5절의 내용으로 그래프 출력 관련하여 앱 간에 데이터 전달이 서로 어떻게 진행되는지 알아 았다. 결과적으로 메인 앱과 서브 앱의 상호 작용을 통하여 계획하였던 내용이 에러 메시지 없이 잘 진행되었다.

찾아보기

참고문헌

[BUR] R.L. Burden and J.D. Faires, Numerical Analysis, 8th Edition, Brooks and Cole, 2005.

[CHA] S.C. Chapra, Applied Numerical Methods with Matlab, 2nd Edition, McGraw-Hill, 2008.

[CHE] W. Cheney and D. Kincaid, Numerical Mathematics and Computing, 7th Edition, Brooks and Cole, 2013.

[LEN] C.S. Lent, Learning to Program with MATLAB (Building GUI Tools), Wiley, 2013.

[MAT] Matlab, Language of Technical Computing, Mathworks, 1984-2023.

[PAL] W.J. Palm III, Introduction to Matlab for Engineers, 3rd Edition, McGraw- Hill, 2012.

[김1] 김경중, Matlab과 응용, 교우, 2010.

[김2] 김경중, 심볼릭 연산을 활용한 Matlab, 북스힐, 2015.

[김3] 김경중, MATLAB을 이용한 GUI 생성과 활용, 교우, 2015.

[여] 여영구, Matlab 고급 GUI 개발, 2판, 아진, 2011.

[임] 임종수, Matlab 7, 높이깊이, 2007.

| 저자약력 |

김 경 중

현재 한국항공대학교 인문자연학부 교수

- 서울대학교 박사후 연구원
- Katholike Leuven University(Belgium) 박사후 연구원
- 연세대학교 수학과 Ph.D.

저서

- MATLAB에서 SIMULINK 기초와 이해
- MATLAB을 이용한 GUI 생성과 활용
- 심볼릭 연산을 활용한 MATLAB
- MATLAB과 응용

MATLAB에서 앱 디자이너(App Designer) 이해

초판발행 2024년 1월 15일

지은이 김경중
펴낸이 오판근
펴낸곳 (주) 교우
주 소 서울시 동대문구 약령시로 8 교우빌딩 2층 (주)교우
전 화 02-925-2861 / **팩 스** 02-925-2860, **편집부** 02-925-2825
홈페이지&북스토어 www.kyowoo.co.kr / **이메일** kyowoo@kyowoo.co.kr

등 록 1994년 3월 24일 제1994-000013호
ISBN 979-11-251-0385-1(93560)

Published by Kyowoo Co., Ltd. Printed in Korea

값 30,000원

교우미디어는 (주) 교우의 Imprint 사입니다.
수학정원·과학정원은 (주) 교우의 새로운 브랜드명입니다.